LA FÊTE DES ÉCOLES

Georges Coulonges

LA FÊTE DES ÉCOLES

FRANCE LOISIRS
123, boulevard de Grenelle, Paris

Une édition du Club France Loisirs, Paris,
réalisée avec l'autorisation des Presses de la Cité.

ISBN 2-7242-8434-8

Avertissement

Inspiré par des événements réels, ce roman n'en reste pas moins une œuvre de fiction. Toute ressemblance de ses personnages avec des personnes ayant existé ou existant aujourd'hui ne serait que pure coïncidence. Cependant, nous pensons que les actes et les opinions de ces personnages, les sanctions qui les frappent, les espoirs qui les animent, les incidents qui surviennent donnent un tableau véridique de la situation que connurent certains villages de France à la fin du siècle dernier.

G.C.

1

C'était presque la fin du siècle.
C'était déjà la fin juin.

Le soleil était passé au-dessus de la forêt des Palanges. Maintenant il descendait doucement, suivant le sens des eaux du Lot, de l'Aveyron.

Au bout du chemin pierreux où deux solides mulets du Lévezou avaient conduit la scierie ambulante, la forêt était devenue clairière.

Quarante jeunes gens couraient dans les herbes, les écorces encore fraîches. Ils sautaient l'obstacle d'un hêtre allongé sur le sol. Le prenant en enfilade, ils voletaient sur le tronc épais d'un chêne, comme des funambules.

Un homme et sa femme liaient des fagots pour un boulanger. Près d'eux, monté sur un tas de rondins, le professeur de gymnastique avait abandonné sa redingote. Le petit gilet fermé haut sur sa cravate laissait échapper les manches larges de la chemise blanche, serrées sur les biceps par un rond d'élastique. D'une voix digne de sa fonction, il ordonnait la manœuvre :

— Jeunes gens ! À vos armes !

Les exécutants se ruaient vers un muret de stères alignés au cordeau. Ils se saisissaient de fusils de bois, imitations fidèles du Lebel 1886 alors en usage dans l'infanterie française.

— Position du tireur debout ! Feu !... Position du tireur couché ! On rampe, le canon pointé vers le Prussien !

Enfin vint l'ordre attendu :

— Rassemblement colonnes par deux ! Le fusil sur l'épaule. Direction : les fagots ! En avant, marche !

Transpirant, les élèves de l'École normale de Rodez se ruèrent vers ce dernier objectif où ils épongèrent la transpiration de leurs tempes, de leur peau rougeoyante sous le col amidonné, avec un large mouchoir à carreaux tiré de la poche de leur pantalon.

Le mouchoir était marqué à leur nom, ainsi que la petite brosse enfouie dans leur sac de toile fermé par un cordonnet. La maniant avec énergie, ils firent tomber les traces de terre qui s'accrochaient au pantalon, au gilet en coutil croisé, écru, que le règlement les invitait à porter à partir du 1er juin. La redingote bleu foncé à galons d'argent restait la même en toute saison. Maintenant les élèves la frottaient sur eux, sur le dos arrondi d'un camarade.

— Je rentre sur mon vélocipède... Élie Chabrol, prenez la tête de la colonne. Vous ne devez pas vous écarter de l'itinéraire convenu. Je vous attends à l'École, chronomètre en main.

Ayant coiffé son melon et frisotté sa moustache, le professeur appuya de toute la force de sa jambe gauche sur la pédale qui, se relevant par la volonté du pignon fixe, l'aida à enfourcher l'engin dans un geste sportif, aérien, regardé avec envie par les élèves. Tous pensaient : un jour, moi aussi, j'aurai une bicyclette.

Stimulée par cette richissime perspective, la troupe s'ébranla, chapeau de paille fièrement enfoncé sur le crâne, fusil de bois sur l'épaule, chantant d'une même voix sur la martiale musique de *La France guerrière* les paisibles paroles célébrant désormais *les bienfaits de l'Instruction* :

Instruisons-nous, que ce soit notre Gloire
Sous ton égide, Ô Sainte Liberté,

Bravant l'astuce, interrogeons l'Histoire,
Cherchons partout lumière et vérité.
Le malheureux que l'ignorance aveugle
Courbe l'échine à la voix du tyran
Et ressemblant à l'animal qui beugle
Il porte au cou le sinistre carcan !

Au refrain, le chœur se renforçait de la voix des timides, des traînards heureux de retrouver leurs camarades sur des vers de connaissance :

Instruction ! cette noble devise
Que tout Français répète à l'unisson ;
Ce mot sacré, que l'écho le redise :
Instruction !... Instruction !

Obéissant avec majesté, l'écho des carrières ouvertes sur les pentes voisines répétait le mot sacré. Il gonflait les poitrines de ces jeunes hommes au double contentement : aujourd'hui, ils s'instruisaient ; demain, ils apporteraient l'instruction à ce peuple qui en avait tellement besoin.

Le faubourg était là pour le prouver : dans la côte Saint-Cyrice, des gosses se battaient, lèvres griffées, vêtements déchirés ; des femmes faisaient la queue pour avoir de l'eau : on ouvrait la fontaine deux heures par jour ; sales, étiques ou boursouflées, des rides entaillant avant l'âge leur visage vaincu, elles ressemblaient aux masures étroites, aux maisons jaunes dont les murs ventrus menaçaient ruine, laissant voir des abcès de bois pourri, de tuiles cassées, des fenêtres sans vitres, sans volets, qui faisaient penser à de grands yeux malades.

En ouvrant des écoles, la République chassera la misère, se répétait Élie Chabrol. Il pensait à son père, imprimeur de la Liberté, à son grand-père qui avait payé de dix années de Nouméa son dévouement à la cause de l'émancipation. Il pensait à sa grand-mère surtout, arrivant de sa Creuse à

Paris avec son seul patois, apprenant à lire et à écrire à l'âge adulte, devenant par sa volonté correctrice d'imprimerie puis, en 1871, conseillère de M. Édouard Vaillant, responsable de l'Instruction publique pendant la Commune[1]. Comme elle va redresser sa fière taille, mémée Angèle, lorsque, dans quelques semaines, son petit-fils viendra lui dire : « Je suis maître d'école ! » Élie Chabrol se répète les vers de Hugo :

L'instituteur lucide et grave, magistrat
Du progrès, médecin de l'ignorance et prêtre
De l'idée.

Perdu dans ses rêves, il ne voit plus les mendiants qui rentrent de Rodez ; l'un tire par la main son mioche fatigué, malingre, indispensable appât de charité ; l'autre, ivre, montre à sa femme réjouie la gourde que les oboles lui ont permis de remplir à son intention.

Au carrefour Saint-Cyrice, la « tapissière » d'un « pagès »[2] avait été accrochée par le fourgon d'un marchand de drap montant de la gare. Debout dans sa carriole, le maître de ferme apostrophait rudement le fauteur d'accident qui, coléreux, se défendait d'une voix aigre. Leurs cris ramenèrent Élie sur terre : au lieu de prendre la rue Béteille les emmenant vers la droite de la cité, la colonne des normaliens avait obliqué sur la gauche, suivant Alphonse Durieu qui, au premier rang, marchait d'un pas assuré.

Élie courut vers lui :

— Qu'est-ce que tu fais ? Ce n'est pas le chemin !

— Ce n'est pas le chemin mais c'est plus gai !

1. Sur les antécédents de la famille Chabrol, on peut lire les romans de Georges Coulonges : *Les Sabots de Paris, Les Sabots d'Angèle, La Liberté sur la montagne, Les Boulets rouges de la Commune* (Fixot, éd.).

2. Pagès : important propriétaire terrien. Tapissière : longue voiture à cheval.

Élie avait de l'affection pour Alphonse dont, dès leur première année d'étude et de dortoir, il avait apprécié l'intelligence aussi vive à comprendre les leçons du maître qu'à monter une farce pour berner les camarades.

Présentement, il ne goûtait pas celle-ci, mais arrêter les camarades, les faire revenir sur leurs pas, aurait créé une confusion incompatible avec l'image que devaient donner les futurs enseignants de la République.

Élie se borna à reprendre à l'avant la place qu'il n'aurait pas dû quitter.

Un meunier à la barbe enfarinée arrêtait son âne. Il lança :

— Voilà les normaux !

Les élèves maîtres n'en furent pas surpris : pour bien des gens, l'École normale fabriquait des normaux. C'était normal.

Au bout de la rue, Élie comprit tout. Les « pies » arrivaient sur la gauche, escaladant la côte des Besses. Les pies, c'étaient les normaliennes. Elles devaient ce surnom à l'aile blanche qui, sur leur chapeau, égayait leur « robe de costume » entièrement noire, garnie dans le bas d'une sorte de ruche lourde dont elles se seraient bien passé. Pour gravir la côte, de leur petite main sortant de la manche bouffante, les pies relevaient discrètement leur jupe au-dessus des chevilles. L'autre main tenait un maillet de bois avec lequel ces demoiselles venaient de jouer au croquet sur les bords de l'Aveyron.

Lorsque Mlle Emma Rouquier, directrice de l'École normale des filles de Rodez, aperçut les normaliens, elle eut dans le regard la surprise effarée qu'on avait dû lire dans les yeux des bergers rouergats lorsque, sur le causse de Sévérac qui n'avait jamais nourri que des brebis, ils avaient vu arriver leur première locomotive : *la vaco negro.* La vache noire.

Mlle la Directrice cria :

— Mesdemoiselles !... Mesdemoiselles ! Ne traversez

pas. Prenez à gauche ! Suivez-moi ! Mesdemoiselles, ne traversez pas !

Les pies obéirent en silence, ou plutôt avec des commentaires que l'on n'entendait pas, des sourires que l'on ne voyait pas. De son côté, Élie Chabrol faisait prestement rebrousser chemin à ses camarades, prenant à pas pressés la direction de la place d'Armes.

Il était furieux :

— Tu les avais vues venir, n'est-ce pas ? C'est pour ça que tu nous as fait passer par là !

Loin de renier son forfait, Alphonse Durieu célébrait son initiative :

— Demain, ces jeunes personnes enseigneront les petits Français. Il importe que, avec leurs livres d'histoire et de calcul, elles emportent dans leur classe une image de la beauté !

Marchant soudain à reculons, il prenait ses camarades à témoin :

— Mes amis ! Avez-vous perçu le regard ébloui de ces demoiselles lorsqu'il s'est posé sur nous ?

Il affirmait haut et fort que, durant au moins dix années, ce regard resterait imprégné de cette inoubliable vision.

Élie Chabrol n'avait pas envie de rire. Priant Durieu de cesser ces facéties, il faisait hâter le pas des élèves maîtres.

Le lendemain à la première heure, Mlle Emma Rouquier, directrice de l'École normale de jeunes filles, était dans le bureau de M. Léandre Boscarel, directeur de l'École normale de garçons. Mis au courant de l'aventure, M. le Directeur s'efforçait d'en minimiser la portée :

— Il n'y a pas eu de scandale...

Mlle la Directrice bondissait :

— Heureusement qu'il n'y a pas eu scandale !... Auriez-vous voulu que vos garçons se livrassent à une ronde autour de mes pensionnaires... comme l'avaient fait, voilà un an, les garçons de l'école des Frères de la Doctrine chrétienne ?

— Je dis seulement qu'il n'y a pas eu de manifestation déplacée.

Mlle Emma Rouquier en convenait. Restait qu'un accord avait été établi entre l'École normale de garçons et l'École normale de jeunes filles afin d'éviter, sur la voie publique, des rencontres d'où ne pouvaient jaillir que sourires, paroles frivoles, gestes malséants nuisant à la réputation des deux établissements :

— Avant de conduire mes jeunes filles à leur exercice de sport, je vous ai fait apporter notre itinéraire par notre concierge. Vous l'avez bien reçu, n'est-ce pas ? Ne l'avez-vous pas transmis ? Ou le professeur chargé de la surveillance s'est-il arrogé le droit de ne pas en tenir compte ?

Ces manières inquisitoriales agaçaient M. le Directeur. Il passait dans sa barbe ses doigts qui semblaient y faire fonction de bigoudis. Il disculpa le professeur de gymnastique : il l'avait autorisé lui-même à rentrer sur son vélocipède. La lèvre pincée, Mlle Rouquier en profita pour indiquer que, loin de confier la surveillance de ses pensionnaires à l'une d'entre elles, elle tenait pour un devoir de les accompagner personnellement lors de chacune de leurs sorties. Elle demanda le nom de l'élève fautif. M. le Directeur faisait voltiger d'une main à l'autre un coupe-papier à l'effigie du regretté Léon Gambetta. Mlle la Directrice le lui arracha des mains et le posa sur le bureau. À ce geste, M. Boscarel, directeur de l'École normale de garçons, comprit que toute résistance était vaine. Il souffla :

— Élie Chabrol.

Mlle la Directrice pâlit.

Elle se leva.

Sans ajouter un mot, elle prit la porte.

À l'École normale de jeunes filles, la classe de morale prenait fin dans la lingerie récemment équipée d'un tableau noir.

Sur le tableau on lisait :

« Le rôle de la femme est de tenir son ménage et d'éduquer ses enfants. Voilà pourquoi la République veut instruire les filles autant que les garçons : à l'école, elles apprendront l'orthographe, le ravaudage, l'économie domestique et tout ce qui leur permettra de soutenir leur mari dans ses actes au service de sa famille et de sa Patrie. »

Vêtues de leur tablier en alpaga noir, les normaliennes enviaient la robe d'un beau rouge grenat de la maîtresse adjointe. Celle-ci frappa dans ses mains :

— Mesdemoiselles, vous avez cinq minutes pour rejoindre la salle d'étude où vous recevrez votre leçon d'histoire. N'oubliez pas d'emporter votre siège.

Les élèves obéirent d'un même mouvement.

La concierge parut à l'entrée de la pièce :

— Mlle la Directrice attend Mlle Adeline Bézian dans son bureau.

Adeline se demanda si elle devait conserver sa chaise ou la confier à une amie.

La concierge comprit ses pensées :

— Inutile de l'emporter. Je ne pense pas que Mlle la Directrice ait l'intention de vous faire asseoir.

Elle avait vu juste. Installée derrière son bureau, Mlle Emma Rouquier accueillit l'élève sans trop d'égards :

— Vous devinez, je pense, pourquoi je vous ai fait appeler ?

— Mais... non... pas du tout, mademoiselle la Directrice.

La directrice n'était pas étonnée par cette effronterie. Voilà six mois, lorsque Mlle Adeline Bézian avait été surprise recevant un courrier illicite, déjà elle avait affirmé ne pas connaître son auteur : M. Élie Chabrol.

Adeline répéta :

— Mademoiselle la Directrice, je vous jure que je ne connais pas Élie Chabrol.

Au risque de la casser, la directrice frappa violemment son bureau avec sa règle graduée :

— Taisez-vous !

Si les normaliens s'étaient trouvés hier sur le chemin des normaliennes, c'est qu'ils avaient été avertis de leur venue. Or, qui conduisait la marche des normaliens ? M. Élie Chabrol !

— La rencontre n'était pas fortuite ! criait la directrice. C'était un rendez-vous ! Et c'est vous qui l'aviez donné !

Adeline éclata en sanglots. Cela n'ébranla pas la conviction de Mlle Rouquier. Au contraire : prenant ses larmes pour l'expression d'un regret tardif, elle invita l'élève à libérer sa conscience. Comme Adeline, refusant, pleurait de plus belle, elle lui rappela que tout dossier de sortie comportait une note de conduite et que, en conséquence, elle n'était pas encore maîtresse d'école.

Ces mots étaient terribles : pour elle, la bonne élève ; pour sa mère, la veuve aux mille sacrifices ayant tout donné pour que sa fille sans père ne soit pas sans instruction. Sans métier. Elle la voulait respectée, une dame. Et Adeline, par un juste équilibre des bonheurs et des peines, la voyait près d'elle passant ses vieux jours.

Le matin et le soir, le règlement accordait aux élèves pratiquant une religion un temps de prière individuelle. La grande majorité en usaient. Adeline était parmi celles-là. En cette soirée, elle pria les mains crispées, une grande violence dans les doigts, demandant à la Vierge Marie de la protéger pour protéger sa mère.

Longtemps dans la nuit, entourée par les camarades qui se tournaient dans leur lit de fer, elle revit les images du passé : Villefranche-de-Rouergue dont les petits ponts sur l'Aveyron semblent bâtis pour les enfants ; la rue du Marteau où, assise sur les marches de l'épicerie de M. Cazal, elle regardait passer les artisans au long tablier ; le vieux chaudronnier qu'on appelait « Pastoure » parce que, sous l'effet du cuivre, ses cheveux au lieu de devenir blancs étaient devenus verts ; « Piquette », le vigneron qui, selon qu'il allait ou non vers le soleil, portait son béret sur les yeux pour les protéger ou sur la nuque en se donnant un air de liberté.

Le soir, Marie Bézian, sa mère, rentrait de la chine dans son éternelle robe de cadis. Sous sa casquette d'homme à visière de cuir, portant en bandoulière un ruban entortillé où pendait une corne destinée à appeler le chaland, elle appuyait ses deux mains à l'arrière de la caisse magique marquée « Au Planteur de Caïffa », aidant, dans sa dernière grimpette, le chien Fandor attelé entre les brancards. Avec ces kilomètres parcourus, la mère avait concocté à sa fille une existence de frugalité et de tendresse. Plus tard, ne voulant pas la voir traîner dans les rues, elle en avait fait une élève de la Sainte-Famille. Plus tard encore, allongeant sa tournée sans le lui dire, elle était parvenue à payer ce trousseau nécessaire à son entrée à l'École normale, dont la liste des robes et des chapeaux, des capes, tabliers, jupons, gants, chemises, bas et souliers semblait ne devoir jamais s'arrêter.

Adeline, pour pleurer sans être vue, avait remonté son drap au-dessus de sa tête. Elle était restée longtemps ainsi, s'interrogeant sur la conduite à tenir.

Une idée lui vint, qui chassa les larmes. Lorsqu'elle avait reçu cette déclaration d'un amour enflammé, elle s'était demandé qui était cet audacieux Élie Chabrol. Elle ne connaissait aucun garçon. À moins que...

Au 14 Juillet dernier, écoutant la musique dans le jardin du foirail, elle avait croisé le regard d'un normalien de bonne tenue, aux timides apparences. Elle avait détourné les yeux, puis, les posant furtivement sur lui, elle avait remarqué qu'il enlevait fréquemment son chapeau de paille. Sans doute savait-il qu'il avait de belles boucles brunes... C'est ce jeune homme à la mine engageante qui, hier conduisait ses camarades et, par la suite, sous les cris affolants de Mlle Rouquier, s'efforçait de leur faire rebrousser chemin.

« C'est lui, Élie Chabrol », pensait Adeline.

Et encore : « C'est bien. C'est très bien. »

Ses lèvres dessinaient un sourire.

La lune qui s'était glissée dans le dortoir mettait une lumière sur son visage.

Le dimanche matin, les normaliens pratiquants étaient conduits à Saint-Amans. L'après-midi, ils entendaient les vêpres à la cathédrale. Les normaliennes entendaient la messe à la cathédrale, les vêpres à Saint-Amans.

Adeline ne voyait pas comment réaliser son projet. Il était pourtant indispensable de le mener à bien. Si Élie Chabrol venait certifier à Mlle la Directrice qu'il ne connaissait pas l'élève Adeline Bézian, s'il lui expliquait que cette lettre n'était qu'une farce d'étudiant, la situation serait éclaircie. Sûrement, un garçon aussi fort, aussi élégant, avait l'âme chevaleresque : il ne refuserait pas. Restait à le joindre.

La lutte donne de l'invention : Adeline écrivit à sa mère. Celle-ci, au reçu de la lettre, crut que sa fille était devenue folle. À la veille de vacances qui les verraient passer deux mois ensemble, elle lui demandait ce que, en trois années d'École normale, elle ne lui avait jamais demandé : venir passer un dimanche avec elle à Rodez. Et surtout d'être à l'école avant l'heure de la messe.

— Soixante kilomètres ! Elle ne se rend pas compte du prix !

— Ta fille a toujours été une rêveuse ! susurrait M. Cazes, un homme qu'Adeline n'aimait pas.

À la mort de sa femme, Marie s'était proposée pour tenir l'épicerie ; cela permettrait au veuf de continuer ses tournées à domicile. « Le Caïffa », qui avait à peine dépassé la trentaine, avait fait le choix inverse : il avait assuré la vente au magasin pendant que, par tous les temps, il expédiait Marie sur les chemins.

Ce n'est pas cela qui choquait le plus Adeline. C'était la suffisance de l'épicier lorsqu'il lui répétait :

— Ta mère, si je ne lui donnais pas du travail, elle mourrait de faim... Et toi aussi.

Aujourd'hui, tenant la lettre à la main, la mère soupirait :

— Je ne peux pourtant pas y aller à pied !

Elle en aurait certes été capable, mais cela aurait suspendu la chine pendant trois jours. À la perte d'argent se seraient ajoutés les reproches de M. Cazes.

Finalement, écartant la diligence, moins onéreuse mais qui, elle aussi, lui aurait fait perdre du temps, coiffée d'un large chapeau taillé jadis dans un feutre masculin, sa lourde charpente parée d'une veste de laine dont les manches recouvraient ses bras laissés nus par sa robe à la popeline ravaudée, Marie Bézian s'était embarquée dans le chemin de fer.

La correspondance se faisait à Capdenac dont la gare aux trente voies lui parut un danger de fer et de vapeur, de sifflets, d'appels, du cri rouillé des wagons grinçant sur les aiguillages. Après avoir respiré l'odeur de cassoulet qui, mieux qu'un discours, appelait le chaland au « relais de bouche » situé dans le bâtiment « voyageurs », ayant bien soin de ne pas égarer son panier d'osier qui contenait des pâtés, trois livres de pain, deux litres de vin, des friandises pour sa fille, Marie se hissa, à la force de ses mollets sportifs, dans un wagon de troisième classe dont les banquettes aux lamelles de bois, parce qu'elles étaient bien arrondies à l'endroit des fesses, lui parurent confortables.

Elle arriva à Rodez à sept heures. La ville n'était pas encore éveillée mais, parmi les baraques et les masures, au milieu des jardins pauvres, des cabanes de jardiniers, d'un pré en pente où déjà paissaient des moutons à la laine sale, en ce dimanche matin, on voyait, on entendait des maçons élevant quelques maisons neuves : puisque le chemin de fer n'avait pas voulu monter à Rodez, Rodez décidait de venir à lui.

Devant Marie, Mlle Emma Rouquier tordit le nez :

— Madame, vous avez parcouru un grand trajet pour venir passer un dimanche avec votre enfant, je ne peux guère vous le refuser... Mais vous saurez que les autorisations de sortie se demandent à l'avance et qu'elles ne sont accordées qu'aux élèves ayant obtenu de bonnes notes.

— J'ai obtenu de bonnes notes, glissa timidement Adeline.

— C'est vrai... mais vous avez aussi... commis des fautes graves...

Mlle la Directrice se tourna vers la maman :

— ... Si ma mémoire est bonne, chère madame, je vous ai adressé, voilà quelques mois, un courrier vous avisant de la conduite de votre fille. Ce courrier était accompagné de la copie de la lettre très personnelle qu'elle avait reçue contre tous les règlements de cette maison... Je ne crois pas avoir obtenu de réponse de votre part.

Face à cette directrice sévère et bien disante, Marie Bézian ressentait tous les complexes de l'inculte devant le savoir. Cette intimidation était tempérée pourtant par vingt années de commerce à domicile, de marchés en plein air, de repas pris à l'auberge.

Elle affirma :

— Je ne sais pas écrire.

Au fond de soi, la directrice pensa : il est grand temps d'instruire le peuple.

Elle demanda :

— Pas écrire... du tout ?

— Non. Et pas lire non plus.

Mlle Emma Rouquier n'insista pas, Marie Bézian encore moins. Elle était venue chercher sa fille et quelque chose lui disait qu'elle n'avait rien à gagner à parler trop longuement de problèmes de conduite qui, au demeurant, ne l'affolaient pas. Elle s'en fut, emmenant Adeline alors que Mlle la Directrice poussait de gros soupirs.

Lorsque les deux femmes se trouvèrent sur le boulevard des Écoles, Adeline demanda :

— Pourquoi lui as-tu dit que tu ne savais pas lire ?... Ni écrire ?

Calmement, portant toujours son panier d'osier en

s'éventant de temps à autre avec son mouchoir, Marie Bézian répondit :

— Il fallait bien que je trouve quelque chose !

Ce mensonge aussi serein, cette façon flegmatique de l'expliquer désorientaient Adeline. Et aussi le fait de n'avoir pas su que la directrice lui avait écrit :

— Pourquoi ne m'en as-tu pas parlé ?

La mère marchait, l'allure épaisse, la pensée désinvolte :

— Parce que ce n'était pas important.

Adeline eut une petite suffocation : pas important ? Une lettre d'amour ? La première qu'elle recevait !

Installé dans la rue sous l'enseigne « Au blaireau du Larzac », un homme en blouse anciennement blanche rasait un client de style maquignon. Le blanc du savon soulignait le rouge de la couperose.

Adeline se jeta dans les bras de sa mère :

— Maman ! Je te jure que je ne connais pas cet Élie Chabrol !... Tu me crois, n'est-ce pas ?

— Évidemment, je te crois !

Marie Bézian haussait les épaules :

— Parmi toutes les choses que tu ne sais pas faire et qui sont pourtant utiles dans la vie, il y a celle-ci : tu ne sais pas mentir.

C'était l'une de ces phrases qui, si souvent, dans la bouche de sa mère, déconcertaient la fille. Adeline aujourd'hui ne s'y attarda pas, ne retenant que l'essentiel : contrairement à Mlle Rouquier, sa mère la croyait. Elle voulut aller plus loin. La voix un peu enrouée, elle chuchota :

— Et même, je peux te le dire... jamais je n'ai connu de garçon... jamais un garçon ne m'a embrassée.

Marie Bézian observa son enfant avec un air mi-figue mi-raisin :

— Ça ne m'étonne pas.

Puis, la prenant par les épaules, comme pour lui donner confiance dans la vie, elle affirma :

— Ne t'inquiète pas. Ça viendra !

Là, tout de même, Adeline fut désarçonnée. Elle proclamait sa vertu et voilà que sa mère lui disait de ne pas s'inquiéter ! Comme lorsque, jadis, elle avait eu la rougeole ! Pour un peu, aujourd'hui aussi, elle lui dirait : « Ça va passer ! »

Voyant sa fille s'engager dans ces rues frissonnantes, colorées d'enseignes et de fruits, de légumes, dans ces venelles aux cents entrelacs, aux mille bruits, appels de marchands, sur ces pavés où piaffaient des chevaux et glissaient des soutanes furtives, la mère demanda :

— On ne va pas à la cathédrale ?

— À la cathédrale, il y a plus de monde. Je préfère Saint-Amans.

Intimement, Marie Bézian regretta cette décision : la cathédrale de Rodez ! Depuis toujours elle en avait entendu parler. Elle suivit sans protester. Elle pensait : « Cette directrice d'École normale n'a peut-être pas tout à fait tort, il se passe sûrement quelque chose. »

Le pressentiment devint vite conviction. Marie Bézian se demanda comment il pouvait y avoir « plus de monde » à la cathédrale : l'église Saint-Amans était archipleine. Aux premiers rangs, sur des bancs : les élèves des Frères de la Doctrine chrétienne, de l'Institution Jeanne-d'Arc, de l'École Sainte-Marie. Derrière eux, des paroissiens endimanchés méritaient leur titre de fidèles : leurs chaises et leurs prie-Dieu étaient marqués à leur nom brûlé dans le bois ou gravé sur une plaque de cuivre. Redingotes à gauche, chapeaux à voilette à droite, l'assemblée suivait avec dévotion l'office servi par l'archidiacre. Il était assisté, dans le chœur, par une vingtaine de séminaristes en surplis blanc. Les normaliens étaient relégués au fond de l'église, debout, tenant leur chapeau de paille de leur main gantée de noir.

Adeline et Marie Bézian se glissèrent par là, côté femmes bien sûr. Marie eut la chance de trouver une chaise poussiéreuse sur laquelle, lorsqu'elle fut assise, elle n'osa pas bouger tant, au moindre mouvement, les barreaux, les pieds, le dossier, le siège dépaillé poussaient des gémissements.

Adeline, devant elle, faisait ses dévotions. « Les chères sœurs ont bien travaillé », pensait Marie qui, au fil des années, avait vu grandir la foi de son enfant. Pourtant, au moment où le prêtre lança le *Confiteor,* Adeline jeta un regard en direction des normaliens. Il fut suivi d'un autre coup d'œil comme, sous la nef, s'élevait le *Kyrie.* Marie en eut la certitude : sa fille cherchait quelqu'un. Ce qui la surprit c'est que, parmi ces normaliens où, visiblement, elle ne trouvait pas celui qu'elle aurait voulu voir, un garçon à fine moustache blonde ne la quittait pas des yeux. Adeline finit par s'en apercevoir. Comme prise en faute, elle baissa la tête, la releva pour chanter avec tout le monde le *Gloria in excelsis.* « C'est lui ! » pensa Marie.

Elle se trompait. Ce garçon, c'était Alphonse Durieu. Au moment de la communion, Adeline partit pour la sainte table. Alphonse Durieu s'y rendit lorsque ce fut le tour des hommes. Il répondit « *Amen* » et « *Et cum spiritu tuo* » au moment voulu mais toujours son attention retenue par la seule normalienne de l'assistance : Mlle Adeline Bézian.

Lorsque la foule des fidèles s'écoula, les yeux baissés, tenant son missel dans ses deux mains croisées sur sa poitrine, Adeline passa devant lui. Il se glissa dans l'allée à ses côtés et, Marie Bézian le vit nettement, ce fut elle qui parla la première, chuchotant des phrases que la mère aurait bien voulu entendre :

— J'ai une commission à faire à Élie Chabrol.

— C'est moi ! répondit Alphonse Durieu, imperturbable.

Adeline s'arrêta, ne sachant que penser. Souriant, Alphonse Durieu demandait :

— C'est à cause de la lettre ?

— La...

— La lettre que je vous ai envoyée... C'est de cela que vous voulez me parler ?... Pour me donner rendez-vous... cet été, pendant les vacances ?

Écarlate, Adeline s'en alla.

Alphonse Durieu la rattrapa :

— Attendez ! En vérité, nous sommes deux Élie Chabrol.

— ... Deux ?

— Oui. Moi qui vous ai écrit la lettre et...

Adeline comprit qu'il se moquait d'elle. Elle rejoignit sa mère que, s'approchant à son tour, Alphonse s'empressa de saluer. Avec autorité, il arrêta Adeline :

— Excusez-moi, mademoiselle, j'ai la réjouissante habitude de faire des plaisanteries.

Il consentit que celle-là était de mauvais goût. Il déclina son identité : Alphonse Durieu et, affirmant qu'Élie Chabrol était son ami, il offrit de lui transmettre le message.

— Non, murmurait Adeline... C'est une demande... très personnelle...

Sa mère l'attendait dehors, son panier d'osier à la main, sous le regard surpris, presque choqué, des paroissiennes exhibant réticules en moire, sacs en cuir de Graulhet, de Millau.

Adeline voulait savoir :

— Pourquoi n'est-il pas venu ?

— Élie ?... À la messe ?... Mais... il n'y vient jamais.

Adeline, incrédule, se demandait s'il s'agissait d'un nouveau jeu.

Maintenant, Alphonse Durieu semblait sincère. Il laissa tomber :

— Élie Chabrol n'est pas catholique.

À ce mot, Adeline resta sans voix. Elle prit le bras de sa mère, l'entraîna vers la place des Toiles. Des fidèles sortaient encore par la porte latérale. Elle n'avait qu'une idée : fuir ces endimanchés qui, voilà une heure, lui paraissaient ses frères et qui maintenant semblaient être ses ennemis, fuir cet Alphonse Durieu dont elle ne pouvait plus douter qu'il lui eût dit la vérité.

Le garçon à moustache blonde se retournait sans cesse. Il montrait un visage éperdu :

— Mademoiselle ! Pourquoi pleurez-vous ? Je suis là, moi ! Mademoiselle, ne pleurez pas, je vous en prie...

Adeline ne voulait plus l'entendre. Sa gorge, ses tempes, sa poitrine battaient, écrasées par deux pensées irrémédiables : « Élie Chabrol a fait lire cette lettre à son ami ! Un message aussi intime... Il l'a peut-être même montrée à plusieurs camarades : c'est un misérable. »

L'autre voix frappait plus fort. Plus terrible encore : « Élie Chabrol n'est pas catholique. Je ne pourrai pas l'épouser. »

2

Le soir, Élie Chabrol dînait chez M. Boscarel.

M. le Directeur était très attaché à cette tradition qu'il avait lui-même instituée : chaque dimanche, suivant un ordre établi longtemps à l'avance, il recevait à sa table un normalien de 2e ou de 3e année, sauf bien entendu si l'élève avait été puni dans la semaine ; ce qui ne pouvait arriver : l'invité était trop fier de cette marque de considération pour prendre le risque de la compromettre, trop heureux de déguster la magistrale truffade servie par la main blanche de Mme Boscarel. De son côté, M. Boscarel était ravi par le hasard faisant que cette dernière réception avant la grande sortie fût réservée au meilleur élève de 3e année, de surcroît fils de Florentin Chabrol dont, à Millau, l'imprimerie était toujours généreusement ouverte aux républicains. Le bouillon à peine servi, M. le Directeur s'empressa de préciser que ce n'est pas cela qui avait motivé son indulgence lors de « l'affaire de la rencontre » mais plutôt les notes d'Élie, l'approche de la fin d'année scolaire et aussi... la véhémence de Mlle Rouquier :

— C'est une personne remarquable mais, comme pas mal de nos directrices, elle a été élevée chez les religieuses et elle garde dans son comportement des habitudes de couventine.

— Cela est un bien, observa Mme Boscarel qui, elle aussi, avait été la pensionnaire des Congrégations.

Le couple s'accordait sur la nécessaire pureté de mœurs que devaient montrer les instituteurs laïques s'ils voulaient faire triompher l'école de la République.

— Le maître d'école doit être un exemple ! répétait M. Boscarel.

Depuis longtemps convaincu de cette évidence, Élie approuvait.

Ainsi soutenu, M. Boscarel en vint au sujet qui l'intéressait :

— J'ai appris avec plaisir que, contrairement à votre pauvre ami Alphonse Durieu qui a été réformé, vous avez été déclaré « bon pour le service ». Où allez-vous ?

Élie était affecté au 57e R.I., à Bordeaux. Il devait rejoindre le 17 août.

Le directeur pesta contre cette nouvelle manie de l'Administration militaire qui, sous prétexte que les transports devenaient plus faciles, expédiaient les recrues aux quatre coins de France :

— Les régiments y perdront leur âme. Les soldats ne seront plus des frères parlant du même pays avec le même accent.

Il tourniquait sa barbe, tapotait son assiette avec son couteau :

— Regardez notre beau 122e. Vous connaissez sa fière devise, je pense : *« Que li bengoun »* ? À quoi servira-t-il de la broder sur son fanion si ce sont des nordistes qui le suivent ? Ils ne sauront même pas ce que cela signifie[1] !

Il prenait sa femme à témoin mais la brave dame remarquait surtout que cet été le pauvre Élie n'aurait pas beaucoup de vacances.

— Il aura l'honneur de porter l'uniforme ! rétorqua hautement son mari.

L'uniforme, Élie serait fier de le porter, il en était sûr. Quel prestige retomberait sur sa première école s'il pouvait y arriver avec un galon sur la manche ! Ce serait sa façon

1. *« Que li bengoun » :* Qu'ils y viennent.

de remercier la République qui avait su, là aussi, faire tous les citoyens égaux en supprimant, pour les conscrits fortunés ayant tiré un mauvais numéro, le droit inique de s'acheter un remplaçant.

Élie pensait à cela chaque jour. Il y pensa plus encore à l'occasion de la remise des prix lorsque, le dimanche suivant, sur l'estrade tressée de lierre et de cocardes tricolores dans la cour de l'école, M. l'Inspecteur d'Académie puis M. Louis Lacombe, député-maire de Rodez, valorisant en des discours subtils cette égalité républicaine, surent l'entourer des deux autres mots magiques : Liberté (« La Liberté viendra aux hommes par l'instruction que vous leur donnerez », disait M. l'inspecteur) et Fraternité (« La Fraternité est la fille de l'Égalité : elle ne peut pas naître sans elle », répondait en écho M. le Député-Maire). Les normaliens étaient galvanisés.

Au matin du 14 juillet, le 122e R.I. défilant sous les bravos de la foule fortifia cet enthousiasme.

L'après-midi, sur le foirail, les soldats créèrent une surprise : ils se présentèrent en treillis blanc et képi, pantalon rentré dans les jambières, ceinturon armé de cartouches soutenu, sur le bourgeron, par des bretelles de cuir. Les patriotes allaient dénoncer ce manque de tenue lorsque, ainsi vêtus, les fantassins se livrèrent à des combats sportifs, des démonstrations qui les voyaient avec ensemble se jeter à terre, se relever ; à des courses et même à des jeux de corde qui enchantèrent tout le monde.

Au milieu de ses camarades, Élie pensait : « L'an prochain, je commanderai la manœuvre. »

Devant lui, robes de taffetas crème couvrant leurs chaussures blanches à talons plats, chapeaux à plume, à voilette, les élégantes se dirigèrent à petits pas vers le jardin. Sous leur ombrelle rebondie, elles donnaient le bras à des messieurs en redingote qui, levant de temps en temps leur panama ou leur melon, murmuraient des « Bonjour docteur ». « Mes hommages, madame la présidente », « Mes respects, monsieur le préfet ».

La « Lyre ruthénoise » s'était installée sur le kiosque. Son chef leva sa fine baguette blanche, taillée, pelée dans le hêtre. La musique éclata de tous ses cuivres. Trombones et cornets à piston, cors, bugles et tubas lançaient en guise d'ouverture le morceau magique, au succès assuré. Les applaudissements crépitèrent. Des voix s'unirent pour chanter avec l'harmonie :

Vous n'aurez pas l'Alsace et la Lorraine
Et malgré vous, nous resterons français !

Les normaliennes arrivaient sous la conduite de Mlle Rouquier. Dès lors, Élie qui chantait à tue-tête s'interrompit. Il n'eut d'yeux que pour Adeline. Il se disait : « C'est l'an dernier à la même date, au même endroit, que je l'ai remarquée. » Il revoyait la scène : deux fois, Adeline s'était tournée vers lui. Et puis une troisième où, en le voyant il en était sûr, elle avait eu un sourire furtif. Pas une invite, pas un engagement, évidemment. Quelque chose qui disait : « Je ne vous connais pas mais je suis contente de vous voir. » Surprenant ces échanges, ce farceur d'Alphonse Durieu avait murmuré : « Hé ! L'ami, il s'agirait de ne pas piétiner mes plates-bandes ! Tu sais que c'est ma fiancée ! » Élie connaissait trop son camarade pour croire à cette vantardise. Il avait haussé les épaules. Un jeunot de 1re année auquel on ne demandait rien avait indiqué : « C'est Adeline Bézian. Je la connais. Sa mère fait le « Planteur de Caïffa » à Villefranche. Élie avait remercié.

Maintenant, il se disait : « J'aurais dû lui écrire. » Il y avait pensé l'an dernier mais il avait eu peur du danger. Pour elle. Il s'était ouvert de ce projet à son ami. Alphonse avait haussé les épaules : « Comment lui feras-tu passer ton billet ? »... Maintenant, toute son attention absorbée par la jolie normalienne, Élie se rappelait, se répétait les sages propos de M. Boscarel terminant son discours de distribution des prix : « Instituteurs, mes enfants, l'État rétribuera très mal vos services. C'est pourquoi il vous est recommandé d'épouser une institutrice. Son salaire modeste complétera le vôtre et vous vivrez à deux le grand bonheur de l'idéal partagé. »

La « Lyre ruthénoise » attaquait *la Marseillaise.* Cela indiquait la fin du concert.

Voyant Adeline Bézian gagner la sortie du jardin dans les rangs bien ordonnés par Mlle Rouquier, Élie Chabrol pensa : « Dans un mois je partirai pour un an et je ne lui aurai jamais parlé. »

Cette idée le poursuivit à Millau où, l'École normale l'ayant libéré, il vécut quelques jours à la recherche de ses souvenirs d'enfance. Il en est ainsi lorsqu'une étape nouvelle se présente devant l'homme. Dans la rue Peyrollerie où tournait l'imprimerie paternelle, dans les rues fraîches du Mandarous, des Jacobins, Élie Chabrol retrouvait un passé qu'il allait à nouveau abandonner. Le beffroi, auprès duquel il avait tellement joué, lui paraissait plus écrasant que jamais.

Un soir, Gustave, le vieux typographe, lui dit :

— Un an c'est vite passé !

Il pensait à ses sept années de jeunesse données au service de l'Empereur.

La grand-mère Angèle approuva Gustave. Deux ans[1] au lieu de sept, et même de cinq, voilà un progrès dont les citoyens pouvaient remercier la République.

Angèle était l'une de ces femmes dont on dit qu'elles vieillissent bien et dont, peut-être, on ferait mieux de dire qu'elles vieillissent bon. Les ans, qui parfois chargent les visages de rancœur, semblaient avoir disposé sur le sien une éternelle indulgence. Cette grâce montrée à tous ne comportait qu'une exception. Autour d'elle, chacun la connaissait. Aussi, Florentin son fils comme ses ouvriers

1. Le service militaire, désormais fixé à deux ans, était ramené à douze mois pour les prêtres et les instituteurs

lançaient-ils périodiquement dans la conversation le nom de M. Thiers.

C'était immédiat :

— Une belle canaille ! tranchait Angèle dont les yeux, une seconde, perdaient toute douceur.

Enfant, Élie mettait l'insulte sur le compte d'un ressentiment de femme à laquelle, pendant dix années, « le nabot », « Thiers d'homme », « le serpent à lunettes » avait pris son mari pour lui faire casser les cailloux de l'île des Pins ; sur le compte des souffrances que ce mari avait endurées avant de rentrer portant déjà dans son corps la mort qui, une année plus tard, le terrasserait. Adolescent, les récits de son père, des ouvriers, des républicains en tout genre qui fréquentaient l'imprimerie lui avaient donné une plus juste appréciation des faits, des êtres et des sentiments. « Ceux qui vivent sont ceux qui luttent », avait écrit leur grand maître, Victor Hugo. Élie se voulait lutteur, éprouvant la grande fierté d'être près des victimes, parmi ceux qui relèvent la tête.

En devenant instituteur, Élie Chabrol relevait la tête pour toute sa famille. Elle était grande, sa famille. Privée de sa mère, Margalide, partie trop tôt pour qu'il en conserve le souvenir, mais étendue à ses futurs élèves qu'il aimait déjà, à tous les hommes, toutes les femmes qui avaient un élan à partager. Avec, au premier rang, sa merveilleuse grand-mère, Angèle.

Quand, portant sur le dos une musette contenant les provisions du voyage, il fit le tour de l'atelier pour serrer la main des ouvriers, quand il eut embrassé son père, l'aïeule l'attira à elle. Il s'était promis de ne pas montrer son émotion. Il ne sut pas la contenir. Ce fut comme si elle entendait sa pensée. Souriant, elle reprit le mot de Gustave :

— Douze mois, c'est vite passé !

Il se disait : « Pour moi oui... mais pour elle... »

La vieille femme comprit ses craintes. Le serrant à nouveau sur sa poitrine, elle chuchota à son oreille :

— Ne t'inquiète pas. Je la verrai, ton école.

Il partit très vite, arriva à la gare sans se retourner, voyant devant lui tout ce qu'il laissait.

Il changea de train à Sévérac, Rodez, Capdenac, Tessonnières et Montauban. Il dormit dans les wagons et dans les gares. Il rêva. Adeline embrassait Angèle. Elle lui faisait la classe. Angèle lui tendait les bras. Elle disait : « Mon petit-fils est un brave garçon. »

À Langon montèrent cinq jeunes gens dont il était facile de deviner la destination. Ils portaient encore leurs rubans de conscrits, un « Bon pour le service » en lettres dorées planté dans la blouse de l'un, un « Bon pour les filles » accroché à la veste de l'autre. Ils s'installèrent dans le compartiment d'Élie en criant : « Vive la France ! » et : « À mort, les Prussiens ! » Alors, eux aussi chantèrent *Alsace et Lorraine.* Élie revoyait Adeline devant le kiosque à musique. Elle se retournait.

Vous avez pu germaniser la plaine
Mais notre cœur vous ne l'aurez jamais !

Le cœur d'Élie Chabrol restait à Rodez... à Millau... Il battait autour du beffroi et, plus encore, dans le jardin du foirail où deux yeux verts avaient semblé heureux de le voir.

Adeline pensait aussi à cette rencontre que bousculaient les propos d'Alphonse Durieu. Elle était plus tourmentée encore par le discours d'adieu de Mlle la Directrice dont les encouragements avaient troublé toutes les normaliennes :

— C'est votre mission qui vous donnera les plus grandes joies de votre existence puisque, vous le savez, la grande majorité de nos institutrices restent filles.

Non, Adeline ne le savait pas ; Louison Canac, sa

compagne depuis le premier jour, ne le savait pas non plus. Elles se regardaient. Les autres aussi.

Quelques jours plus tard, ayant fait appeler Adeline dans son bureau, Mlle Rouquier avait enfoncé le clou :

— Qui voudrait d'une institutrice ? Qui voudrait de vous ? Pas le paysan auquel votre instruction fera peur. Pas le fonctionnaire, encore moins le commerçant que votre ridicule salaire fera fuir ! Personne ! Même pas l'instituteur qui, gagnant plus que vous, craindrait à la fois de vous nourrir et de ne pas vous trouver aussi docile qu'une bonne paysanne flattée de l'épouser en lui amenant quelques arpents.

Elle allait de long en large avec parfois, furtivement, un accent pathétique dont elle se débarrassait en revenant aux recommandations concrètes concernant la tenue morale et vestimentaire de la jeune institutrice :

— Vous n'avez pas le droit d'être frivole. Vous, moins qu'une autre.

Ce « vous moins qu'une autre » disait à Adeline que Mlle Rouquier persistait dans son erreur de jugement.

La directrice poursuivit :

— En aucun cas vous ne devez montrer une liaison coupable ou même sortir sans chapeau. En classe vos propos ne doivent jamais prêter à confusion et vous ne donnerez jamais de leçon de couture sur un caleçon d'homme.

Adeline promit. Il y avait chez la directrice un émouvant désir de protéger, la volonté de mettre en garde ses petits soldats avant de les lancer au combat.

Cela marqua Adeline mais, bien sûr, c'est cette condamnation au célibat qui pendant des jours la poursuivit. Arrivant en vacances à Villefranche elle en était encore pénétrée. La voyant ainsi, tristounette, sa mère pensa tout de suite au garçon à fine moustache auquel elle avait parlé en l'église Saint-Amans. Elle se dit : « Ça ne s'est pas arrangé. » Elle décida de tout faire pour consoler sa fille.

Au premier soir elle mit sur la table le petit panier de bois, le panier d'enfant, qu'Adeline connaissait si bien.

Lentement, elle retira le morceau de vichy bleu et blanc qui le recouvrait. Les rondes fraises du jardin apparurent en même temps que jaillissait une majestueuse bouffée de parfum.

— Ce sont les dernières. J'avais peur que tu arrives trop tard, dit modestement la mère... Évidemment, elles sont moins belles que le mois dernier.

Moins belles peut-être. Pourtant lorsque, ayant bien essuyé son laguiole, Marie commença à écraser, à étendre les fraises en une tartine odorante, Adeline sentit naître en elle des souvenirs d'anciens « quatre-heures ». Gonflée de rouge et de sucre, de chair, de jus dégoulinant sur les doigts, la friandise colorait ses lèvres qui se mirent à sourire, à rire, à montrer leur bonheur. Continuant à se tromper, Marie, satisfaite, se dit : « Ce n'est pas grave. Elle en trouvera un autre ! Les hommes, ce n'est pas ce qui manque ! »

C'est pourquoi le lendemain, voyant que la mélancolie marquait à nouveau le visage de sa fille, la mère voulut la mettre sur le chemin de la confidence :

— Lorsque je suis venue à Rodez, ce jeune homme qui à l'église Saint-Amans...

Adeline sursauta, comme si son secret avait été surpris. Rougissante, ne voulant pour rien au monde parler d'Élie Chabrol, elle rapporta les propos de Mlle Rouquier. Marie, tombant des nues, se demandait comment une directrice d'École normale pouvait proférer de semblables inepties. Avoir fait de sa fille « une demoiselle » et s'entendre dire que la demoiselle, belle comme une rose de juin, entrerait dans le bataillon des laissées-pour-compte dépassait l'entendement. Aussi, Adeline lui ayant affirmé qu'en Aveyron les deux tiers des institutrices étaient célibataires, qu'en d'autres départements la proportion atteignait les trois quarts, qu'elle était même des quatre cinquièmes dans le département de la Manche, les jours suivants, chinant dans les villages et les hameaux, Marie fit ses comptes. Elle dut convenir qu'à la Rouquette, l'institutrice avait depuis longtemps coiffé Sainte-Catherine. Il en était de même à Savensa et à Brandonnet : à Martiel aussi, où la grosse mère Bosquetou qu'elle fournissait en chocolat approchait de l'âge de la retraite sans avoir trouvé chaussure à son pied. Cela la démoralisait. En revanche, lorsque sa moisson avait été bonne, dès que sur le chemin du retour elle apercevait Adeline venant à sa rencontre, elle lançait :

— À Saint-Salvadou, l'institutrice s'appelle Mme Roquelaure. Si elle s'appelle « madame », c'est qu'elle est mariée, non ?

Adeline était émue par cette maternelle bonne volonté. Elle affirma avoir fait cette confidence dans un moment de désarroi. Elle n'attachait pas au mariage une importance si grande qu'on dût s'en inquiéter. Cela rassura Marie. Elle regarda sa fille, se rassura plus encore : « Avec ces yeux-là, elle ne séchera pas sur pied ! » Quant à Adeline, chaque soir avant de se coucher, l'après-midi lorsqu'elle s'ennuyait, elle priait. Sans solliciter la bonté divine, mais en ayant en tête des espoirs et des inquiétudes. Ses lèvres disaient : « Notre Père » ou « Je vous salue », sa tête pensait : « Élie Chabrol... Lettre d'amour... Il n'est pas catholique... »

Un après-midi, l'idée lui vint de rendre une visite aux religieuses de la Sainte Famille. À sœur sainte Catherine surtout. C'était sa préférée. Un souvenir arrêta son projet : lorsque la supérieure avait appris qu'elle optait pour l'École normale, elle s'était déchaînée. Contre Marie Bézian qu'elle avait traitée de « rien du tout » ; contre Adeline qu'elle avait ouvertement désignée à l'opprobre de ses camarades. Un matin, sœur sainte Catherine avait écrit au tableau : « Sujet de rédaction : Chateaubriand est le plus grand des auteurs français. Dites pourquoi. » La supérieure était entrée en classe. Sans dire un mot, elle avait effacé l'inscription puis, d'une craie assurée, elle avait écrit : « Faites le portrait d'un traître ou d'une traîtresse. » Plus de la moitié des élèves avaient établi le portrait d'une jeune fille qui, ayant la chance d'être éduquée par les chères sœurs, s'en allait enseigner dans l'école sans Dieu.

Comprenant son indignité, Adeline avait supplié sa mère de « la laisser avec les chères sœurs ». La mère s'était contentée de caresser les boucles de sa fille : « Religieuse, nous ne nous verrions plus. Toi, tu aurais Dieu mais moi je n'aurais plus personne. » Elle ajoutait : « Institutrice, tu seras mieux. C'est l'État. Le vent tourne... » Elle répétait cette phrase qu'elle semblait bien aimer. Une phrase qu'Adeline ne saisissait pas très bien : le vent ne pouvait pas tourner contre la volonté du ciel. C'est peut-être ce qu'avait voulu laisser entendre Mlle Rouquier, voilà trois ans, en accueillant ses nouvelles pensionnaires : « Celles qui vénèrent Jésus sur la croix sont ici les bienvenues ; il en est de même de celles qui vénèrent la croix sans Jésus (c'était une allusion aux protestants, mais Adeline qui n'était jamais entrée dans un temple ne pouvait pas la comprendre) ; et il en est de même encore de celles qui ne se prosternent ni devant la croix ni devant Jésus. » Entendant cela, vivant les premières leçons de morale où Mlle Rouquier insistait sur la nécessaire tolérance, sur l'obligatoire respect des opinions et des croyances, Adeline peu à peu avait pris une résolution : « Les chères sœurs n'ont pas compris et la mère supérieure n'a pas compris non plus. Aux prochaines vacances, j'irai leur expliquer que personne ne leur veut du mal. » Elle n'avait jamais osé y aller.

Le soir, elle aidait sa mère à préparer sa tournée du lendemain, remplaçant dans la carriole les marchandises vendues dans la journée en respirant à pleins poumons l'arôme inégalable qui avait fait la réputation du « Planteur de Caïffa ». L'odeur du café était soutenue par le parfum du chocolat à croquer en grosses billes noires, par le bouquet confondu du poivre gris, du vinaigre et du savon de Marseille. Adeline plaçait les petits paquets à l'intérieur de la caisse, bien calés dans leurs casiers. Parfois, elle repliait la couverture qui était toujours du voyage : Marie qui n'avait pas les moyens de manger souvent à l'auberge prétendait aimer ces repas en plein air, la couverture de laine lui servant de siège et de nappe.

Au matin, elle aurait bien voulu partir avec sa mère, l'accompagner dans sa tournée, mais Marie s'y opposait toujours avec fermeté :

— Tu n'es pas assez solide. Il y a des jours où je fais cinq lieues, peut-être six... plus de vingt kilomètres, tu te rends compte ?

— Je les ferai.

— Non. Il faut avoir l'habitude. Repose-toi. Tu auras besoin de tes forces pour la rentrée.

Adeline regardait partir sa mère, le chien, la carriole verte, ce minime convoi de forain dont, dès l'approche du premier hameau, Marie, sous sa casquette, annoncerait l'arrivée en soufflant dans sa trompe noir et or.

Elle prenait ses livres, ou plutôt *son* livre, *Les Enfants de Marcel*, livre du maître que M. l'Inspecteur lui avait remis lors de la distribution des prix. Elle en interrogeait chaque chapitre, se demandant si elle serait à la hauteur de sa triple mission : « Mémoire, raisonnement, jugement sont la trinité de l'enseignement nouveau », leur avait répété cinquante fois Mlle Laporte, chargée du cours de pédagogie. Adeline se demandait si, de petites filles frustes, elle saurait faire de jeunes personnes perpétuellement en éveil.

Le 14 septembre, la ville célébrait la fête de l'Exaltation de la Vraie Croix. C'était un grand jour pour les pénitents noirs qui, chaque année, montaient au calvaire dans la procession de leurs lugubres habits et, tous les cinq ans, en ôtaient la croix pour la repeindre. Ils le feraient cette année. Adeline ne voulait pas manquer cela. Il n'était évidemment pas question d'y aller seule : dans l'heure, tout Villefranche aurait su que « la normalienne » sortait sans accompagnement et que, en conséquence, l'École normale était un lieu de perdition.

Allant un soir attendre sa mère au-delà du pont, elle rencontra Suzanne Monteil dont le père, un bossu au visage rébarbatif, jardinait pour le couvent. Toutes les deux avaient été élèves des chères sœurs. Suzanne Monteil se déclara enchantée de sortir avec son ancienne camarade.

Les jours suivants, les cours de couture montrèrent leur efficacité : à la robe qu'elle avait portée pendant trois années dans ses sorties ruthénoises, elle ajouta un nœud de rubans, enleva « la ruche » qui alourdissait la jupe, remplaça l'aile blanche du chapeau par une minuscule plume de geai, du plus beau bleu.

Les pénitents noirs partirent de leur chapelle. C'étaient des artisans, des vignerons, des maraîchers, quelques notables qui, faisant vivre une institution tricentenaire, montraient leur foi en cachant leur personne : les fidèles et les badauds virent apparaître leurs silhouettes endeuillées portant cagoule à trois trous, habillées du « sac » ou, si l'on préfère, d'une robe tombant jusqu'aux pieds pour rappeler à tous que la pénitence perdure jusqu'à l'extrémité de l'existence. Massés le long de la promenade qui, plus tard, deviendrait les allées Aristide-Briand et que, pour l'heure, tout le monde appelait « le Villeneuve », les gens se signaient, se frappaient la poitrine, s'agenouillaient. On voyait des lèvres remuer sur des prières intimes.

Portant la coiffe bouffante à l'arrière tenue au front par un bandeau, une paysanne remarqua que Mme Escande, la liquoriste, n'était pas accompagnée de son mari.

— On ne le voit jamais lorsque sortent les pénitents, affirma sa voisine.

— Cela veut tout dire, conclut la paysanne qui, sans perdre un instant, tenta de découvrir, sur les pieds qui passaient devant elle, les souliers de M. Escande.

Adeline et Suzanne n'avaient pas de ces distractions. Entrées dans le cortège à la suite des pénitents, elles allaient, les yeux baissés, tellement concentrées sur leur foi ardente que la montée à Saint-Jean-d'Aigremont ne leur parut ni longue ni abrupte. Pourtant, lorsqu'elles arrivèrent à la douzième station du chemin de croix — celle qui dominait le petit cimetière —, loin d'attendre l'homélie du prêtre qui à chacune des stations bénissait les fidèles, Adeline sentit en elle une impatience qu'elle connaissait bien : elle gravit les derniers mètres comme en éclaireur et, en une espèce d'acte de foi dans le Créateur de la nature, elle contempla le paysage. Au bas de la pente rousse, violente, Villefranche, sa ville, lui apparut, aplatie sous ses toits de tuiles canal d'où, de-ci, de-là, émergeait l'ardoise cantalienne. Rues et venelles de bastide se coupaient à angles droits autour de la collégiale, place forte de cette place forte, invincible : l'Aveyron, qui depuis des siècles l'attaque au levant, doit depuis des siècles renoncer à l'émouvoir. Adeline le regardait s'étirer sous le soleil, jouant le grand seigneur indifférent qui, au causse rude, préfère le pays vert fait de vignes attendant la vendange, de pâtures sur lesquelles s'était posée la masse jaune de quelques troupeaux de moutons.

En gens d'habitude, des pénitents déboulonnaient la grande croix. Lorsqu'elle commença à chanceler, leurs frères attaquèrent l'un de ces chœurs à bouche fermée qui transpercent l'âme. Les voix retenues s'unissaient à merveille dans ce chant dont aucun mot ne peut travestir la sincérité. Agenouillée, Adeline priait avec une ferveur que rien ne pouvait distraire sauf, comme toujours, se mêlant à ses *Credo* et à ses *mea-culpa*, le nom d'Élie Chabrol qu'elle ne pouvait pas chasser... Comme elle se raidissait pour le repousser, une phrase se précisa :

— Fille Bézian, tu connais Élie Chabrol, n'est-ce pas ?

Elle était pétrifiée, voulut revenir au Notre-Père, à la cérémonie. La voix poursuivait :

— Adeline Bézian, normalienne à Rodez, j'ai pour toi un message céleste.

Elle se retourna. À genoux lui aussi, un pénitent noir était derrière elle. Tout près.

— Qui êtes-vous ?

La cagoule s'approcha encore. Chuchotant :

— Notre ordre nous interdit de nous révéler aux pauvres mortels. Retiens seulement ce que je suis venu te dire : Élie Chabrol t'attendra ce soir devant le bûcher. Place Notre-Dame, sous les arcades Saint-Martial.

L'homme s'était levé. Il s'en allait.

Adeline s'élança à sa poursuite mais, tous les pénitents étant maintenant debout, elle était incapable de reconnaître celui qui lui avait parlé. La voyant tourniquer ainsi dans les rangs des noirs serviteurs de Dieu, les fidèles protestèrent et, dans ce désordre, le jardinier bossu jaillit on ne sait d'où :

— Suzanne ! Je t'avais interdit de te montrer avec cette « normale » ! Rentre à la maison ! Tu me fais honte !

Adeline craignit un mauvais parti. Le chemin était obstrué par les fidèles qui n'avaient pu parvenir jusqu'au sommet. Elle voulut passer derrière la chapelle mais, bien planté sur la pente raide encombrée de monde, un pénitent la menaça, élevant devant lui un christ rugueux qui, peut-être, était en plomb. Elle parvint à fuir de l'autre côté, se retrouvant très vite dans un bois pentu qu'elle dévala en s'accrochant à une branche de hêtre, un pied de buis, un autre, se tordant les pieds, transpirant, sautant, s'étalant de tout son long pour repartir aussitôt avec, dans son essoufflement, sa transpiration, une seule idée : « Ma chambre ! Je veux ma chambre. Pour m'enfermer et qu'on ne me voie plus. »

Elle se jeta sur son lit, ne pleura pas, effrayée plus que chagrinée, en colère surtout, maudissant les gens hostiles, les pénitents noirs et, le premier, celui qui lui avait parlé. D'où tenait-il ce message ? De qui ? Qui était-il ? Elle ne connaissait pas sa voix, cela elle en était sûre. Elle n'irait pas au rendez-vous, elle en était sûre aussi.

La soirée était douce, une soirée de septembre comme l'été sait en offrir quand il veut se faire pardonner un mois d'août aux nuits trop vite fraîches.

Adeline s'était coiffée du large chapeau maternel taillé dans un ancien chapeau d'homme. Rabattu sur ses yeux, il rejoignait presque sa cape de normalienne dont elle avait relevé le col. Errant dans les rues, elle pensait : « Je dois ressembler à un pénitent noir ! Personne ne me reconnaîtra ! »

La foule des fidèles attendait sur la place Notre-Dame, recouvrant entièrement le sol aux cent mille cailloux mais lorsque, portant torches et flambeaux, gonfanons, icônes et banderoles, le cortège arriva, cette marée s'ouvrit, libérant une île de déférence où s'engouffrèrent les pénitents.

Adeline eut de la peine à gagner les arcades Saint-Martial. Là, tournant le dos à la cérémonie, elle se demanda comment quelqu'un pourrait la rejoindre tant les hommes, les femmes, les prêtres, religieuses et religieux, les enfants se pressaient, se bousculaient pour ne rien manquer de la féerie : la grande croix de paille dressée au milieu de la place s'enflammait, rendant réelle et grandiose l'insigne de reconnaissance de la confrérie, cette image de la croix brûlante que chaque pénitent portait à l'épaule gauche de son « sac ». La foule poussa un grand cri. Adeline en poussa un petit : Alphonse Durieu était devant elle, souriant :

— On vous a fait passer mon message, je vois.

— Vous ?

Alphonse Durieu souriait plus encore :

— Je vous avais bien dit que j'étais Élie Chabrol !

Adeline n'en croyait pas un mot. Elle avait envie de taper sur ce garçon à moustache prétentieuse, au visage arrogant, trop sûr de lui. Et d'abord, comment, pourquoi était-il là ?

— Que me voulez-vous ?

— Rien. Je veux vous aider.

— M'aider ? À quoi ?

Alphonse Durieu montrait les fidèles s'écrasant :

— Nous avons tous besoin d'aide. Regardez tous ces

amis de notre religion. Que cherchent-ils ici sinon le divin recours, le soutien de leur prochain dont, dans cette harmonie magnifique, ils se sentent vraiment frères ?

Il était grandiloquent, grave et excité. Un peu fou :

— Adeline Bézian, donnez votre amour à ces pécheurs qui, devant le feu de la croix, baissent la tête. Ce sont leurs enfants que demain nous allons instruire. Notre école certes ne leur enseignera pas le catéchisme, mais elle éveillera leur esprit : ces êtres, frustes aujourd'hui, prieront demain en comprenant ce qu'ils font !

Autour de l'orateur, quelques voix agacées crièrent :

— Silence !

Alphonse Durieu entendit la menace. Il se tut puis, relevant le bord du vieux chapeau noir, il chuchota à l'oreille d'Adeline :

— Sincèrement, je peux vous aider.

Elle pensa alors qu'il avait la possibilité de joindre Élie Chabrol, qu'il allait la mettre en rapport avec lui... Il avait peut-être un message...

Elle demanda :

— Comment pouvez-vous m'aider ?

La réponse tomba. Nette :

— En vous épousant.

Adeline sentit son cœur s'arrêter. Oui, vraiment, ce garçon n'avait pas toutes ses idées. En une seconde il allait de la ferveur à la moquerie, de la raison au sentiment. Maintenant il riait aux éclats. Elle lui tourna le dos, commença à écarter les gens sur son passage. Alphonse Durieu, derrière elle, l'imitait. La foule protestait. Adeline n'en avait cure. Retenant son chapeau qui menaçait de tomber, elle s'infiltra dans les rangs, poursuivie par la voix d'Alphonse Durieu se plaignant de son manque de sérieux ! Elle parvint au bout des couverts, se cacha derrière un pilier. Alphonse Durieu passa à deux pas, beuglant ses grandes certitudes :

— Je vous épouserai. Vous serez ma femme !

Au milieu de la place, la croix s'était écroulée sous les

attaques du feu. Elle n'était plus qu'un bûcher dont les flammes se tordant projetaient sur les façades l'ombre gigantesque de l'autre croix, l'immense croix de fer, fierté des Villefranchois. Dressés autour du brasier, les pénitents continuaient de lancer vers le ciel leurs litanies sans paroles. Peut-être, en cette nuit de septembre, disaient-elles à Dieu : « Nous sommes indignes de vous parler. »

Adeline maintenant était seule. Au lieu de monter vers la rue du Marteau, elle était descendue vers l'Aveyron, se cachant dans l'une de ces venelles que les maisons de Villefranche, qui si souvent vont deux à deux, laissent entre leurs couples. L'étroite ruelle conçue jadis pour empêcher la propagation des incendies lui permit d'éteindre la fièvre qui la brûlait. Deux garçons seulement avaient approché sa jeune existence. L'un lui avait adressé une lettre d'amour. L'autre venait de la demander en mariage.

Partant enfin vers la maison, elle s'interrogeait : la vie est-elle ainsi ?

Marie était rentrée. Dans la cuisine, suçotant son crayon encre, elle faisait ses comptes avec de gros chiffres appliqués.

Elle leva la tête, sourit comme chaque fois qu'elle voyait sa fille.

Elle lui tendit un papier :

— Tu as reçu ta nomination.

3

Adeline avait changé de train à Capdenac, à Rodez, à Sévérac-le-Château. Trois correspondances pour un trajet dépassant à peine les deux cents kilomètres ! Avec, à chaque fois, le transbordement du panier d'osier que sa mère avait chargé de provisions de route et de premier séjour. (« Tu seras peut-être bien contente de les trouver. ») Elle transbahutait aussi un gros sac en toile de jute qui ne pouvait pas cacher ses précédentes fonctions. Marqué « Au Planteur de Caïffa », il confirmait ses origines en répandant dans le compartiment un parfum qui surprenait les voyageurs.

Au rythme des cahots du train marquant la fin de chaque rail, la nouvelle institutrice se disait : « Je ferai cela dans mon école. » C'est une phrase que, ces derniers jours, elle s'était répétée souvent, s'imaginant être avec ses élèves, s'essayant à prendre la parole devant elles. Cela lui avait donné du courage, l'aidant à chasser de son esprit les tracasseries et même les noms d'Alphonse Durieu, d'Élie Chabrol que, de toute façon, il valait mieux oublier.

Craignant de manquer la station, elle mettait souvent son nez à la fenêtre, au risque de recevoir dans l'œil l'une de ces escarbilles que dispensait généreusement la cheminée de la locomotive. Bien avant Saint-Rome, elle prépara ses bagages, équilibra son chapeau noir sur son chignon, abaissa sur son visage la voilette qu'elle y avait enroulée pour accentuer la dignité de sa mise.

Aux premiers embranchements de la gare, un homme d'équipe tenait l'aiguille d'une main ferme, peu soucieux de voir un rail se désolidariser de son frère pour conduire une partie du convoi sur une voie de garage.

Adeline descendit de son mieux, coltinant son sac sur son dos, tenant de l'autre main le panier qui, à chaque pas, lui tapait la jambe.

Sur le quai, personne ne semblait l'attendre mais dans la cour, deux hommes, portant la grande blouse noire, discutaient près d'une charrette. L'un, petit, malingre, s'abritait sous un béret si large que le tout ressemblait à un champignon. Plus tard, Adeline devait apprendre que le village l'appelait Moussarous[1]. L'autre, plus important, était coiffé d'un grand chapeau usé, décoloré. Il se tourna vers elle :

— Vous êtes notre maîtresse ?

Adeline ne vit, dans ce mot, aucune malice. Elle n'en vit pas non plus dans le suivant :

— Je l'ai compris au grillage ! faisait l'homme en montrant la voilette du doigt.

On chargea le sac, le panier et presque la voyageuse, car sa robe était longue et la voiture ne comportait pas de marchepied. Adeline s'installa à l'arrière, assise sur une caisse de pommes, entre deux tonneaux vides.

— On prépare la vendange, dit sobrement le cocher en lançant sa jument.

La nuit tombait et bientôt la brume tomba plus vite que la nuit. La voiture monta par des chemins pierreux. Les hautes roues cerclées de fer écrasaient les cailloux des chemins. Lorsqu'elles tombaient dans un nid-de-poule, Adeline sautait sur sa caisse. Une secousse plus forte la projeta contre une barrique vide qui en cogna une autre avec un bruit de bois vide. Le roulier se retourna :

1. Moussarous : mousseron, petit champignon.

— Alors, la demoiselle, on n'est pas bien avec nous ?

Puis reprenant sa conduite, il glissa à son compagnon :

— *Las fennos et l'ensalado sou pas jamaï prou boulegados.*

Adeline entendait assez de patois pour comprendre le dicton : « Les femmes et la salade ne sont jamais assez remuées. » Elle joua la sourde. Bientôt, elle eut la certitude que le conducteur recherchait les fondrières ; lorsqu'il en apercevait une, il fouettait la jument pour que le choc fût plus rude. N'ayant plus confiance dans les tonneaux voltigeurs, Adeline se cala entre deux grands sacs d'oignons à l'odeur éprouvante mais à la plus sûre stabilité. Le jeu cessa. Les deux compères restèrent sans dire un mot puis, sans lâcher ses rênes, l'homme se tourna à nouveau vers la passagère. Il prit un ton sérieux, comme s'il voulait faire pardonner sa taquinerie, se montrer digne de sa mission :

— Alors, vous savez compter ?

— Un peu, dit modestement Adeline.

L'homme apprécia :

— C'est bien de savoir compter.

Il semblait persuadé. Son voisin poussait de petits gloussements. Il y eut un long temps où l'on n'entendit plus que les fers du cheval, les moyeux grinçants, la caillasse broyée. L'homme questionna, intéressé, presque admiratif :

— Et lire ?... Vous savez lire aussi ?

— Oui, je sais lire, dit Adeline.

L'homme hochait la tête. Il paraissait avoir des regrets :

— Moi, je sais pas lire, je sais pas écrire et je sais pas compter.

Il fit courir les rênes sur la croupe de la jument puis, philosophe, il déclara :

— Ça m'empêche pas de péter !

Pour le prouver, il lâcha une sonorité ronde qu'on dut entendre à une lieue. Son copain s'esclaffa. Il croyait s'étouffer, parvenait un instant à contenir son rire qui, bientôt, fusait dans la nuit, nerveux. Il était encore en joie lorsque la voiture parvint dans un nid d'aigle aux ruelles en cascades dans lesquelles chaque maison débordait par un escalier de quelques dalles usées, sans rampe, parallèle à la bâtisse. D'autres escaliers formaient un passage, le terminaient. L'attelage s'arrêta devant une vaste construction aux murs peuplés de cailloux contenus aux angles et aux ouvertures par des pierres immenses. À l'une des extrémités, les propriétaires avaient transformé une ancienne chambre en salle de café : on voyait sur les murs sales la trace des lits. Quatre tables de bois constituaient le mobilier de ce lieu enfumé affichant fièrement au-dessus de l'entrée : « Auberge Gratadour. »

Tous les yeux se tournèrent vers les arrivants. Vers l'arrivante surtout dont, l'un tenant son verre et l'autre retenant sa manille, nul ne pouvait se détourner. Au fond, une femme portant une épaisse cinquantaine se tenait derrière un panneau de bois qui, fixé sur deux barriques dressées, figurait le comptoir. Elle aussi contemplait Adeline. Muette. Sa face compacte, empâtée, semblait étudier un problème : « Nouveau venant : nouveau désagrément. Qu'est-ce que cette pécore va nous amener ? »

Au bout d'une minute qui parut très longue à Adeline, la matrone s'approcha d'elle :

— Asseyez-vous là. Je vous ai gardé la soupe au chaud.

« Elle n'est peut-être pas méchante », se dit Adeline. Dans l'épicerie de M. Cazes, elle avait vu parfois des gens à la mine rébarbative qui, un beau jour, lui offraient un bâton de réglisse.

À une table près du comptoir, un gros homme abattait ses cartes, prêtant l'oreille à Moussarous, le freluquet à béret qui, avec un rire découvrant des moignons de dents jaunes, noires, lui contait une bonne farce.

La soupe était servie, embaumant. La partie était finie ; le gros homme se leva. Il tira sa chaise derrière lui, laissant deux ornières dans la sciure répandue sur le plancher. Il s'assit devant Adeline, désignant l'avorton et son copain :

— Alors... Ils vous ont fait des misères ?

Il n'attendit pas la réponse :

— Ils edzagèrent... On n'est pas contre les amusoires, mais, eux, ils edzagèrent.

Il se présenta :

— C'est moi Auguste Gratadour. Je suis le maître d'ici et le maire de la commune.

En disant « le maître d'ici », il avait désigné l'entourage : les murs et les gens. On le comprenait, tout semblait lui appartenir. Même les absents :

— Je suis le beau-père de l'instituteur. C'est pas qu'on gagne beaucoup dans votre profession, mais on se fatigue pas beaucoup non plus !

Voyant les yeux étonnés d'Adeline, il bifurqua, indiquant que « le gendre lui faisait le secrétariat de mairie » et la rassurant sur son prochain séjour. Sous son autorité tout marchait droit :

— Si quelqu'un vous embête, vous n'aurez qu'à vous plaindre à moi. Je suis le maire : ça compte. Et mon beau-frère est le garde champêtre.

La forte femme était Gertrude Gratadour, son épouse. Elle demanda à Adeline si elle voulait « la portion ». Mais Adeline, à cette heure, n'avait pas envie de charcuterie. Il lui tardait de se coucher et surtout de se retrouver seule, hors de cette fumée, des regards posés sur elle, de Moussarous qui, sous son béret, allait de l'un à l'autre en contant l'aventure. Gertrude Gratadour ouvrit une porte derrière laquelle montait un escalier raide :

— Il y a trois chambres là-haut. Vous prenez celle que vous voulez. En ce moment on n'a pas de charretiers.

Posant son panier sur chaque marche, Adeline hissa son sac comme elle put. Elle poussa la première porte, la referma avec une targette que doublait, à hauteur de la poignée, un crochet sans consistance. Elle se jeta sur le lit dont les ressorts protestèrent en gens qui n'ont plus de goût au travail. S'habituant à l'obscurité, elle avisa une lampe Pigeon. Elle pensa qu'elle avait oublié de demander des allumettes, se dit que sa mère avait dû en mettre dans le panier mais elle ne se leva pas : elle s'était endormie.

À l'aube, les coqs se répondant, les poules se battant, un chien réclamant sa pâtée d'une voix énorme eurent raison de son sommeil. Cela ne dura pas. Elle replongea dans ses rêves, sauta de son lit à huit heures, eut honte de sa paresse, inspecta la chambre au mobilier succinct, la table bancale. Devant l'armoire, le parquet grossier, durement ridé, avait un trou donnant sur une pièce encombrée d'outils, de fûts, d'un vieux sommier. Adeline voulut s'habiller. Elle eut un moment de recul : sa robe sentait le tabac et l'oignon. Elle prit, dans le grand sac, sa jupe et son corsage : ils sentaient le café. Elle opta pour le café.

En bas, la patronne lui dit :

— C'est l'heure de mener les bêtes. La grand-mère n'a plus de force. Alors, c'est moi qui y vais. Vous avez le lait dans un poêlon sur le bord de la cuisinière. Tirez-le au milieu et surveillez-le bien. Le pain est dans le grand tiroir, en bout de table. Servez-vous.

Adeline resta seule. Du moins le pensait-elle. Attaquant son déjeuner de bon appétit, elle aperçut dans un coin d'ombre, loin de la cheminée, une vieille femme dont les doigts tremblaient sur un chapelet de bois, dont les lèvres tremblaient sur une prière.

— C'est la mémée, dit le sieur Gratadour en entrant. Elle n'est plus bonne à rien mais on la garde. Quand le froid arrivera, on l'*assoyera* dans l'âtre, sur le coffre à sel. Elle aura plus chaud pour prier son Jésus... Venez. Je vais vous montrer votre école.

Son invitation tenait de l'ordre de marche.

Ils suivirent la route boiteuse, pavée de cailloux, s'étranglant parfois entre de hautes maisons accotées, des fermes dont on voyait la cour par une porte charretière. Ils passèrent sous l'une d'elles. Auguste Gratadour montra une grange s'ouvrant sur le causse :

— C'est là.

Il entra le premier, heureux de la surprise qu'il procurait : le sol de terre battue avait été parqueté de neuf sur la moitié de sa surface. Une estrade la dominait, portant, à l'intention de la maîtresse, un pupitre étroit ressemblant à la caisse d'une mercerie. Face au pupitre, deux bureaux à deux places, aux bancs attenants, sentaient le bois neuf.

— C'est Bozoul, le menuisier, qui les a faits. Je lui avais donné le modèle... On vous a même trouvé un poêle, dit avec fierté M. le Maire.

Adeline trouva une petite voix pour demander :

— Il... n'y a pas d'autres bancs ?

— D'autres bancs ?

— Des bancs... Des bureaux... Pour les élèves ?

M. le Maire eut envie de rire :

— Vous avez quatre places. Ne vous inquiétez pas, vous en aurez assez !

Il se lança dans un discours duquel il ressortait que les femmes, pour torcher les gosses et réparer les pantalons de leur homme, n'avaient pas besoin d'apprendre à lire :

— Je suis républicain, on peut le dire et je m'en vante, mais la République edzagère, mademoiselle... Une école dans chaque commune, c'est edzagéré, voyons, c'est edzagéré ! Passe pour les garçons... et nous en avons une... mais les filles, mademoiselle... les filles...

Adeline était décontenancée. Elle finit par demander :

— Combien y a-t-il de garçons à l'école ?

Le maire était évasif : vingt, vingt-cinq peut-être... Et puis ça dépendait des moments : à partir de mars, avril, ils ne devaient pas être plus de dix, peut-être moins.

— Il doit y avoir autant de filles dans la commune ?

— Sans doute.

— Où sont-elles ?

Le maire récapitula. Pour les Bidouze et les Chapoulie, il n'y avait pas à chercher : elles étaient chez les sœurs, à Saint-Affrique.

Cette pensée provoqua chez le magistrat une grande commisération. Il secoua la tête :

— Les Bidouze et les Chapoulie!... J'ai autant d'hectares que les deux réunis et ils mettent leurs filles en pension !... Des princesses, ils croient en faire !

Adeline attendait la suite. Elle arriva :

— Il y en avait huit chez mon gendre...

— Avec les garçons ?

Auguste Gratadour était un homme respectueux des mœurs :

— On a mis une cloison... C'est Bozoul qui l'a faite.

— Il en reste au moins une dizaine... Où sont-elles ?

M. le Maire était devant une évidence : les autres étaient chez elles, pardi ! Où voulait-on qu'elles soient ?

— Elles ne font rien ?

M. le Maire s'insurgea : comment pouvait-on parler ainsi alors que, à douze ans, la Lucienne Cressac qui avait perdu sa mère préparait le frichti et faisait la lessive pour toute la maisonnée ?

— Je veux dire : elles ne savent pas lire ?...

Auguste Gratadour se gratta la tête, honnêtement. L'une ou l'autre avait peut-être appris ses lettres au catéchisme...

— ... Nous avons un bon curé : il n'embête personne.

Adeline mesurait l'ampleur de la tâche. Elle se demandait comment l'entreprendre. Il lui semblait que l'adversité lui donnerait de la force.

L'après-midi, comme convenu, allant de son pupitre à un bureau d'enfant dont elle essayait le petit banc, elle attendit les parents.

Deux mères se présentèrent, venues ensemble pour se donner du courage. Elles remorquaient quatre fillettes qui, en manquant un peu, cachaient leur frimousse intimidée derrière le tablier maternel tiré devant elles. Adeline en fit un jeu :

— Je te vois !... Ah ! je ne te vois plus ! Je te vois !... Ah ! je ne te vois plus !

Les inscriptions faites, les enfants étaient apprivoisées :

— Tu verras : nous allons bien nous entendre toutes les deux.

Les petites filles en furent persuadées. Les mères aussi. Adeline ne l'était pas moins en les regardant partir, tenant à leur bras leurs paniers de bois chargés des premières châtaignes. Elle se disait : « La besogne est immense mais ces enfants seront appliquées et si je n'ai qu'elles, j'aurai le temps de bien les faire travailler. Elles feront des progrès rapides. Bientôt d'autres élèves nous rejoindront... » De toute façon, elle n'avait pas l'intention d'en rester là.

Le maire venait de ses terres au pas de ses lourds sabots, ses *esclops*, comme il disait. Il tenait à la main un vieux cabas. Il l'ouvrit, montrant quelque deux kilos de noix dorées :

— C'est pour faire goûter à ma femme.

Il en prit une entre pouce et index, la tendit à Adeline.

— Prenez. Ce sera mon cadeau de bienvenue.

N'ayant rien pour l'ouvrir, Adeline pensa à la fable de La Fontaine. Le maire vit son embarras. Reprenant le fruit, d'une simple pression de ses doigts rugueux il fit exploser la coque. Adeline remercia, goûta avec plaisir le tendre cerneau et demanda où se trouvait l'école de garçons.

— Vous ne l'avez pas vue ? Elle est chez moi, là-bas... à côté du café. C'est moi qui la loue à la commune. Dans nos pays, si on ne se débrouille pas tout seul...

Il ajouta :

— Votre école aussi est à moi.

Izaire Bonnat, l'instituteur, était un homme de quarante ans, bien fait, l'œil et le geste vifs. Il expliqua :

— L'Administration nous envoie des plans pour construire mais le budget de nos pauvres communes ne permet pas d'envisager de tels travaux.

Mme Bonnat, son épouse, tenait de son père une taille redressée, une vanité apparente contredite par ce qui lui venait de sa mère : des yeux regardant en dessous pour voir si le danger ne viendrait pas de là. De sa mère, elle avait le corps aussi : une poitrine, des hanches, un fessier qui, à son âge, lui promettaient un luxuriant avenir.

Adeline présenta sa requête : elle venait chercher les

noms des fillettes qui, l'an dernier, fréquentaient l'école des garçons.

— Pour quoi faire ? demandèrent les Bonnat d'une même voix.

— Pour les inscrire chez moi, pardi !

L'instituteur s'attendait peut-être à cette démarche :

— Ce sont les parents qui doivent les faire inscrire, ce n'est pas moi.

— C'est ce que je vous demande : le nom des parents, dit Adeline.

Elle se trouvait étrangement calme. Sûre d'elle. En était étonnée.

Izaire Bonnat ergota puis, se décidant, il lâcha six noms... à la manière de ces rapiats comptant leurs pièces sur le comptoir de M. Cazes, une à une, en vérifiant que chacune d'elles porte bien le bon chiffre.

— Il me manque encore deux élèves, dit Adeline.

— Ces deux-là, je les garde.

— Vous les gardez ?

Elle le considérait. Douce. Attendant une explication. Elle vint : ces deux élèves devaient passer le certificat d'études à la fin de l'année scolaire...

— Je les présenterai, rassurez-vous, affirma Adeline.

Izaire Bonnat prit un air condescendant. Il expliqua que les fillettes étaient ses élèves depuis leur première classe :

— Pensez-vous que je doive vous les céder aujourd'hui... pour que vous empochiez le bénéfice de leur réussite... et de mes efforts ?

Ce langage de maquignon choqua Mlle l'Institutrice. Elle n'en laissa rien voir, suave :

— Oui. Je pense que vous devez me les... céder.

Il était formel :

— Il n'en est pas question.

Elle se leva :

— C'est bien. Je parlerai de cela à M. l'Inspecteur.

Izaire Bonnat bondit, méchant :

— Attention à ce que vous ferez. Je pourrais bien lui parler le premier !

— Je lui parlerai donc en second. Le principal c'est qu'il soit informé, déclarait Adeline en filant vers la porte.

Izaire Bonnat se contint. Il rattrapa sa collègue : il serait stupide de se fâcher dès le premier jour. Les instituteurs au contraire doivent se soutenir. Il donna le nom d'une fillette. Puis, plus lentement, le nom de l'autre.

— ... Alphonsine Bonnat.

— Ah ?

Adeline regardait le couple.

— Oui, notre fille, expliqua l'épouse : c'est pour cela que... enfin, vous comprenez, nous n'en avons qu'une... Elle travaille bien. Mon mari s'est beaucoup occupé d'elle. Alors... on ne voudrait pas *qu'on nous la manque.*

— Rassurez-vous, j'ai fait l'École normale.

Cela voulait être une garantie, c'était une maladresse : Izaire Bonnat n'avait que le brevet élémentaire. Il avala sa salive, ne fit pas de commentaire.

Adeline, en sortant, se sentit transportée. Légère. Comme à Villefranche quand, petite fille, elle avait laissé ses péchés dans le confessionnal.

Passant devant l'école des garçons, elle vit, coupant la classe en deux, la cloison posée par M. Bozoul. « Ils vont pouvoir l'enlever ! » se dit-elle encore plus joyeuse.

Chez Gratadour, la fumée, l'odeur de vinasse, les regards à nouveau la dévisageant tempérèrent un peu son enthousiasme. Elle lutta pour le conserver, le montrer :

— Monsieur le Maire, il va me falloir quatre bancs de plus !

Le maire la regardait sans comprendre. Elle triompha :

— J'ai douze élèves !

Il n'en revenait pas :

— Où... les avez-vous trouvées ?

— Chez votre gendre.

Elle conta sa démarche, sans trop de détails. Auguste Gratadour était surpris. Grandement. Presque indigné :

— Vous lui avez pris ses élèves ?... Même Alphonsine ?

— Même Alphonsine.

Il resta muet un instant. Après quoi, il déclara :

— Pour les bancs, vous verrez ça avec le secrétaire de mairie.

— Mais...

— C'est lui qui est chargé du matériel.

Il lui tourna le dos, s'en fut dans la cour. Deux ivrognes pariaient à un homme portant jambe de bois qu'il ne sauterait pas trente fois sur son pilon. L'infirme tenait le pari. Après avoir, à la manière des maquignons, tapé dans la main des instigateurs, prenant appui sur sa jambe valide, il franchit un fil qu'on lui tendait, pas très haut placé... Une fois, deux fois, trois fois... Les rires commencèrent, mêlés aux encouragements :

— Vas-y, Patte-en-l'air !

— Montre-leur ce que tu sais faire !

Patte-en-l'air était musclé. Il exécutait légèrement l'exercice, mais lorsqu'il fut retombé quinze fois sur son pilon, il espaça un peu ses bonds. À un moment, il accompagna le « boum » du pied de bois sur le plancher d'une mauvaise grimace. Il expliqua :

— C'est à cause de l'appareil. Dans le haut, il s'est « déraboté ». La chair est à vif.

— Pas d'excuse ! cria Moussarous en jetant son béret à terre, continue !

— Encore huit coups et tu as ton litre !

L'infirme poursuivit, transpirant, sa grimace s'accentuant à chaque saut. L'assistance se fit pressante, confortante, rigolarde, exhortante, amicale, imbécile :

— Vingt-sept... Vingt-huit...

L'homme chancela. Sur sa jambe et dans son moral. On le redressa :

— Vingt-neuf...

Adeline se leva. Elle sortit, observée par l'un des parieurs, goguenard.

Dans la cour, deux jeunes hommes lavaient à grande eau

les seaux dans lesquels on venait de traire les brebis. Auguste Gratadour surveillait la manœuvre :

— Aucune tache à l'extérieur, encore moins à l'intérieur. À Roquefort, c'est le fromage qui moisit. Ce n'est pas le lait !

Pour vérifier le travail, il plaçait un fanal au-dessus de chaque récipient. Le fanal découvrit Adeline arrivant, décidée :

— Je ne veux pas manger ici.

Le sieur Auguste possédait au plus haut point la pratique du « voir-venir », cet art de poser la question qui, pendant que l'autre répond, vous permet d'envisager le problème :

— Pourquoi ? La cuisine n'est pas bonne ?

Il ne s'agissait ni du goût de la cuisine ni du confort de la chambre :

— Je ne veux pas rester ici... D'ailleurs, je ne peux pas payer une pension.

Le maire avait tout étudié : une institutrice gagnait soixante-quinze francs par mois.

— ... Je vous fais la pension à soixante-cinq. Vous pouvez vivre.

Il expliquait, bonasse :

— Il faut bien que je vous laisse dix francs pour vos frivolités !

Elle resta ferme. Responsable de l'école de filles, elle avait droit à un logement où elle pourrait faire la cuisine.

Tablier raide et puant le suint, un torchon plutôt qu'un foulard enserrant ses cheveux, Mme Bonnat, épouse du maître d'école, était redevenue Fernande Gratadour, fille de paysan et, pour l'heure, trayeuse de brebis. Un seau de lait dans chaque main, elle parut sur le seuil de la bergerie. Son père l'interpella :

— Il faudra que tu donnes la pièce rouge.

— J'y ai mis le tilleul à sécher !

— Tu l'enlèveras !

La femme eut un mouvement de colère :

— C'est pour la demoiselle sans doute ? Je savais qu'elle nous amènerait des ennuis ! Je vous l'avais dit.

Auguste Gratadour ne répondit pas. Il partait vers la buvette, maugréant contre tous ces gens qui edzagéraient :

— Aujourd'hui tout le monde edzagère !

Adeline entra après lui dans le boui-boui. La soupière était sur la table. Adeline allait s'asseoir. La femme sembla jaillir de la cuisine. Prestement, elle enleva le couvert :

— Mon mari me dit que vous ne voulez pas manger ici.

Elle s'en fut, laissant Adeline perdue au milieu de la pièce. L'un des deux parieurs s'approcha d'elle. Il n'était pas aussi âgé que les autres, semblait avoir plus d'intelligence, plus d'éducation. Il enleva cérémonieusement son chapeau :

— Je vous salue, mademoiselle.

— Bonsoir, monsieur.

Il s'approcha pour une confidence qui sentait l'absinthe :

— Vous ne resterez pas.

Il parlait doucement, avec des yeux dangereux dont les paupières battaient quatre ou cinq fois précipitamment avant de reprendre leur position haute, qui donnait au regard une inquiétante fixité. Le garçon avait un ton de grand frère conseilleur :

— Il vaut mieux que vous ne restiez pas.

Adeline trouva la force de demander pourquoi. Partant du *mezza voce*, la voix s'enfla sur chaque mot :

— Parce que l'instruction des filles fera partir les filles. Parce que si on met dans la tête des filles des idées d'arithmétique et de fanfreluches, de grammaire et de représentations théâtrales, elles ne voudront plus rester ici. Il leur faudra Rodez ou Albi, des bottines et des dentelles. Elles mépriseront leurs bons parents qui auront tant sué pour les faire ce qu'elles seront devenues et elles mépriseront les bons garçons qui leur offriront le mariage parce que, comme leurs bons parents, ils travaillent la terre. Voilà le résultat de l'instruction : elle fait des clercs de notaire et des percepteurs qui abandonnent leur pays et leur famille. Et il en sera de même des filles auxquelles vous montrez le même chemin.

Il se mit à crier :

— Nous garderons nos filles !

La voix était à son paroxysme. Elle sembla ébranler toute la pièce. Ce fut comme un ordre, un signe de ralliement : tous les consommateurs se groupèrent autour d'Adeline. Ils se donnèrent la main et, montrant des bouches bêtes et sales, des rires francs ou des sourires mauvais, tous ils tournèrent autour d'elle au rythme de leurs sabots ou de leurs souliers ferrés, martelant leur décision qui était presque une menace :

— Nous garderons nos filles ! Nous garderons nos femmes ! Nous garderons nos filles...

Effrayée, Adeline se réfugia dans sa chambre. En bas, les rires se mêlaient aux grossièretés.

Une heure plus tard, les voix poussées par l'alcool reprenaient encore :

— Nous garderons nos filles ! Nous garderons nos femmes !

Les filles arrivèrent à l'école une à une ou deux ensemble, qui se donnaient la main. La plupart étaient habillées « en tous les jours », portant robes de laine, de coton, de cadis, usagées, quelques-unes recouvertes d'un tablier. Deux ou trois avaient fait parade et, comme Adeline leur souriait, elles disaient :

— C'est mes habits de messe. Demain je les mettrai pas.

C'était le cas de la plus grande. Celle-là n'aurait pas eu besoin de dire son nom tant son corps rondelet, avec déjà un ventre menaçant, son air assuré, presque rogue, révélait son identité :

— Je suis Alphonsine Bonnat.

Coiffée, dans cet univers rustique, d'un inattendu bonnet de dentelle, elle portait une jupe descendant plus bas que les genoux, bouclée sur le devant par un nœud trop important qui gonflait la taille. On n'aurait vu que lui si le corsage n'avait été complété par une berthe à festons rapportée sans doute d'un vêtement d'adulte : elle couvrait la moitié des bras et rejoignait presque le gros ruban de la ceinture.

Ainsi affublée, comme si cela lui revenait de droit ou peut-être comme si elle en avait le devoir, elle entra la première dans la classe. Presque aussitôt elle déclara :

— Chez mon papa, il y a des bureaux pour tout le monde.

Adeline, se voulant aussi assurée, répondit :

— Bientôt, ici aussi il y en aura pour tout le monde, je te prie de le croire et je te prie même de dire à ton père que je les attends.

La gosse rougit. Aussitôt, Adeline pensa : « Je ne vais tout de même pas prendre en grippe la première qui me parle ! » Se parant de sa plus grande gentillesse, elle fit asseoir les petites sur le parquet, appuyées contre le mur, puis elle se tourna vers les futures candidates au certificat d'études. À sa grande surprise, elles étaient trois. Elle compta ses élèves : elles étaient treize. Elle en avisa une :

— Toi, tu ne t'es pas fait inscrire.

— C'est parce que c'est pas sûr que je reste... Ma mère a dit qu'on allait vous essayer.

— Comment t'appelles-tu ?

— Chapoulie Bertrande.

Adeline pensa avoir déjà entendu ce nom :

— Où étais-tu l'an dernier ?

— Chez les chères sœurs, à Saint-Affrique.

Elle ne posa pas d'autres questions. Désirant vérifier le niveau de chacune, elle annonça que celles qui savaient écrire devaient participer à la dictée.

— On n'a pas fait la prière, remarqua Bertrande Chapoulie.

— Ici, on ne fait pas la prière.

— Je le dirai à ma mère, conclut la gosse.

Adeline avait choisi dans son livre un texte d'Anatole France grandement de circonstance : *Impressions de rentrée.* Or, depuis que les enfants occupaient la classe, regardant quelques mains, observant une nuque, elle avait découvert ici et là des ongles noirs, une peau visiblement oubliée par le savon. Se souvenant des maîtresses de l'École normale leur enseignant qu'un travail de français sur un résumé d'histoire ou de morale « faisait deux leçons en une », elle laissa le petit Anatole traverser le jardin du Luxembourg « ses livres sur son dos et sa toupie dans sa poche » pour dicter un texte issu du cours d'hygiène. Il révéla aux fillettes que « les Hollandais luttaient contre les dangers de leur climat humide en s'assurant des logements sains, que les Anglais s'arrosaient avec un *tub,* les habitants des États-Unis se servaient de l'éponge américaine et que les Français n'étaient pas assez nombreux à se servir d'une douche ». Des doigts se levèrent : les enfants ignoraient le *tub,* l'éponge américaine et même la douche. Adeline expliqua que ces systèmes avaient un commun principe à savoir que, dans tous les cas, il s'agissait d'eau descendant du plafond.

À nouveau des doigts claquèrent :

— Demoiselle ! Demoiselle ! Chez moi, l'eau descend du plafond !

Mal peignée, boudinée dans une veste au gros tricot maculé, l'intervenante n'était pas des plus reluisantes. Adeline s'étonna :

— Vous avez une douche ?... Chez toi ?

— Oui, demoiselle, mais je savais pas que c'était une douche. Mon père, il appelle ça une gouttière !

À ce mot, dix autres mains se levèrent, vives ; dix visages rayonnants croyaient être à la pointe de l'hygiène :

— Chez moi aussi, demoiselle ! Chez moi aussi, il y a une gouttière ! Même dans la grange !

Ainsi, de dictée en leçons, d'inquiétudes en répliques drolatiques, se passa la journée de rentrée. Une première journée d'institutrice.

Le soir, la pièce rouge n'était plus occupée par le tilleul. Adeline s'y installa, demandant un fourneau pour faire la cuisine. Le maire s'en fut, maugréant contre la jeunesse qui edzagère vraiment.

Comme le café des Gratadour, l'épicerie était logée dans une maison ayant abandonné l'une de ses pièces au commerce. Devenue vitrine, la fenêtre restait toujours fermée, aidant à la stabilité des odeurs que dégageaient les deux boules de roquefort, la fourme de Laguiole fréquemment sorties de leur cloche, la motte de beurre recouverte de sa gaze avant d'être coupée au fil et, alignés contre le mur, les sacs de pommes de terre, de café, de lentilles, pois cassés, pommes d'arbres, cassonade. De la pénombre d'une souillarde devenue arrière-boutique, trois barriques pointaient le nez graisseux de l'huile, le nez rougi du vin et du vinaigre pissant de temps à autre une goutte dans une assiette de fer-blanc.

Voyant entrer Adeline, l'épicière joviale s'écria :

— Vous êtes la maîtresse d'école, je parie ? Ça me fait plaisir de vous voir. Une maîtresse d'école, ici, c'est pas qu'on en avait bien besoin mais c'est le modernisme ! Et puis, vous serez mieux à faire l'école qu'à travailler ! Alors... Qu'est-ce que je vous sers ?

Adeline acheta des pommes de terre dont elle se fit une purée sans lait (« Pour le lait, il vous faut aller à la ferme », avait dit l'épicière) et des lentilles qu'elle commença à trier dès qu'elle eut mangé. Bientôt, craignant de laisser des cailloux tant elle était gagnée par le sommeil, elle abandonna sa tâche et se coucha. Le parfum du tilleul avait fait son effet. Il le poursuivit dans la nuit et... un peu trop longtemps dans la matinée. Habillée dans la répétition agaçante de l'heure tombant du clocher, elle courut jusqu'à l'école où les élèves, patiemment, l'attendaient.

— Mon papa, il arrive toujours le premier dans la cour, déclara Alphonsine Bonnat. Il dit que c'est un bon exemple.

— Ah ! Oui ? Alors tu lui rediras qu'il doit faire porter les bureaux au plus tôt. Cela aussi serait un bon exemple ! répliqua Adeline d'un ton sec que, comme la veille, bien vite elle se reprocha.

Bertrande Chapoulie n'était pas là.

— Je crois qu'elle ne vient plus, expliqua Alphonsine qui paraissait heureuse d'annoncer la nouvelle.

« C'est à cause de la prière », se dit Adeline qui, le soir même, se dirigea vers le hameau des Chapoulie.

La fin de journée était douce. Octobre jaunissait les hêtres que, déjà, il commençait à déshabiller. Les feuilles tombées dormaient dans le dernier soleil ou à l'ombre d'un fossé. Ici ou là, elles voletaient timidement sur le sol rouge d'une colline nouvellement labourée. Ce rouge se retrouvait sur la pierre veinée d'une grange, sur le socle d'une croix élevée au débouché d'un chemin.

Cette croix remettait dans la tête d'Adeline le petit discours qu'elle s'était préparé : « Chère madame Chapoulie, je suis une catholique fervente, je fais ma prière matin et soir (elle pensait que ce matin elle n'avait pas eu le temps de la faire), mais ceci est une affaire personnelle. Dans ses écoles, la République doit accueillir tous ses enfants et elle a le devoir de ne choquer les croyances d'aucun d'entre eux en leur imposant les pratiques religieuses des autres. »

Répétant sa plaidoirie, elle arriva à la ferme, accueillie par les menaces d'un chien attaché à une lourde chaîne, par les aboiements d'un autre qui, pour vivre en liberté, n'en paraissait pas plus aimable. Il fallut qu'Adeline déclinât son identité pour que la maigre, la noiraude Lucienne Chapoulie consentît à enfermer le molosse dans l'ancienne soue. Après quoi, essuyant ses mains poisseuses à une touffe arrachée aux herbes d'un talus, elle traça devant elle un vaste signe de croix. Ainsi se protégeait-on de l'inconnu, des chouettes et des sorciers.

Adeline attaqua sa démonstration, n'omettant pas de parler des protestants, nombreux dans la contrée :

— Imaginez-vous que, dans chaque village, on puisse leur construire une école ?... comme on le ferait pour les catholiques ?... Et puis, pas si loin il y a aussi des juifs... d'autres citoyens qui n'ont pas de religion...

En vérité, dans son corps desséché, dans sa tête squelettique, Lucienne Chapoulie n'imaginait rien. On le voyait à son regard vide, craintif, au signe de croix qu'elle avait renouvelé lorsque Adeline avait placé les juifs dans le débat. Devant cette face sans réaction, ces lèvres muettes, devant cet œil qui bizarrement semblait dire « Ne me faites pas de mal », la récente ancienne normalienne rassembla toute son éloquence :

— Chère madame Chapoulie... que vos enfants fassent leur prière le matin avant de partir pour l'école, qu'ils accomplissent leurs devoirs religieux chaque dimanche et lors des fêtes carillonnées, qu'ils consacrent un jour par semaine à l'étude du catéchisme puisque l'école leur accorde spécialement à cet effet la disposition du jeudi. Ces pratiques, la République vous en garantit le respect. Je vous demande seulement de comprendre que, pour assurer ce respect de vos croyances, l'école ne doit pas, en son sein, accepter de les célébrer car alors il lui faudrait accepter de célébrer d'autres croyances qui heurteraient celles de vos enfants.

Lucienne Chapoulie se signa. Sans parler. Adeline se décida à interroger :

— Alors ?... Vous me donnez votre petite Bertrande ?

La mère secoua la tête. On voyait sa gorge nouée.

— Vous ne voulez pas ?

Elle baissa les yeux.

Il fallut bien d'autres paroles, bien d'autres questions pour qu'elle se décide à souffler :

— Moussu Canelle avait douze filles. Il en voulait treize. Le drac[1] et même la Vierge Marie lui avaient dit : « Douze est suffisant. » Moussu Canelle avait la tête dure et l'orgueil

1. Drac : démon.

important. Il eut une treizième fille. Alors le drac lui reprit la première. Sur sa tombe, Moussu Canelle jura de la remplacer : il eut une nouvelle treizième fille. Le drac la lui reprit comme la première et ainsi treize fois... jusqu'à la mort en couches de la pauvre mère.

Adeline ne voyait pas où son interlocutrice voulait en venir. Celle-ci finit par expliquer :

— Vous avez treize élèves dans votre école. Il ne faut pas.

Adeline croyait avoir mal compris.

La femme se signa :

— Treize élèves... C'est la plus grande qui mourra.

Adeline ne trouva pas un mot pour insister. Lorsque dans les abois des chiens elle arriva au chemin, du pas de sa porte Lucienne Chapoulie cria, la voix mangée par la terreur :

— C'est la plus grande qui mourra !

Elle ajouta :

— La plus grande c'est la mienne.

Elle se signa.

Adeline s'en fut.

Sur le chemin du retour, elle se remémora la lettre que, le 17 novembre 1883, Jules Ferry avait adressée aux 125 000 instituteurs de la République française. À leur sortie de l'école, toutes les normaliennes en avaient reçu une copie : « Vous aurez à vous mesurer avec des défauts, des vices, des préjugés grossiers. Ces défauts, il ne s'agit pas de les condamner, mais de les faire disparaître. »

Elle était prête à livrer ce combat qui demanderait beaucoup de patience, d'honnêteté. Jules Ferry la guiderait au moment d'entamer chacune de ses leçons : « Demandez-vous si un père de famille, je dis *un seul*, vous écoutant, pourrait de bonne foi refuser son assentiment à ce qu'il vous entendrait dire. Si oui, abstenez-vous de le dire, sinon parlez hardiment. »

Elle parlerait hardiment, elle ne choquerait pas ce père

de famille, elle en était sûre. Encore moins sa fille : « Vous ne toucherez jamais avec trop de scrupule à cette chose délicate et sacrée qu'est la conscience de l'enfant. »

Avançant à grands pas dans l'odeur tiède de l'automne, Adeline se disait qu'elle exerçait un beau métier.

4

La messe du dimanche appela les fidèles aux accents gentillets de la petite cloche tintant dans le brouillard. Adeline s'enveloppa dans sa cape de normalienne. Elle rabattit sa voilette sur ses yeux et se dirigea vers l'église.

Aucun recueillement ne résista à son entrée. Une tête nouvelle sous un chapeau nouveau, il y avait de quoi capter tous les regards des femmes en coiffe, en bonnet, des hommes en béret, s'interrogeant sur l'identité de cette étrangère ou, la connaissant, se demandant ce qu'elle venait faire en ce lieu.

Le prêtre entra, assisté d'une douzaine d'enfants de chœur. Il se prosterna :

— *In nomine Patris et Filii, et Spiritus Sancti.*

— *Amen,* répondit l'assistance d'un même chœur.

Sentant toujours les regards posés sur elle, Adeline baissait la tête, accentuant ses gestes de piété. Cela ne l'empêcha pas de remarquer que, exilé en ces terres caussenardes, ce curé de campagne avait les traits fins, la mine ouverte, marquée de bonté : Jésus-Christ parvenu à l'âge de la retraite.

Cette impression lui fut confirmée au-delà de toute espérance lorsque, monté en chaire, avant d'attaquer son prône sur la solennité du saint rosaire, l'abbé Camarède se tourna vers elle, heureux disait-il d'accueillir une nouvelle paroissienne dans la maison de Dieu. Cette fois, pas un regard ne manqua ; sauf celui de la femme de l'instituteur qui, debout au premier rang, pour rien au monde ne se serait retournée vers l'intruse aussi injustement honorée. À ses côtés, sa belle-mère, Gertrude Gratadour — « la Gertrude », comme disaient les gens — regrettait pour la première fois de sa vie d'occuper la place de son époux de maire : jetant de furtifs coups d'œil par-dessus son épaule, elle ne parvenait pas à voir l'intéressée. Adeline était écarlate. Le prêtre lui fit un beau sourire et attaqua l'Évangile :

— En ce temps-là, l'ange Gabriel fut envoyé par Dieu, en une ville de Galilée appelée Nazareth, à une vierge qu'un homme de la maison de David nommé Joseph avait épousée. Et cette vierge s'appelait Marie.

Comme toujours, au nom de Marie, Adeline pensa à sa mère. Elle n'eut pas le temps de s'attarder sur cette image : ayant brossé un portrait exaltant de la Sainte entre toutes les Saintes, le prédicateur s'indigna de ce que sa vertu fût mise en doute dans des beuveries de rouliers, que son nom fût trop souvent entendu dans les jurons des hommes, mêlé aux histoires du drac et des fatsilières[1] que racontent les femmes. De sa voix douce et ferme, il condamna ces superstitions contraires à la vraie foi et fit l'éloge de l'instruction qui saurait chasser les vrais démons. Disant cela, il regardait Adeline avec un air de connivence, semblant dire : « Tous les deux, nous sommes du même côté. » Elle était surprise, le fut plus encore à l'instant suivant où, devant cette rustique assemblée, il entreprit de fustiger ceux qui croient aux fâcheux présages des ciseaux laissés ouverts, de la miche de pain posée sur son côté arrondi, du « chiffre treize qui, depuis le fantomatique Moussu Canelle, porte malheur aux filles »... À ce mot, Lucienne Chapoulie s'était tournée vivement vers Adeline. Plus apeurée que jamais, elle ne la quittait pas des yeux et

1. Fatsilières : fées, bonnes ou mauvaises.

Adeline, qui ne croyait pas aux sorciers, se demandait si le curé Camarède n'était pas devin.

Après la communion, les hommes remirent la blouse que d'un même mouvement ils avaient enlevée comme l'enfant de chœur faisait tinter la clochette de l'élévation.

À la sortie, Adeline remarqua, exposés sur le carreau des fonts baptismaux, des sacs et des paniers de châtaignes, de pommes, de poires, des cordes d'ail et d'oignons, les légumes de saison. C'était « la denrée », offerte par les fidèles « pour les pauvres âmes » : pour que le prêtre, qui vendrait cela à son profit, dise des messes pour le repos des défunts des généreuses familles.

Le brouillard s'était dissipé. Devant le calvaire qui, au bout de la placette, dominait la vallée, une femme en châle noir, véhémente, et son mari timide abordèrent Adeline :

— Le curé compte sur vous mais moi je vous surveille.

Le ton comportait quelque agressivité :

— Vous avez demandé à ma fille de se mettre nue !...

Adeline ne comprenait pas. L'homme tourniquait dans ses mains son *copel bourrut*[1].

La femme ne s'en laissait pas conter :

— Vous ne leur avez pas dit de se déshabiller, peut-être ?... Hein ? Pour la douche, vous ne leur avez pas dit de se déshabiller ?... Et les mauvais gestes ? Vous ne savez pas ce que c'est les mauvais gestes ?

Des gens s'approchaient, curieux. Adeline fit comprendre à la mère effarouchée que le lieu n'était pas propice à un tel débat. Elle l'invita à venir la voir à l'école et s'en fut, cependant que l'autre lançait dans son dos :

— Je vous surveille !... Rappelez-vous : je vous surveille !

Rentrant chez elle, Adeline se dit qu'elle ne pouvait guère condamner la pauvre femme : lorsqu'elle était arrivée à l'École normale, elle aussi avait été effrayée à la pensée de se dévêtir entièrement et, pendant ses premières douches, entendant encore les malédictions des chères

1. *Copel bourrut :* chapeau « bourru », en feutre.

sœurs, elle se défendait du plaisir pris aux caresses de l'eau.

Le lendemain, sa surprise fut grande : la classe allait commencer lorsque s'arrêta devant l'école un char attelé de deux vaches. Lucienne Chapoulie en descendit, accompagnée de sa fille.

Adeline s'avança :

— Vous me la ramenez ? C'est bien.

— J'ai entendu le curé, fit sobrement la paysanne.

En vérité, elle ne l'avait pas tout à fait entendu. Désignant les jeux dans lesquels s'égayaient encore les élèves, elle s'assura :

— Vous en avez toujours douze ?

— Avec la vôtre, ça fera treize.

— C'est ça, approuva la craintive Lucienne qui, se retournant, tendit ses bras vers l'attelage. Enveloppé dans un vaste fichu qu'on lui avait attaché dans le dos, un petit bout de femme qui n'avait pas cinq ans se jeta sur sa mère d'où bien vite elle glissa à terre, déposée devant la maîtresse d'école :

— Voilà la quatorzième !

Armée d'un aiguillon, Lucienne Chapoulie donna le signal de départ à ses pesantes vaches.

Adeline se dit qu'elle devait ces nouvelles élèves au sermon du prêtre. Elle irait remercier le saint homme. Elle aurait peut-être dû aller se présenter à lui. Il serait bon d'en faire un allié.

Elle attendit le jeudi pour pousser le petit portillon du presbytère. L'abbé Camarède était dans son jardin, tournant à la bêche un carré de rude terre :

— Elle se défend mieux contre l'outil que l'homme contre le péché ! dit-il en guise de bienvenue.

Il la fit entrer dans une pièce rustique aux meubles bancals et démodés, où deux fauteuils fatigués se mariaient mal avec deux bancs de bois encadrant une table de ferme sur laquelle du linge attendait son repassage. Au-dessus des fenêtres, des tringles sans rideaux montraient la tristesse des inutiles. Sur les murs blancs : le portrait d'un prélat, une mise au tombeau exécutée, cela se voyait, par un peintre amateur, un christ d'ivoire sur sa croix de velours rouge et puis, épinglées dans le plâtre d'une cloison, cent, deux cents, peut-être trois cents images « souvenir de ma première communion ».

— Il y a longtemps que je suis ici ! soupira le prêtre qui souriait à son long ministère.

— C'est un beau pays, fit Adeline pour dire quelque chose.

— Un beau pays dans lequel vous ne resterez pas ! lança une vieille, très vieille personne qui entrait, poussant son gros ventre en avant. Elle ressemblait à une ancienne nourrice.

— Ma mère éprouve toujours le besoin de prédire l'avenir ! dit le prêtre souriant.

Adeline avisa un pupitre, des partitions, un étui à violon :

— Vous jouez ?

— J'ai joué autrefois.

L'abbé Camarède perdait son regard sur l'instrument comme, un instant auparavant, il l'avait perdu sur les images de première communion.

Il y avait aussi une flûte.

— Ah ! non ! La flûte c'était moi ! rectifia la mère en servant deux doigts de cassis dans deux verres si petits qu'on n'aurait pas pu en mettre davantage.

Entre images pieuses et saintes statuettes, de chaque geste, de chaque mot de ces deux êtres à l'œil fraternel se dégageait une réconfortante bouffée de sérénité. C'est à peine si un soupir furtif du prêtre laissait comprendre son désarroi devant la méchanceté des hommes ; si, dans un hochement de tête de la mère, on percevait une douce condamnation du fils pour sa trop grande patience devant leur brutalité :

— Ils lui parlent comme à un roulier du Gévaudan !

Elle s'insurgeait :

— Tout de même... Il est le représentant de Dieu sur la terre !

Le prêtre rectifiait. Il n'avait jamais pensé être le représentant du Seigneur :

— Au contraire, lorsque je vois mes défauts et mes fautes, je me demande si Dieu ne m'a pas mis sur cette terre pour que je représente les hommes auprès de lui : en un coup d'œil, me regardant, il voit leurs tares et leurs péchés !

Adeline était bien. Heureuse comme depuis longtemps elle ne l'avait pas été.

L'abbé Camarède la raccompagna jusqu'à la porte, la priant de revenir.

Elle revint.

Lorsqu'elle avait besoin de parler, de se confier, elle poussait le portillon, s'avançait.

Dans la classe, lorsqu'elle enseignait l'art de l'écriture ou de la conjugaison, une fois ou deux elle avait entendu un : « M. Bonnat a dit que ce n'était pas comme ça ! » Elle n'y avait guère prêté attention. Or, un après-midi où le soleil se couchait sur les deux bureaux pour un petit adieu de fin de journée, une pitchoune enferma son crayon à ardoise dans son plumier et, rangeant le devoir qu'elle n'avait pas terminé dans son sac de toile, elle déclara :

— Je le finirai à l'étude.

Adeline ne comprenait pas. La petite en était très étonnée :

— Bé ! L'étude !... Vous savez pas ce que c'est l'étude, mademoiselle ?

Elle expliqua :

— Après la classe.

La « demoiselle » était de plus en plus perplexe. Une autre élève intervint :

— On ne peut pas passer le certificat si on ne va pas à l'étude... M. Bonnat l'a dit.

Une troisième renchérit :

— Oui, il l'a dit.

Adeline rapporta ces propos au presbytère.

Mme Camarède n'en fut pas surprise. Il est vrai qu'elle était déjà au courant :

— C'est pour ça que M. l'Instituteur ne voulait pas lâcher les filles ! Il garde les élèves après la classe. Cela coûte 1,50 F par mois à la famille. C'est comme ça qu'on arrondit son pécule !

M. le curé était gêné. Il n'aimait pas entendre des commentaires sur ses paroissiens.

— Des paroissiens ? s'exclama la mère : on ne le voit jamais ! Ah ! l'église ne risque pas de lui tomber dessus ! C'est comme son beau-père. La même race ! Ils envoient leur femme mais eux ne se montrent pas. Comme ça ils sont de toutes les récoltes : un jour châtaigne, un jour marron !

Le prêtre voulait arrêter ce flot de condamnations. La mère, malgré son âge, avait conservé sa vigueur de paysanne, ses idées robustes, la connaissance des êtres sur lesquels elle ne montrait pas de grandes illusions : l'instituteur avait laissé les élèves partir pour l'école de filles parce qu'il ne pouvait pas faire autrement, mais il était allé voir tous les parents pour conserver leur gosse à l'étude payante. Et il n'avait pas eu beaucoup de mal à convaincre les pères, ces orgueilleux, les mères, ces imbéciles :

— Il leur disait : « Il faut un homme derrière tout ça, vous le comprenez ? L'école est une famille. Voyez-vous une famille sans homme ? » Et nos pauvres rustauds se laissaient faire !

Le curé Camarède s'agaçait un peu mais il était tellement content de voir sa mère si vive qu'il n'osait pas l'interrompre. Il la regardait avec ce sourire des enfants aimants dont l'indulgence semble dire : « Qui sait comment nous serons à leur âge ! »

Adeline s'amusait de ces jeux. Le bien-être à nouveau l'envahissait. Un jeudi où l'abbé Camarède rappelait à sa mère qu'elle n'avait pas à juger les gens, la vieille dame eut ce mot magnifique :

— J'ai toujours entendu dire que Notre-Seigneur se réservait le jugement dernier : s'il veut le dernier c'est bien qu'il compte sur nous pour que nous établissions les autres !

Ce jour-là, Adeline sortit du presbytère avec un beau sourire.

Le portail du jardin grinça sur ses gonds, comme il en avait l'habitude.

Adeline eut un haut-le-corps, presque un mouvement de recul : Alphonse Durieu était sur le chemin, semblant l'attendre. Il montra, en la voyant, un sourire superbe. À deux pas de lui, une bicyclette rutilait de tout l'éclat du neuf. Trois gosses la contemplaient, muets d'envie, d'admiration, presque de respect.

— J'ai voulu que vous soyez la première à la voir ! Quarante kilomètres pour venir jusqu'à vous ! Regardez ! Admirez la machine !

Le garçon était plus joyeux que jamais. Fier de sa performance :

— Dix fois j'ai failli abandonner ! J'ai escaladé vingt côtes, trente peut-être ! Ah ! vous êtes une personne à la hauteur !

Un volet avançait doucement, dénonçant un œil qui le suivait.

Alphonse Durieu donnait libre cours à son exubérance. Adeline s'approcha vivement de lui, jetant un ordre entre ses dents :

— Allez-vous-en !

Elle avait la voix dure. Il feignit d'être sourd :

— Vous voulez que je vous accompagne et vous n'osez pas le demander ! Voyez ! Vous n'aviez qu'un mot à dire !

Il arracha le cycle à la fascination des gamins et, le prenant à la potence du guidon, il se mit à marcher auprès d'Adeline. Elle était furieuse. Il jouait les vexés, les martyrs. Il avait parcouru dix lieues de pentes et de cailloux (autant à couvrir pour le retour) et, pour sa récompense, n'obtenait que maussaderies et rabrouements !

Armé d'un râteau de bois, un homme passait son nez à la porte d'un grenier empli de foin. Il se rejeta dans l'ombre. Adeline se voyait désignée à l'attention de cette rue vide comme elle l'avait été à la foule de la place Notre-Dame de Villefranche, condamnée comme elle l'avait été au calvaire devant les pénitents noirs. Elle se tourna vers Alphonse, brusque :

— C'est vous qui étiez habillé en pénitent.

— J'adore faire des farces, je vous avais prévenue.

— Celle-là a fait scandale.

— C'est sans importance : sous la cagoule, personne ne pouvait me reconnaître !

Elle se demandait si c'était une plaisanterie nouvelle... ou s'il était inconscient... Le maire débouchait de la cour du grand Rouby, le distillateur, qui était en train d'astiquer son alambic. Adeline se sentit prise dans une toile d'araignée, un œil d'araignée à chaque bout de la toile. Elle entra dans l'église. Le saint lieu garantirait de la médisance. Un instant interdit, Alphonse appuya son cycle à un chêne jauni, centenaire. Il pénétra dans l'édifice. Adeline l'attendait, prête à lui dire ce qu'elle pensait mais le garçon s'agenouilla et, tête dans les mains, se mit à prier. Décidément, il la surprendrait toujours. À son tour, elle se recueillit. Ils restèrent ainsi. Lorsque Alphonse, toujours à genoux, découvrit son visage, ses yeux fixés sur l'autel, Adeline n'était plus dans les mêmes dispositions. Elle murmura :

— Excusez-moi. Je vous ai mal reçu.

— Je m'y attendais.

Quelques secondes passèrent.

— Pourquoi êtes-vous venu ?

Face au tabernacle, il gardait son air de gravité :

— Vous oubliez que je vous ai demandée en mariage.

Dans le silence de l'église, la phrase pénétra Adeline jusqu'au fond de son âme. Elle aurait voulu dire quelque chose. Les mots s'étranglaient dans sa gorge. À nouveau, elle se recueillit.

Alphonse attendait.

Ils s'assirent. Restèrent côte à côte.

— Vous n'êtes pas obligée de me répondre tout de suite.

Elle était tourmentée, tiraillée entre l'agacement causé par sa venue, son sans-gêne permanent, ses farces stupides et la douceur des phrases, de sa voix lorsqu'il les avait prononcées. Elle dissipa son malaise en racontant, d'un trait, son arrivée, ses déboires, l'étude confisquée par l'instituteur, l'école sans bureaux, sans bancs, avec son demi-parquet d'où, pendant une leçon d'histoire, était sorti un rat énorme qui courait sur le sol en terre battue, au fond de la classe. Heureusement, il y avait le prêtre et sa mère, à l'accueil si réconfortant... Adeline parlait et comme elle égrenait les confidences, elle se rendit compte soudain qu'elle prenait Alphonse Durieu pour un ami, dans lequel elle avait pleine confiance. Elle en fut encore plus troublée, se tut. Ils sortirent.

Les gosses étaient maintenant une demi-douzaine qui, toujours sans oser y toucher, contemplaient la bicyclette.

— C'est mon père qui me l'a offerte pour ma nomination, expliqua Alphonse.

Adeline en conclut que ce père était riche. Elle ne posa pas de question.

Il devait partir :

— Il me faudra rouler dans la nuit et, si je crève, trouver le trou dans l'eau froide d'un fossé... à la lueur de la chandelle... que je n'ai pas !

Il lui tendit la main. Elle y sentit l'affection. Bien vite retira la sienne. Il disait :

— Ne vous inquiétez pas. Pour ce qui est de votre école, les bancs, les parquets, je vais arranger tout ça.

« Le voilà reparti dans ses facéties ! » pensait Adeline déjà dégrisée.

Il insistait :

— Où habite ce M. Bonnat, instituteur ?

Elle ne risquait pas de lui répondre !

Or, venant sans doute de se livrer à quelques écritures, M. Bonnat sortait de la mairie. Pensant qu'elle ne pouvait pas faire autrement ou peut-être parce que, depuis leur conversation, elle avait confiance en lui, elle murmura :

— C'est lui.

En trois enjambées, Alphonse traversa la placette. Adeline ne savait que faire. Elle attendit, s'accoudant au muret de pierres d'où elle pouvait contempler, au fond de la vallée, la rivière s'étirant comme une mince prairie au vert profond.

D'une voix de stentor, Alphonse Durieu interpellait le maître d'école :

— Monsieur Bonnat ! Je ne serais pas reparti sans aller vous présenter mes devoirs mais puisque je vous trouve ici, la place m'est heureuse à vous y rencontrer !

Adeline s'inquiéta de ce préambule à la courtoisie si assurée. Le reste lui fut inconnu. Alphonse se présentait. Il parlait abondamment de Mlle Bézian, connue à Rodez sous sa cape de normalienne :

— Une bien méritante personne, n'est-ce pas ?

Le maître d'école secrétaire de mairie ne répondit pas. Cela ne pouvait arrêter Alphonse Durieu :

— Je savais que vous seriez de mon avis !

Se penchant vers son interlocuteur, il prit le ton de la confidence qui fait confiance : une indiscrétion lui avait permis d'apprendre que Mlle Adeline Bézian recevrait ces tout prochains jours la visite de M. l'Inspecteur. Pour l'estime qu'il portait à l'institutrice, il s'était fait un devoir de venir l'en avertir :

Les paupières de M. Bonnat avaient cillé :

— Une inspection ?

L'informateur était rassurant :

— Pas pour vous, maître, pas pour vous.

Il était même un peu courtisan :

— Serait-elle pour vous que vous ne risqueriez point la critique. On connaît la qualité de votre enseignement.

Non, M. l'Inspecteur se déplaçait pour voir comment Mlle Adeline Bézian était installée, pour juger de son application au travail, de ses méthodes. Il expliquait :

— Les jeunes sont émotifs... surtout les jeunes filles, n'est-ce pas ?

M. Bonnat ne prenait pas la peine d'approuver. Il était pensif :

— Quel jour viendrait M. l'Inspecteur ?

Alphonse ne le savait pas exactement, mais...

— ... À coup sûr la semaine prochaine... Au revoir, maître, j'ai été heureux de vous connaître.

Il lui tendit la main, s'élança vers son vélocipède. M. Bonnat le rattrapa, en homme prudent :

— Hé, jeune homme... Quel est votre nom ?

— Mon nom ?... Élie Chabrol, naturellement !

Adeline l'attendait toujours.

— Ça y est ! Tout est arrangé ! proclama le joyeux drille revenant vers elle.

Il était sûr de lui.

Elle n'était pas tranquillisée pour autant. Ces quelques instants d'attente avaient ravivé ses inquiétudes. Sa décision était une supplique :

— Ne revenez pas.

Visiblement, elle avait peur. Des commérages, des dénonciations, des mauvaises notes qui, pour toujours, sont inscrites dans le dossier ; peur de tout et de bien d'autres choses, d'elle-même peut-être ; d'Alphonse Durieu qui était trop fort pour elle ; et maintenant peur de lui avoir fait de la peine en lui disant qu'elle ne voulait plus le revoir... Il y consentait sèchement :

— C'est bien. Je ne reviendrai pas.

Il prenait sa bicyclette, s'apprêtait à l'enfourcher. Adeline s'entendit dire :

— Écrivez-moi.

En quelques coups de manivelle il fit le tour de la petite

place, enjoué, enthousiaste, se faisant monter et descendre par la pédale qu'entraînait le pignon fixe :

— Vous voulez que je vous écrive ?

Adeline ne répondit pas, confuse de sa demande.

Alphonse était déjà loin, escaladant la rue de la Mairie « en danseuse », heureux de vivre. Fringant :

— Vous pouvez y compter. Je vous écrirai.

Très vite elle rentra chez elle. En une heure, bien des choses s'étaient passées.

Il s'en passa d'autres dès le lendemain, vendredi. Adeline avait pris *Le Tour de France par deux enfants* dont chaque matin, elle lisait un chapitre à ses élèves. Les deux héros du livre, Julien qui avait sept ans et André qui en avait le double, étaient maintenant les amis de toute la classe. Ils arrivaient à Épinal sur un pont traversant la Moselle lorsque Pouzergue, le garde champêtre, se présenta à la porte de l'école.

— C'est pour les bancs, dit-il.

Aidé par un cantonnier il entra, portant un bureau à deux places semblable à ceux qu'avait confectionnés M. Bozoul. Il y en avait huit autres, installés à leur tour dans le fond de la classe. Quittant précipitamment leur inconfortable posture, les « petites » battaient des mains. Les « grandes » considéraient cet enthousiasme avec un peu de hauteur.

— Ça vous fait vingt places, commenta le garde champêtre en se retirant. Le beau-frère, il a dit comme ça que l'inspecteur verrait que vous pouvez encore accueillir du monde.

Adeline ne comprit pas grand-chose à cette histoire d'inspecteur mais, satisfaite, elle se remit à sa lecture :

— « Les enfants traversèrent sur un pont la Moselle qui arrose la ville et s'y divise en plusieurs bras... »

— Euh ! Les rivières ça n'a pas de bras ! fit une incrédule.

Celles du certificat haussèrent les épaules. Adeline en profita pour leur dire qu'on venait à l'école pour apprendre, non pour se moquer. La matinée se poursuivit avec une histoire de paysanne qui achetait une paire de souliers et vendait deux lapins ; les élèves devaient dire combien il lui manquait pour payer son emplette.

Après le déjeuner, M. Bozoul arriva. Sans rien demander à personne, il fixa des madriers sur le sol en terre battue, les fit croiser de poutrelles s'y emboîtant. Après quoi, à grands coups de marteau donnés sur de longues pointes, il arrima des planches bien rabotées qu'il sciait sur un chevalet de bois. C'était un vaillant ouvrier. Il ne s'arrêtait que pour conter un épisode de sa jeunesse lorsque, compagnon du devoir, il allait de ville en ville, de maître en maître, pour apprendre son métier. Le lendemain, à l'aube, il était là. Adeline lui demanda s'il ne pourrait pas exécuter sa tâche en dehors des heures de classe. Il répondit qu'il n'en était pas question : M. Bonnat voulait que tout fût fini le soir même. Aussi, pour ne pas perdre de temps, il évoqua un autre chapitre de son compagnonnage tout en frappant sur ses pointes, ce qui l'obligeait à parler très fort.

Le soir, l'ouvrage était terminé. Pendant quelques jours, Adeline respira profondément la belle odeur du bois neuf, heureuse de vivre dans cette classe où les rats ne pourraient plus entrer. Parfois, elle surprenait une élève caressant son bureau, le premier objet d'importance qui lui appartenait. Elle pensa qu'elle devait ces embellissements à Alphonse Durieu. Qu'avait-il pu raconter à M. Bonnat pour ainsi le décider ? Quoi qu'il ait inventé, elle devait le remercier. Elle n'avait pas son adresse. Qu'importe puisqu'il allait lui écrire ? Elle lui répondrait.

Au bout de quelques jours elle se rendit compte que, le matin, elle guettait le passage du facteur, un boiteux au képi bleu bordé de rouge qui, sur son ventre, portait une caisse de bois énorme, tenue à son cou par une courroie de cuir. Il avait déjà apporté, il apporta quelques lettres venues de Villefranche. D'Alphonse Durieu : rien.

Et voilà qu'un jeudi où elle surveillait l'horizon, Bonnat l'aperçut. Il vint à elle, l'apostropha :

— Vous les avez, vos bancs ! Vous les avez ! Je ne les reprendrai pas ! Ni le parquet ! Mais je ferai mon rapport ! Et votre ami M. Élie Chabrol le sentira passer !

Elle était abasourdie. Izaire Bonnat brandissait sous son nez la lettre qu'il venait de recevoir :

— Il est militaire, M. Élie Chabrol ! Militaire au 57e R.I. à Bordeaux ! Et comme il est militaire depuis trois mois, il n'a pas eu de permission ! Et s'il n'a pas eu de permission, il est déserteur !

Adeline ne comprenait rien à ce flot de mots, de colère, sauf que Élie Chabrol courait un danger. Elle voulait poser une question mais l'instituteur était déchaîné. Il partait, revenait, maudissait les jeunes maîtres d'école qui croyaient tout savoir, les femmes qui prenaient la place des chefs de famille !... Il s'en allait, agitant sa lettre comme la preuve d'une félonie.

Soudain, exécutant un furieux demi-tour, il se retrouva devant Adeline :

— Je vais vous montrer, moi, si les fantassins vont à bicyclette !

À ce mot, Adeline comprit tout. Elle fut prise par une énorme envie de rire. Pour la première fois, une farce montée par Alphonse Durieu la mettait en joie ! Ne se donnant pas la peine de répondre à l'agité, elle rentra chez elle. Pendant toute la matinée, allumant son fourneau ou brossant ses vêtements, elle fut secouée de joyeux soubresauts. S'accusant de légèreté, elle parvenait à les contenir mais un mot, une mimique du sieur Bonnat lui revenait. Alors elle repartait dans un fou rire salutaire : elle était heureuse.

Elle s'en rendit compte : ce bonheur lui était venu au moment où, ayant craint pour Élie Chabrol, elle avait compris que le maître d'école ne pouvait rien contre lui. Elle chassa cette idée. Que lui faisaient les risques qu'aurait pu encourir un Élie Chabrol entrevu deux fois dans un jardin public ?

Pour mieux oublier, elle décida de ne retenir de l'affaire que l'emportement de messire Bonnat, la farce d'Alphonse Durieu dont elle allait rire avec ses amis.

Lorsqu'elle arriva au presbytère, l'abbé Camarède finissait d'atteler son âne à la légère charrette dont les lettres usées par le temps disaient encore, à peine lisible, le nom de l'hôtel Bousquet de Cransac où, au temps des splendeurs thermales, la voiturette avait trouvé son premier emploi. Depuis, un immense terril avait chassé les curistes. Le pays vert était devenu le pays noir.

— Je vais voir un malade. Accompagnez-moi. Nous bavarderons et cela vous fera une promenade.

Adeline ne se fit pas prier.

— Allez, Timbale, en avant !

L'âne obéit. Le prêtre expliqua que, puisque la carriole venait d'un pays de cure, le nom de Timbale pour le baudet qui la tirait lui avait paru judicieux. Ainsi, il s'amusait d'un rien. Une âme d'enfant dans une soutane de séminariste. Il se réjouit fort du bon tour joué à l'instituteur.

Novembre allait vers sa fin. Il avait fait de tous les arbres des squelettes tristes, semblables à des pendus décharnés sur lesquels s'acharnent les corbeaux.

Timbale tirait sa charge en bête tranquille, sachant que l'abbé ne le pousserait pas. Adeline adorait les cascades qui, à cette saison, reprenaient vie le long des chemins. Au calvaire Saint-Vincent, l'attelage bifurqua.

— Je vais vous présenter la plus fervente de mes paroissiennes.

On voyait au bout d'une allée défoncée des bâtiments ne valant pas mieux que l'allée.

— C'est Mme Fraycinat, dit l'abbé. Tout le monde l'appelle la mère Stockfisch. Chaque dimanche à six heures elle arrive à la messe, venant de son hameau en sabots, dans la robe et le manteau que je lui ai toujours connus.

Ils se trouvèrent devant une maison rousse, de style caserne. Les murs renflés étaient contenus par de forts piliers de pierres protégés en leur sommet par deux ou trois lauzes placées en biais, suivant la pente du toit. C'était le jour de lessive. Sur une planche émergeant d'un grand baquet de bois, la mère Stockfisch tapait au battoir un boudin de linge dégoulinant qu'elle semblait vouloir remodeler en force. Ses deux petites la regardaient, cependant que, sur un fil unissant deux chênes rabougris, l'aînée, Léa, étendait bas, chaussettes et pantalons.

Le curé Camarède refusa d'entrer :

— Je voulais seulement vous présenter notre nouvelle maîtresse d'école.

La femme essuyait ses mains au sac qui, pendu à sa ceinture, lui servait de tablier.

— ... Car nous avons maintenant une école... pour les filles.

— C'est bien.

On ne savait pas si elle approuvait vraiment. Une gosse cachait sa frimousse sale derrière le sac, l'autre enfonçait son nez dans la jupe de sa mère. L'aînée, Léa, contemplait Adeline avec un air d'envie, muette. Elle la raccompagna à la voiture.

— Elle ne sait ni lire ni écrire mais elle est d'une intelligence vive, dit l'abbé lorsque l'équipage eut repris la route. Au catéchisme, je ne sais pas comment elle se débrouillait pour apprendre mais elle était toujours la première.

Faisant machinalement courir les rênes sur la croupe de Timbale, il dit que, au matin de la première communion, la fillette ne s'était pas présentée. Il lui avait fallu beaucoup de temps pour comprendre que, n'ayant pas de quoi vêtir son enfant de neuf, la mère n'avait pas voulu la voir au milieu des autres aux atours orgueilleux.

Pensant à cette adolescente grandissant en dehors des sacrements, Adeline ressentit une petite angoisse.

Le curé Camarède murmura :

— Un jour, j'ai invité la gosse, le père, la mère. Toute la famille était là. J'ai fermé l'église, j'ai dit la messe pour eux seuls et j'ai donné la communion à Léa. Elle pleurait... Tout le monde pleurait. Moi aussi.

Ils étaient arrivés. Le prêtre prit les saintes huiles. Adeline resta seule une heure ou deux, contemplant, dans la nuit tombante, le logis misérable que le four à pain semblait transformer en l'une de ces chapelles terminées par un petit arrondi destiné à recevoir l'autel : comme si, dans le chœur, on n'avait pas eu la place de le loger.

L'abbé revint, triste et un peu gêné. L'homme était mort :

— J'ai eu le temps de le confesser. Mais il y a maintenant beaucoup à faire. Je dois aider sa pauvre femme. Vous allez rentrer avec la charrette. Timbale est docile. Il vous obéira.

— Et vous ?

— Je reviendrai à pied.

Adeline ne pouvait pas l'accepter.

Ils entrèrent dans une pièce sombre qui était cuisine, chambre, salle à manger. Penchant au-dessus du lit le cierge bénit, la vieille faisait tomber quelques gouttes de cire sur le visage du mort. Ainsi brûlée, son âme partirait plus vite en paradis.

Adeline priait. La vieille lui dit :

— Ça aurait fait soixante ans à la Saint-André, vous vous rendez compte ?

Elle essuyait ses larmes avec un voile noir qu'elle fixa sur un grand miroir piqué, fendu dans sa diagonale. Elle enleva les assiettes du vaisselier et tourna sur son cul noir le gros chaudron de cuivre afin que l'âme ne perde pas de temps à y contempler ses reflets. Elle prit dans une armoire une chemise blanche, plutôt jaunie, un col en Celluloïd, une cravate noire, disant :

— Je vais lui faire sa toilette.

— Ne vous occupez pas de ça, répondit l'abbé.

Il avait extrait de l'âtre une grande bassine d'eau. Manches retroussées, il tira l'édredon. Quelques plumes voletèrent. Il enleva le drap. Une odeur épouvantable envahit la pièce. Adeline aurait voulu offrir ses services. Elle n'en eut pas le courage. Elle sortit, caressa l'âne comme pour se prouver qu'elle était capable de bonté. Elle avait envie de vomir.

Le docteur arrivait dans son cabriolet, capote remontée. Le prêtre l'accueillit. Il lui parla quelques instants sur le seuil de la porte puis il rejoignit Adeline dans la cour, paternel :

— Partez maintenant, je dois aller prévenir le fils, une nièce. Ils sont à une heure d'ici. La vieille dame vient d'avoir une défaillance. Le médecin va la garder en attendant l'arrivée de la famille.

Il assurait que Timbale connaissait le chemin. Elle n'aurait pas besoin de le guider.

Adeline refusa encore et tous les deux partirent porter la mauvaise nouvelle.

Leur mission accomplie, ils rentrèrent côte à côte, parlant peu, leurs jambes au chaud sous une couverture qui, disait l'abbé, ne quittait jamais la carriole. Adeline pensait à sa mère, à la couverture toujours pliée dans la caisse du « Planteur de Caïffa »...

Sans raison, sans qu'Adeline comprit ce qui poussait soudain cet homme discret à la confidence, l'abbé Camarède évoqua un souvenir vieux de plus de trente années, une fête de charité à laquelle sa mère, flûtiste, et lui, violoniste, avaient prêté leur concours. Pour leur malheur ! Deux jours plus tard l'évêque se présentait au presbytère. Refusant sa bague à baiser au jeune abbé (« Ceci n'est point pour les saltimbanques ! ») il affirmait que seuls les instruments aux grandes sonorités, tels l'orgue ou l'harmonium, étaient tolérables dans les mains d'un ecclésiastique. Il jugeait indécent et même scandaleux qu'un prêtre se fît entendre sur un instrument futile : « Pourquoi pas avec une trompette de cavalerie ! »

— Je me défendais mais il me renvoyait au *Guide du jeune prêtre* de l'abbé Réaume, qui venait de paraître. Il me menaçait de briser mon violon en public, solennellement, comme l'avaient fait des évêques exemplaires et, pour finir, il m'interdit la pratique de l'instrument.

— Vous avez obéi ?

L'abbé avait essayé de se soumettre mais... il était jeune...

— Comme d'autres j'ai succombé...

Il sourit :

— Ah ! la tentation, mon enfant...

Monseigneur avait appris l'incartade et l'abbé s'était retrouvé ici... « loin de toute civilisation », avait dit l'évêque en lui faisant part de sa décision.

Un renard déboucha devant l'attelage. Timbale fit un petit écart mais le renard qui avait eu plus peur que lui fila sans attendre, son arrière-train semblant rebondir sur le sol dans le panache roux de sa longue queue. Adeline était heureuse. Du renard galopant, de la nuit exhibant sa lune ronde, du curé Camarède lui faisant confiance. Elle se disait qu'elle vivait en amitié.

Il était près de trois heures lorsqu'ils arrivèrent chez eux. L'après-midi, Adeline avait laissé sa chambre ouverte pour l'aérer. C'était réussi ! Elle ferma vivement, se déshabilla plus prestement encore mais, alors qu'elle était couchée, elle entendit le chant du violon. Elle se leva, rouvrit la fenêtre et, s'enfermant dans sa cape, elle écouta la musique tendre et généreuse qui montait du presbytère. Elle était émue, regardait la lune claire, la petite brume s'allongeant sur les champs en pente. Il lui semblait que, dans la paix de la nuit, de toute sa ferveur d'artiste, l'abbé Camarède priait pour le défunt.

L'aube n'était pas levée lorsque la grosse cloche cérémonielle sonna gravement.

— Un homme, conclurent les femmes sur le pas de leur porte.

Personne ne s'y trompa : sans rien demander, les gens s'en furent vers la maison du disparu, celui que tout le monde savait malade, attendant sa fin. Adeline les vit passer devant sa classe, à pied ou montés dans la charrette de Bozoul qui, son fil à mesurer les morts dans la poche, allait prendre les mesures du cercueil.

Il revint dans l'après-midi, déposant à l'école la mère Stockfisch. Accompagnée de ses deux petites, elle entra dans la cour. Femme subtile qui, sans un mot, avait compris le message du prêtre. Elle poussa ses gosses vers Adeline :

— Je vous les donne. Ce sont les premières de la famille qui iront à l'école. Elles auront du savoir et vous devez leur demander de ne jamais parler mal à leur père.

Sortant quelques paquets d'un vaste cabas, elle dit :

— Nous avons tué ce matin. Il y a un peu de foie et du filet. Si vous voulez, dans quelques jours je vous apporterai un peu de boudin et de la saucisse.

Elle s'en fut, semblant ne pas entendre les remerciements. Arrivée au bout de la cour, elle se retourna :

— Les petites ne resteront pas à l'étude. On ne peut pas.

Adeline fit entrer les enfants qui allèrent s'asseoir sur un banc vide. La plus petite murmura :

— Notre grande sœur va être contente. Elle a dit qu'elle apprendrait avec nous.

Adeline lui caressa les cheveux, à l'autre aussi, pour ne pas créer de jalousie.

Le dimanche, à la sortie de la messe, les deux gamines coururent à elle pour lui faire la bise. Elles l'accompagnèrent jusqu'à son logis.

Adeline jeta dans la poêle le morceau de porc que lui avait donné la mère. Elle pensait au curé Camarède, à son pouvoir. À son violon aussi. Elle avait une idée à son sujet. Elle irait lui en parler après les vêpres. Elle fit une petite lessive, alla l'étendre dans le grenier à la bonne odeur de foin. Revenue près de sa fenêtre, elle sursauta : Alphonse

Durieu était dans la cour, assis à pleines fesses sur le cadre de sa bicyclette. Il leva le bras en un joyeux salut :

— Je suis venu vous chercher !

— Taisez-vous !

Elle était contrariée, affolée, imaginait les Bonnat l'entendant depuis leur appartement. Au contraire, le cycliste montrait une mine resplendissante :

— C'est dimanche. Nous allons nous promener. Je vous apprendrai à monter à vélocipède !

Il n'y avait qu'un moyen de l'arrêter : Adeline descendit l'escalier quatre à quatre et, le bousculant, l'entraînant, elle le conduisit prestement sur le chemin :

— Je vous avais dit de ne pas revenir.

— J'avais envie de vous admirer.

— Vous deviez m'écrire !

— Je préfère vous parler.

Elle était très énervée : de le voir là ; de le voir goguenard. Elle était énervée simplement de le voir. Elle s'en rendait compte et cela l'énervait plus encore.

Lui montrait le calme satisfait du provocateur. Cela n'était pas fait pour la calmer.

La petite cloche disait le début des vêpres. Les retardataires se pressaient vers le saint lieu, jetant vers le couple un regard qui enregistre. Évidemment, il n'était pas question à cette heure d'aller chercher refuge dans l'église.

— Je vous le dis : allons nous promener. Dans la campagne, personne ne nous verra.

Il était à peu près certain au contraire que, dans ce pays de causse nu, il y aurait toujours l'œil avisé d'un poseur de collets, d'une faiseuse de fagots pour les découvrir de loin. D'une pente à l'autre. Même s'il n'en était pas ainsi, ni le départ côte à côte ni le retour ne passeraient inaperçus. Les commentaires iraient bon train.

— Allons chez vous, proposa Alphonse d'un air innocent.

— Vous êtes fou !

Adeline ouvrit le portillon du presbytère. La réputation de Mlle l'Institutrice y serait protégée par l'honnêteté de la maison.

Mme Camarède arriva, chaussée de gros sabots. Elle insista pour faire entrer le couple qui aurait préféré rester seul au jardin et se retrouva bien vite à l'intérieur, deux verres de cassis devant lui.

Pensant que, avant d'exposer son projet à l'abbé, l'avis de la mère lui serait peut-être utile, Adeline voulut mettre la conversation sur le sujet :

— L'autre nuit... j'ai entendu le violon...

— Ah ! vous l'avez entendu ? fit Mme Camarède pensive : oui, autrefois il jouait tous les jours... Maintenant, il joue quand il en a besoin.

Elle regarda gravement les deux jeunes gens :

— Je crois vraiment que... dans certains moments... c'est un besoin.

S'animant, elle conta qu'elle avait appris à jouer de la flûte toute seule. Son mari était un fin musicien. Lorsqu'il avait quitté ce monde, la maison soudain avait paru insupportablement vide ; un après-midi elle avait soufflé dans l'instrument. C'est bête à dire : le son lui paraissait joli. Elle avait continué. C'est ainsi qu'elle avait donné le goût de la musique à son fils. Un moment, elle avait même pensé qu'il deviendrait chef d'orchestre mais « Dieu avait été le plus fort ». La vieille dame ne regrettait rien puisque ce choix lui avait permis de passer sa vie « près de son grand garçon ».

Chaque fois qu'elle appelait son « grand garçon » le prêtre au visage buriné, au corps commençant à se casser, Adeline réprimait une envie de s'amuser. La vieille dame ne le voyait pas. Elle chassait le chat du tas de linge, ronchonnait, partait à la cuisine surveiller la cuisson de sa marmelade :

— Je ne voudrais pas qu'elle prenne au fond. Excusez-moi. Je vais la remuer.

— Remuez ! Remuez ! disait Alphonse qui, dès qu'elle avait disparu, remplissait les deux verres de cassis.

Adeline s'affolait :

— Elle va s'en apercevoir !

— Comment voulez-vous qu'elle s'en aperçoive ?

Elle ne le pouvait pas en effet : Alphonse Durieu lampait les deux verres. D'un trait. Après quoi, il éclatait d'un rire clair qui redoublait devant la mine contrariée d'Adeline. Il renouvela son jeu à chaque sortie de la maman. Il riait de plus en plus fort. Adeline était de plus en plus gênée.

Le prêtre entra. Il se réjouit de trouver sa cure aussi gaie :

— Veux-tu un peu de cassis ? demanda la mère.

— Il me semble qu'il est plutôt l'heure du quinquina, répondit l'abbé.

Alphonse approuva avec un enthousiasme qui ne s'imposait pas. Adeline se demandait ce qui lui arrivait. Les deux hommes trinquèrent. Elle avait peur d'un mot mal placé, d'une plaisanterie un peu forte, de l'une de ces farces dont son compagnon avait le secret. Elle en vint vite à son idée :

— Monsieur le curé... je... je désire vous adresser une requête... Voilà... je... forme le projet d'organiser en fin d'année une fête des écoles...

— Des écoles ? Voilà un pluriel qui me paraît bien singulier ! Vous n'avez qu'une école, que je sache !

Adeline n'avait qu'une école, elle en convenait mais elle pensait que la fête serait plus belle si, aux saynètes, chants, poèmes interprétés par les filles on pouvait ajouter quelque prestation de l'école des garçons.

La mère gloussa. Elle n'imaginait pas le sieur Bonnat se dévouant dans une telle entreprise.

— Je lui en parlerai. Avec moi, il acceptera ! déclara Alphonse péremptoire.

Adeline craignait le pire mais le curé Camarède était ravi. Il se tourna vers elle :

— Quel dommage que votre ami ne soit pas instituteur

dans notre paroisse ! Votre existence en serait changée et, à coup sûr, c'est un garçon comme celui-là qu'il vous faut !

Adeline se sentit rougir. La mère l'observait avec, au coin des lèvres, une ironie à peine perceptible, heureuse, indulgente... Adeline pensa que le mieux était de couper court. Elle se leva, s'apprêtant à partir. Le prêtre la retint :

— Mais... votre requête... j'attends... Vous ne m'avez rien demandé.

Adeline hésitait. L'ambiance n'y était plus. Sa démarche tout à l'heure lui paraissait naturelle. Elle lui semblait maintenant tout à fait incongrue. Sur la pression de ses hôtes, elle se décida :

— Monsieur le curé... si j'organisais cette fête, viendriez-vous jouer un morceau... ou deux ?

Le visage du prêtre se rembrunit, comme marqué par une petite frayeur. Tout de suite, il la cacha sous ce sourire dont usent les braves gens pour faire pardonner leur refus. Il allait parler. Sa mère trancha :

— Il y a vingt ans que mon fils n'a pas joué en public.

— Oui, mais là...

— N'insistez pas.

C'était net.

Adeline regrettait son entreprise.

Un silence s'établit que, de sa voix douce, rompit le curé Camarède :

— Les musiques sont comme les prières : les meilleures sont celles que l'on fait pour soi.

— Dans ce cas, on se demande pourquoi vous dites la messe ! lança Alphonse rigolard.

Adeline était choquée. Elle voyait sur le visage du garçon des traits agités. Ses yeux gourmands guettaient le résultat de sa provocation. Comme à Villefranche, dans la nuit des arcades, lorsqu'il la demandait en mariage au vu et au su des fidèles, des badauds, des pénitents.

Le prêtre et sa mère devaient le mal juger, pensait Adeline qui, bientôt, le pensa plus encore : riant à ses propres plaisanteries, Alphonse empoignait la bouteille de quinquina. Il en servit deux verres, en tendit un au curé, bien haut, trinqua :

— À votre santé, l'abbé ! Excusez ma jeune collègue ! Moi, je savais que vous ne viendriez pas jouer pour l'école de la République.

Mme Camarède haussa les épaules : République, roi, empereur n'avaient rien à voir dans cette affaire. Alphonse, sûr de lui, n'abandonnait pas la partie :

— Non, non, vous ne pouvez pas jouer pour la laïque !

Adeline était furieuse. Il le voyait. Cela stimulait ses défis. Il avait l'assurance bête des gens qui ont trop bu.

La mère s'énerva :

— Croyez-vous qu'il soit agréable, lorsque vous avez joué *Le Messie* de Haendel, d'entendre un rustaud vous déclarer qu'il préfère la bourrée ! Les imbéciles doutaient même de la compétence de mon garçon. Ils lui trouvaient des excuses. Ils disaient : « Pardi ! La bourrée, ça va vite ! C'est plus difficile ! »

Mme Camarède était en colère. Contre ces brutes qui avaient fait mal à son fils. Contre elle qui n'aurait pas voulu se confier. Contre ce garçon qui l'y avait poussée !

L'abbé, lui, ne pensait qu'à Adeline : il lui refusait le premier service qu'elle lui demandait.

Lorsqu'elle lui tendit la main il la garda légèrement dans la sienne et murmura :

— Un jour, je jouerai pour vous... Pour vous seule.

Elle sortit, l'âme comblée par cette preuve d'amitié ; peut-être d'affection. Elle en oubliait presque l'attitude d'Alphonse. Il marchait près d'elle, s'essayant dans la nuit venue à faire rouler droit son vélocipède en le tenant d'un doigt sous la selle. Se répétant la promesse de l'abbé, elle demanda :

— Pourquoi l'avez-vous tourmenté ? Il ne le mérite pas. Comment pouvez-vous dire qu'il ne jouerait pas pour l'école de la République ?

— Je le dis parce que c'est vrai.

— Non, ce n'est pas vrai.

Il avait beau jeu de faire observer :
— C'est vrai puisqu'il ne viendra pas !
— Il nous en a donné la raison.
Elle était prête à taper du pied pour défendre l'abbé. Alphonse s'arrêta au milieu du chemin. Il conta avec une certaine excitation que, dans sa commune, son directeur était en proie à toutes les attaques du prêtre. La riposte des maîtres n'était pas aisée.
Adeline montra une petite peine :
— Vous vous battez contre votre Église ?
Il affirmait n'en avoir aucune envie mais, instituteur, il avait le devoir de défendre l'école de la République contre ceux qui voulaient lui nuire :
— S'en prendre à l'école de la République, c'est s'en prendre à la République qui nous a donné l'école.
Il soutenait que c'était s'en prendre à la religion elle-même :
— Ce ne sont pas les guerres de religion qui assureront le triomphe des religions. L'ami véritable de la religion véritable c'est la République qui, répandant sa volonté de tolérance, fera respecter la liberté du culte, de tous les cultes.
Il s'était enflammé, n'était plus en proie à l'excitation bête qu'il montrait dans ses jeux. Surprise, Adeline soudain le trouvait beau. Elle voulait repousser cette idée.
La voix du maire éclata :
— C'est edzagéré ! Vous, mon gendre, vous edzagérez toujours. Cette demoiselle est peut-être très capable de faire passer son edzamen à votre fille !
Auguste Gratadour sortait de chez Rouby, se partageant avec Bonnat la charge d'une bonbonne que chacun des deux hommes tenait par son anse d'osier. Adeline aurait voulu les éviter mais le maître d'école les avait vus :
— Ah ! Voilà le fantassin Élie Chabrol ! Encore en permission, fantassin ?
— Ce n'est pas une permission, c'est une mission, rectifia le pseudo-fantassin après avoir salué.

— M. l'Inspecteur d'Académie vous a chargé d'un message pour votre collègue, j'imagine ? lança Bonnat sur un ton plein de sous-entendus.

— Ce n'est pas auprès de ma collègue que je suis envoyé, répliqua Alphonse très à l'aise : c'est auprès de vous. Et ce n'est pas M. l'Inspecteur qui m'envoie, c'est le colonel commandant le 57e R.I. Il m'a prié de vous transmettre ses amitiés !

Bonnat n'était pas capable de poursuivre sur ce ton. À sa mine, on voyait aussi qu'il n'en avait pas envie. Il entama un réquisitoire contre les jeunes prétentieux, arrogants, sans respect qui...

Alphonse lui coupa la parole : en faisant croire à une inspection, il avait obligé le secrétaire de mairie à équiper la classe des filles. En cela, il avait servi l'école de la République, ce qui était son devoir, et il avait aidé une jeune normalienne à entrer dans la carrière, ce qui était encore plus son devoir car...

Il prit Adeline par les épaules :

— ... Car mademoiselle est ma fiancée.

Adeline crut s'évanouir. Pour la retenir, Alphonse la serra plus fort. La révélation avait anéanti le maître d'école. Comme devenu aphone, il s'en alla, entraîné par la cantine que tirait le beau-père.

Adeline voulait se dégager. Elle ne le faisait pas. Elle souhaitait des explications. En demandait d'autres. À voix basse :

— Au presbytère... pourquoi avez-vous bu ?... Je n'ai pas aimé vous voir comme ça.

Il respira un grand coup :

— J'avais besoin... de me donner du courage.

Elle pensait aux kilomètres qu'il avait à faire dans la nuit. Elle n'était pas sûre que ce fût la raison :

— Du courage... pour quoi faire ?

Il la renversa sur son bras :

— Pour faire ça.

Il avait collé sa bouche à la sienne. Elle en était affolée, se débattait. Il ne la lâchait plus. Elle ne savait pas qu'on embrassait ainsi. Elle frissonna, n'eut plus envie de résister. Elle passa ses mains sur la nuque du garçon, serra. Elle ne savait même pas qu'elle agissait, qu'elle embrassait...

Ils parlèrent longtemps. De tout. De l'abbé et de sa mère. De Rodez aux rues frileuses, peuplées de marchands et de séminaristes. Ils parlèrent de l'école surtout. Celle que leur donnait la République et qui, pourtant, restait à bâtir.

Adeline avait chaud.

Combien de minutes, d'heures restèrent-ils ainsi ? Ils ne le savaient pas. Lorsqu'ils se séparèrent, autour d'eux la rue, les maisons, la campagne étaient blanches.

La neige depuis un long temps s'était mise à tomber.

5

Mon cher Alphonse,

Ta lettre m'a causé un infini plaisir. Les trois années que nous avons passées ensemble à l'École normale ont soudé entre nous une amitié que je crois indéfectible. Aussi, je me réjouis de ton prochain mariage bien que son annonce m'ait causé une grande surprise. Au souvenir de tes mille facéties (qui m'enchantèrent souvent) je ne te croyais pas prêt à convoler. Mais ce que tu me dis de ta fiancée me fait comprendre ton impatience et je me réjouis pour toi, pour cette personne que je ne connais pas et que, j'en suis sûr, tu rendras heureuse lorsque ton intelligence qui est vive, plus vive que la mienne, aura compris que la vie n'est pas une farce de chaque jour.

Pour moi, puisque tu me le demandes, je te dirai que, non, je n'ai pas trouvé l'âme sœur. Il est vrai que le maniement du fusil Lebel, l'entraînement à démonter son arme et à la remonter, les perpétuelles marches au pas cadencé entre la caserne Xaintrailles où je suis cantonné (aux limites de la ville) et la caserne Pelleport où est logé une autre part du 57e ne nous laissent guère le temps de regarder les jeunes filles. Cela est regrettable : les Bordelaises semblent plutôt jolies, bien faites, bien habillées, trop bien peut-être car, dès que sur leurs bottines elles abordent le cours de l'Intendance ou les allées de Tourny, on a l'impression de les voir marcher sur des œufs. Sous leur capeline, portant sac et ombrelle, au plein mitan de la semaine elles semblent à la recherche du coupé tiré à quatre chevaux pommelés qui les conduira au Derby du Bouscat. C'est peut-être pour cela que le dimanche les soldats préfèrent s'éloigner de la ville, assistant à l'entraînement des pédaleurs au vélodrome de Caudéran ou prenant la gondole à vapeur qui, par traversée de la Garonne, les conduit à Lormont, charmant petit village où l'on danse le quadrille en buvant du vin blanc et en mangeant du graton. Cela est un vrai plaisir qui, malheureusement, ne va pas durer : je m'apprête à partir très prochainement pour Saint-Maixent où je vais essayer d'obtenir mon galon d'officier, ce qui me permettra d'instruire les jeunes recrues qui en ont tellement besoin. Mon cher Alphonse, je ne crois pas que, comme on nous l'a si souvent répété, la France ait perdu la guerre parce que, contrairement au soldat prussien, le soldat français « ne savait pas lire une carte d'état-major ». Notre défaite a d'autres causes dont la trahison de Bazaine qui a justement été condamné pour ce forfait, l'ignominie du sinistre M. Thiers qui, lui, a été célébré alors que, comme le dit ma bonne grand-mère, il se montra plus pressé d'assassiner les Parisiens que de défendre Paris contre les Prussiens. Oui, notre défaite avait d'autres causes que l'impéritie de nos fantassins et de nos artilleurs devant une carte d'état-major. Il n'empêche que constater le niveau d'instruction des appelés est une épreuve accablante. Sur les vingt hommes de ma chambrée, douze signent d'une croix ou de quelques lettres informes, seize ne savent pas ce qu'est un angle droit et, sur les quatre qui en étaient informés, deux ne croyaient pas que la pression atmosphérique s'exerce sous une table. Lorsque je le leur ai dit, ils m'ont éclaté de rire au nez. Mon cher Alphonse, tout cela est écrit ici pour te faire part de mon expérience et pour te dire que, loin de m'enlever mon courage, elle le décuple : il me tarde d'être dans mon école, soutenu par la grandeur de la tâche à entreprendre, par ma foi en la République, par la fierté d'appartenir à une famille qui, au prix de toutes les souffrances, au prix de mois de prison et d'un exil de dix années, a su se battre aux côtés des démunis que les notables et tes chers évêques préféraient voir quêtant « le centime du samedi » à la porte des nantis plutôt que de les entendre mendier l'instruction à la porte des gouvernements.

Excuse-moi, mon cher Alphonse, d'avoir été un peu long. Ce bavardage m'a rappelé nos interminables conversations de dortoir, de sorties. Si tu veux le prolonger en me donnant des nouvelles de ta classe, tu me feras un immense plaisir. Ceci évidemment si ta fiancée qu'il me tarde de connaître n'absorbe pas tout ton temps, toutes tes pensées.

Dans l'espoir de te lire, je te prie de croire, mon cher Alphonse, à la fidélité de l'amitié que tu me connais.

Signé : Élie Chabrol

Le « ta fiancée qu'il me tarde de connaître » amusa beaucoup Alphonse. Il ne s'y attarda pas. Maintenant, il s'agissait de faire d'Adeline véritablement cette fiancée. Dans quelques jours, l'affaire serait officielle.

Hector Durieu était un terrien solide s'enorgueillissant de sa réussite, de sa taille qu'il semblait vouloir redresser toujours plus haut, de son ventre qu'il exhibait comme le témoin indiscutable des repas qu'il pouvait s'offrir. Ce ventre mettait en avant sa prospérité de maquignon ayant su, sur les champs de foire, gagner un portefeuille bien garni et l'assurance qui s'y rattache.

Rue du Marteau, il arrêta son char à bancs sous l'enseigne marquée « Au pardon du pêcheur » : le magasin mettait en vitrine lignes et hameçons, cannes de bambou, nasses et autres pièges à anguilles, barbeaux, chabots, sièges, marines, goujons et autres loches peuplant l'Aveyron. Prestement, Marie enleva son tablier. Elle s'assura vaguement de sa coiffure et prévint Adeline de l'imminente arrivée.

Entendant le pas montant l'escalier, elle jeta dans le feu un morceau de bois de façon à ne pas avoir à le faire devant l'invité.

Entre le moment où il était descendu de son char et celui où il se présenta devant Marie, Hector Durieu avait ôté sa longue blouse. Il apparut en veston noir et pantalon rayé, ses mains habillées de gants de cuir gris, souple, dont la qualité disait qu'ils venaient de Millau. Il n'y alla pas par quatre chemins :

— Je suis là pour vous demander votre fille en mariage. Je pense que vous le savez. Alors, quelle est votre réponse ?

Marie ne s'attendait pas à ce que les choses fussent menées si rondement. Elle murmura :

— Mais... La réponse est oui, évidemment.

— À la bonne heure ! Topez là ! ma commère, dit Hector Durieu en tendant une main franche que Marie frappa comme, dans les auberges, elle le voyait faire aux paysans concluant un marché.

Le maquignon se crut obligé d'ajouter :

— Cochon, qui s'en dédit !

Sans autre formalité, il attira belle-maman sur son vaste poitrail et lui colla sur les joues deux bises de pousseurs de cochons : de ces baisers sonores qui ne prêtent pas à confusion. Il en fit autant avec Adeline que tout de suite il appela « ma bru ».

Voyant que les choses allaient vite, Marie proposa :

— Vous prendrez l'apéritif, je pense ?

— Évidemment, nous prendrons l'apéritif ! s'exclama le bonhomme qui, ouvrant la fenêtre, deux doigts enfoncés dans la bouche, donna un strident coup de sifflet. À ce signal, venant on ne sait d'où, Alphonse parut devant la vitrine aux articles de pêche en compagnie de sa mère. Le père allait leur faire signe de monter mais, se ravisant, il se tourna vers Marie :

— C'est quoi, votre apéritif ?

— Du quinquina.

L'organisateur se pencha au-dessus de la rue :

— Alphonse ! Monte la bouteille d'absinthe qui est dans mon coffre sous le siège de la voiture.

Il revint dans la pièce :

— Avec moi, tout s'arrange toujours.

Gabrielle Durieu parlait moins haut que son mari mais elle avait, dans son corps et dans sa tête, autant de certitudes que lui. Découvrant Adeline dans son corsage blanc fermé d'un ruban mauve, elle déclara :

— Ce sera un beau couple.

— Je comprends que ce sera un beau couple ! renchérit le père.

Se disant, il tapait vigoureusement sur les épaules de son fils, lui tâtait les biceps, prêt, semblait-il, à céder son garçon pour peu qu'on lui en donnât un bon prix.

Mais non ! Hector Durieu, sous son écorce, avait du sentiment : ces enfants éprouvaient de l'attirance, c'était bien là l'essentiel. Certes, avec la fortune du père, le fils aurait pu espérer mieux ; comme état d'abord (« Maître d'école, c'est un métier de mange-raves, pas vrai ? »), comme épouse ensuite (« Excusez-moi, ma bru, je dis toujours ce que je pense et vous savez comme moi que le portefeuille d'un maquignon a plus de rondeurs que la bourse d'une institutrice »).

Marie n'avait pas d'absinthe mais elle possédait un jeu de ces petites cuillères à trous, que l'on disposait à plat sur le verre, un sucre placé au-dessus. Un pichet d'eau à la main, Adeline arrosait ce sucre.

— Pas trop vite ! Pas trop vite ! recommandait le père en surveillant la manœuvre, il faut qu'il fonde entièrement dans cette position sinon après il faut remuer. Ce n'est plus de l'absinthe, c'est de la mélasse.

Les deux hommes se servirent un deuxième apéritif. Adeline recommença l'arrosage. Marie mit le couvert. Elle apporta la soupière. Chez les Durieu tout le monde fit chabrot, Gabrielle ne voulant pas être en reste. Elle dit à Marie :

— Ça fait du bien par où ça passe !

Marie finit par tendre son assiette. Le père y versa une belle rasade que Marie avala sans sourciller. Adeline en était surprise. Jamais sa mère n'avait fait chabrot devant elle. La soupe était bonne. Hector « y revint ». Alphonse aussi et tous les deux revinrent au chabrot.

Hector déclara :

— Le vin fait du bien à la femme quand c'est l'homme qui le boit !

Il partit d'un grand éclat de rire. Adeline visiblement s'en demandait la raison. Cela doubla l'hilarité d'Hector :

— Évidemment, vous la rosière, vous ne pouvez pas comprendre. On ne vous apprend pas ça dans vos Écoles normales !

Il assurait que tout changerait quand la *nobio*[1] serait devenue femme. Alors c'est elle qui, « voyant où est son intérêt », verserait du vin à son mari !

Gabrielle susurrait à l'intention de sa bru :

— Les hommes sont des vantards. Ne lui en versez pas trop si vous ne voulez pas qu'il s'endorme !

Ils s'amusaient beaucoup tous les deux, tous les trois car Alphonse se mettait parfois de la partie. Il jetait des regards de connivence à ses parents lorsque, sur l'une de leurs plaisanteries, Adeline paraissait perdue. Cela agaçait la fiancée. L'attitude de sa mère riant avec tout le monde la surprenait plus encore. Un instant, elle la surprit faisant aux invités une mimique significative : « Ne vous occupez pas de ma fille, c'est une oie blanche. » Cela lui valut l'approbation rigolarde d'Hector Durieu. Lui donnant de grosses bourrades, il lui disait que, jeune, « elle ne devait pas laisser sa part aux chiens ». En parfait maquignon qui aime tout savoir sur la bête, il ajoutait : « Peut-être même qu'aujourd'hui encore... » Aux arrière-pensées de son regard, on pouvait se demander si, part aux chiens ou non, il ne prendrait pas plaisir à entrer dans la meute. Pour voir. Adeline était désorientée. Jamais elle n'avait vu sa mère s'amusant ainsi. Jamais elle ne l'avait imaginée capable de s'amuser ainsi, acceptant des compliments vulgaires, y répondant sans gêne, l'abandonnant, elle, à sa solitude

1. *Nobio :* la fiancée, vierge naturellement.

dans ce repas qui lui paraissait interminable et qui ne comporta qu'une bonne nouvelle : puisque, entre ces vacances de Noël et les vacances de Pâques, moment où serait célébré le mariage, « les enfants » seraient dans leurs écoles, on supprimerait les fiançailles. Cela embêtait le père. Les fiançailles aveyronnaises ayant lieu au pays du garçon, il avait déjà envisagé une réception des parents, des amis, des clients...

— Puisque ce n'est pas possible... disait la mère.

Le père se consolait. Il n'était pas homme à mettre l'argent économisé dans son bas de laine :

— Je le reporterai sur le mariage. Nom de Dieu, quand je suis heureux, je veux que tout le monde en profite !

Il se tournait vers Marie :

— Et vous, ma commère, ne vous inquiétez pas. À découvrir votre « chez-vous », je comprends que pour voir la pénurie à son heure, vous n'avez pas besoin de regarder l'horloge du voisin. Alors, pas de panique à bord : je paie tout. Pour mes invités, pour les vôtres, c'est Hector Durieu qui régale !

Le ton était celui de la plus franche bonhomie. Adeline était écarlate ; sous le poids de la gêne, presque de la honte. Le père l'était aussi ; sous le poids de l'alcool, de la digestion, de ses projets de fête pour tous. Le plus incroyable se produisit : Marie, soulagée de ne pas avoir à partager les frais de la noce, remercia le maquignon qui, pour accepter ses remerciements, demanda à l'embrasser. Adeline eut envie de renverser la table, de mettre tout le monde à la porte en criant : « Je ne me marie pas ! » Alphonse perçut cela. Il lui prit la main. Elle la retira aussitôt. Il se pencha sur elle, murmurant :

— Mon père est comme moi : bon garçon et joyeux vivant, avec en moins l'école où il n'est jamais allé une heure.

Il sentait le vin rouge. Elle le repoussa. Passant son bras sur ses épaules, d'un geste brusque il l'attira à elle, ses lèvres collées à son oreille, chuchotant des promesses douces d'où se dégageait toute la force dont elle avait besoin :

— Toujours je serai près de vous. Avec vous. Toujours je vous défendrai. Contre tout le monde.

Il avait repris sa main, ne la lâchait pas. Il parlait. Elle ne luttait pas. Il glissa son pied derrière son pied, attira sa jambe contre la sienne. Son bras la serrait plus fort. Elle était prisonnière. De ses mots. De sa puissance. De la bouche dans son cou. De la chaleur qui la pénétrait. Adeline se mit à pleurer.

— C'est l'émotion, dit la mère.

Elle se tourna vers Marie, désignant son mari :

— Moi, pour ma nuit de noces, quand j'ai vu son membre, je me suis mise à sangloter. Allez savoir pourquoi !

— On est bête à cet âge, conclut Marie.

Quand le soir elle se retrouva avec Adeline, elle lui dit :

— On ne t'a pas beaucoup entendue.

— Je crois qu'on s'en passait très bien.

— C'est vrai, consentit Marie : ce sont des gens qui ont de la conversation.

Adeline ne commenta pas.

La fin des vacances arriva sans qu'on revienne sur cette journée.

Au premier jour de la rentrée des classes, elle informa l'abbé de son prochain mariage.

Mme Camarède était aux anges :

— Je le savais ! Je le savais ! répétait-elle : entre ce garçon et vous, il y avait des regards qui ne trompent pas.

Adeline était heureuse de l'apprendre. Elle se disait : si notre sentiment est si facilement décelable c'est qu'il est bien réel.

Le soir, elle pensait à Alphonse. À sa force, mêlée de caresses. En se mariant en avril, ils pourraient en octobre prochain être nommés dans une même commune. Elle serait protégée contre toutes les vulgarités. Sauf celles d'Hector Durieu. Mais épouser le fils ne veut pas dire fréquenter le père. Et puis, Alphonse l'avait dit bon homme. Hors les festivités familiales peut-être était-il moins exubérant ?

Les jours commençaient à allonger. Les talus, les herbes revivaient. Les labours laissaient voir leurs premières promesses. Vertes. Seuls, les chênes s'accrochaient à l'hiver, refusant de livrer leurs feuilles ocres, rabougries, de les remplacer par un feuillage neuf. « Le chêne est un arbre prudent, pensait Adeline : il en faut du soleil pour qu'il croie à l'été ! »

Sa classe lui donnait des satisfactions. Les anciennes élèves de M. Bonnat témoignaient d'un bon niveau, elle savait le reconnaître. Deux, trois fois, elle eut envie d'aller voir l'instituteur. De lui proposer un concordat. Dans l'intérêt des élèves. Elle aurait voulu lui parler de cette fête de fin d'année qui devenait son grand projet. Elle ne s'en ouvrait pas aux enfants mais quand, lisant à haute voix la vie de Christophe Colomb, l'une d'elles, comme le matelot à la proue de la *Pinta*, criait : « Terre ! » elle se disait que, peut-être, elle pourrait faire une saynète de cette découverte de l'Amérique. Une fable pourrait servir d'intermède entre deux chants, même si, dans la bouche de Simone Gensac, le grillon donnait au texte de Florian une morale reposante : « Pour vivre heureux, vivons *couchés* ! » Cela avait fait rire ; moins pourtant que, au cours de la leçon sur les oiseaux, la réponse de la dodue Émilie Lagueyte :

— Citez-moi un vorace, avait demandé Adeline.

— Mon père, demoiselle ! avait répondu la gosse.

Ces répliques inattendues, la spontanéité des enfants enchantaient la jeune institutrice. Le dimanche, elle en faisait un long message à Alphonse, attendant toujours une réponse qui ne venait jamais. Cela lui donnait de mauvaises imaginations. Sans qu'elle sût pourquoi, le visage d'Élie Chabrol s'imposait à elle. Elle relisait sa lettre dont l'encre s'était diluée sous la fièvre des baisers donnés dans le secret du dortoir de l'École normale. Elle l'embrassait encore, se disant : « C'est la dernière fois. Après, je la brûle. » Elle ne la brûlait pas, ne la déchirait pas. Elle pensait : « Élie Chabrol ne me laisserait pas sans nouvelles. » Elle repoussait cette idée. D'autres idées l'assaillaient : « Il paraissait très doux, ne devait pas avoir, comme Alphonse, le goût de la provocation. Son père était sans doute moins encombrant. » Bientôt, suppositions et condamnations étaient remises en question : Hector Durieu, sa femme, rejetés sur une seule entrevue, avaient su faire de leur fils un chrétien fervent. Élie Chabrol, lui, était athée.

Il y avait bien des détails à régler pour la noce. Alphonse comptait demander à son directeur d'école, M. Passerat, d'être son premier témoin. Adeline, elle, n'avait pas encore arrêté son choix. Suzanne lui semblait toute désignée mais il y avait son père. L'infirme donnerait-il l'autorisation ? À l'École normale, sa camarade la plus proche avait été Louison Canac. Elle remarqua qu'elle ne lui avait jamais montré la lettre d'Élie... « Je n'ai pas d'amie... » Ou plutôt elle n'en avait qu'une : sa mère. Quant aux hommes, elle en avait connu trop peu pour éprouver de l'amitié à l'égard de l'un d'eux. Alphonse Durieu était le premier à lui offrir son aide, son bras, une épaule sur laquelle s'appuyer. Elle avait besoin de lui. Elle guettait le facteur.

C'est Alphonse qui vint :

— Coucou !

Abandonnant son cycle dans la cour, il avait monté l'escalier sans bruit. Il prétendait l'embrasser. Il affirmait qu'entre fiancés il n'était rien de plus normal. Adeline le repoussait, pensant aux gens qui avaient pu le voir entrer, aux Bonnat toujours à l'affût, aux mille recommandations de Mlle Rouquier... Alphonse était fort. La serrant à l'étouffer, il lui donna un baiser qui bientôt fut un échange. Long. Plaintif. Un plaisir perçu dans tout le corps. Portant littéralement sa prisonnière, Alphonse pénétra dans l'appartement. Adeline vit s'approcher son lit, la couette de satin rouge, de plumes douces... Elle allait tomber. En même temps, elle sentit au-dessus de ses bas une main ferme qui se saisissait de sa chair, la broyait, la pénétrait. Elle poussa un petit cri, voulut se dégager, y parvint après un véritable combat. Indignée. Vexée. Regardant la brute dans les yeux, elle lui intima l'ordre de sortir.

Il était mi-narquois mi-piteux :

— Je croyais que cela ne vous déplaisait pas.

— Moi, je vous croyais chrétien !

Il s'affirmait chrétien « à la mode du confessionnal » : le péché n'existe que d'un côté du croisillon !

Elle était outrée : Alphonse Durieu, son fiancé, doutait de la vertu des prêtres !

Il se défendait : il ne doutait pas de la vertu des prêtres. Il disait que le curé de son village avait engrossé la fille du sacristain et que celui du village où il exerçait présentement avait une liaison connue de tous...

Elle cria :

— L'abbé Camarède n'a pas de maîtresse !

— Je n'en sais rien.

— C'est un saint !

Alphonse retrouvait son assurance :

— L'habit fait le moine, il ne fait pas la probité. La soutane est un masque.

— Pour cacher quoi ?

— Un homme.

Elle ne voulait plus l'entendre. Elle avait mis de l'ordre dans sa tenue, s'était recoiffée. Elle dominait cet émoi qui, un instant, l'avait trahie. Elle lui montrait la porte :

— Nous n'avons plus rien à nous dire.

— C'est aussi mon avis.

Il tourna les talons. Elle vit son existence s'effondrant, ensevelissant sa mère qui, déjà, avait dû faire les démarches à la mairie, à l'église... Elle aperçut le scandale :

— Attendez-moi au presbytère.

Il avait la main sur la poignée. Il se tourna. Net :

— Je crois que vous n'avez pas compris ce que je vous ai dit : je n'irai plus jamais au presbytère.

Puis comme s'il s'agissait d'une chose naturelle :

— Je vous attends à la buvette.

Cela la rendit furieuse : comme si une institutrice s'attablait au cabaret !

Elle l'entendit descendre les marches, indécise. Bientôt, elle sursauta : la voix d'Alphonse montait de la cour. Elle ouvrit la fenêtre. Il était là, jouant la comédie, ayant retrouvé son effronterie :

— Hé, Gervaise !

Elle ne comprenait pas. L'appel se fit explicite, pleurnicheur :

— Hé ! Gervaise ! Ta dureté m'envoie à l'assommoir ! Prends garde à ta rudesse. Tu as fait de ton mari un ivrogne et tu veux faire de même avec moi. Attention, Gervaise : toi aussi, tu finiras dans la boisson ! Demande à M. Zola !

Elle ferma la fenêtre d'un mouvement brusque. À travers la vitre, elle voyait Alphonse qui s'en allait dans un éclat de rire. Elle soupira : « En vérité, il doit être un peu fou. »

De toute façon, elle ne pouvait pas le laisser longtemps dans cette taverne où tout le monde le savait son fiancé.

Au bout de quelques minutes employées à se calmer, elle descendit.

Sous le gros chêne des Gratadour, les jambes paisiblement allongées le long d'une table de bois, Alphonse profitait du premier printemps, un petit verre devant lui.

— C'est de la prune, dit-il. En prendrez-vous un verre ?

— Mais non, vous le savez bien.

— Vous avez tort, lança le maire depuis l'intérieur : la prune, je la prends chez Rouby. Elle est « edzellente ».

Des consommateurs approuvaient. Parmi eux, Moussarous, le roulier chétif qui était allé chercher Mlle l'Institutrice à la gare. Il levait devant lui un gobelet crasseux, semblant dire : « À la tienne ! » en découvrant ses dents infectes.

Adeline était mal à l'aise.
— Venez, dit-elle.
— Nous allons chez vous ? D'accord ! fit Alphonse en se levant.
— Nous allons chez l'abbé.
— Il a un bon cassis mais je préfère la vieille prune.
Il se rassit.
— Il l'« edzaspère », ça se voit, commentait Auguste Gratadour.
Il voyait juste. Ça n'était pas difficile. Le visage contrarié, Adeline tourna le dos à tout ce monde :
— Je vous attends à la cure.
Alphonse se leva d'un bond :
— Je vous ai dit que je n'irai pas.
Elle s'en allait. Il la suivit :
— Savez-vous pourquoi je n'irai pas ?
— Parce que vous ne pourriez pas y faire vos saletés !
À ce mot, il la saisit par le bras, l'arrêta, l'obligea à le regarder :
— Je n'irai pas et vous auriez intérêt à ne pas y aller si souvent.
Elle le remercia du conseil.
Cela l'impatienta. Il la secoua :
— Écoutez-moi au lieu de vous enfermer dans vos certitudes !
Ce n'était pas les amours d'un ministre du culte qui le choquaient. Il était sur ce point sans illusion. Et surtout sans condamnation. Mais dans le village où il enseignait aujourd'hui, ce prêtre péchant contre le neuvième commandement n'hésitait pas à monter en chaire pour fustiger ses paroissiens coupables du même forfait. Cela l'indignait :
— L'Église vit dans l'hypocrisie. Elle en a la pratique et, ce qui est plus grave, elle en est l'école. Ses serviteurs voudraient être les meilleurs des hommes : elle les contraint au mensonge. Ça n'est pas un exemple pour les

enfants. Quand ils deviennent adultes, les plus sincères se détournent d'eux.

Adeline semblait ne pas l'entendre. Devant la buvette Gratadour, les joyeux lurons se poussaient du coude en les regardant. Ils invitaient un nouvel arrivant à profiter du spectacle. Elle voulut partir. Alors, serrant son bras, Alphonse la bouscula vraiment. Sans se soucier de qui pouvait l'entendre, il éleva la voix : le curé de son village ne se contentait pas de fustiger les pécheurs. Il profitait de sa tribune pour vilipender l'école publique. Il interdisait aux paroissiens d'y envoyer leurs enfants. Adeline secouait la tête, triste, n'ayant jamais cru qu'Alphonse pourrait parler ainsi :

— Un jour, vous ne serez plus chrétien.

— Chrétien, je le serai toujours, répondit Alphonse, mais toujours, avant d'être chrétien, je serai instituteur.

Le regard d'Adeline devint douloureux :

— Avant d'être chrétien, dites-vous ?

— Si l'on m'y oblige : avant.

Il se calma un peu :

— En fait, je serai un instituteur chrétien.

Il respira longuement, comme s'il s'apprêtait à un gros effort ou alors pour lui faire comprendre qu'elle ne devait pas l'interrompre. Il disait que le siècle finissant avait inventé la machine à vapeur, le chemin de fer, le courant électrique, le téléphone, aujourd'hui le cinématographe : il n'était pas chrétien de laisser des enfants dans l'ignorance des sciences ; de leur dire que la prière pouvait les protéger de tout ; de leur cacher Voltaire et Rousseau ; pas chrétien de leur donner un bulletin de vote qu'ils ne savaient pas lire. Il s'enflammait. Il refusait la morale par la peur, la remplaçait par la morale par l'amour. Cet amour ne pouvait prendre corps que sur l'éveil des intelligences, le respect du prochain venu de sa connaissance. Cette connaissance naîtrait de tous les enfants de France rassemblés dans une même école. Ainsi serait réalisée la grande fraternité voulue à la fois par la République et par Notre-Seigneur Jésus-Christ.

Alphonse Durieu avait parlé d'un trait. Adeline ne l'avait pas interrompu. Elle était emportée. Alphonse se redressa. Sa voix devint grave, comme pour un serment :

— Oui, toute ma vie, avant tout je serai instituteur : pour former des hommes capables de comprendre à la fois les mathématiques et l'âme de leur voisin.

Adeline avait, dans les yeux, des larmes heureuses. Elle pensait : « Jamais il ne m'a parlé ainsi. » Et même : « Je ne le croyais pas capable de parler ainsi. » Elle le trouvait beau. Comme la foi.

Elle lui tendit la main :

— Venez.

Là-bas, les imbéciles gloussaient. Ils appelaient Gratadour qui, à l'intérieur, tirait du vin.

Adeline et Alphonse entrèrent dans la maison. Elle s'arrêta dans le couloir :

— Vous ne pouvez pas monter. Et vous ne pouvez pas rester longtemps. Jurez-moi que dans deux minutes vous partirez. J'ai un secret à vous confier.

Il jura. Pour connaître le secret.

Elle le livra simplement :

— Je voulais vous embrasser.

Ce qu'elle fit aussitôt. Avec passion. Le pénétrant. Pénétrée par lui. Se mordant les lèvres quand il l'embrassait dans le cou, pleurant lorsque, son corsage ouvert, elle sentit sa poitrine se redresser pour mieux s'offrir à sa bouche avide, douce, qui serrait le bout de son sein, le libérait pour le caresser d'un bécot tendre, un brin de cajolerie...

Ils restèrent ainsi longtemps. Adeline refusait de monter l'escalier mais elle permettait à la main d'Alphonse de faire patte de velours.

Lorsqu'il sortit, il faisait presque noir. Il partit vers sa bicyclette en gambadant.

Adeline s'étendit sur son lit, incapable de rien faire, se

demandant si, pour aimer un homme, il fallait ainsi connaître sa peau.

Elle faisait la classe dans l'allégresse. Elle déjeunait, elle dînait en pensant à Alphonse. Subjuguée. Elle l'avait mal jugé : ses farces étaient un rempart destiné à cacher une pudeur trop grande, un désir de vie utile, généreuse. Servir est une ambition qu'il vaut mieux ne pas crier sur les toits si l'on ne veut pas endurer la moquerie des butors. Elle bâtissait un roman : le butor c'était Hector Durieu se moquant de son fils, de sa vocation au minable salaire. On ne peut pas être sérieux quand on ne vous prend pas au sérieux : Alphonse jouait les farceurs pour ne pas écraser par sa culture ce père sans culture. La pudeur toujours.

Quand Hector buvait l'absinthe, Alphonse la buvait avec lui : pour ne pas marquer sa désapprobation. Il n'y avait pas d'autre explication. Comme à elle, l'École normale avait dû lui enseigner les méfaits de l'alcool...

Elle ouvrit son livre de morale, y trouva ce qu'elle cherchait.

Au matin, arrivant en classe, elle écrivit au tableau : « L'alcool fait vivre celui qui le vend mais il tue ou rend fou celui qui le boit. » Les enfants copièrent la phrase. Ils devraient la savoir le lendemain quand on aurait effacé le tableau. Puis Adeline dicta :

— « Le père Bru avait suivi Gervaise dans la chambre. À eux deux, ils tâchaient de raisonner le serrurier, de le pousser vers la porte. Mais il se retournait, muet, une écume aux lèvres ; et, dans ses yeux même, l'alcool flambait, allumait une flamme de meurtre. »

Les « moyennes » s'arrêtèrent là. Les grandes eurent droit à quelques lignes de plus et Adeline leur fit commenter le texte de Zola. Quant aux petites, elles devaient seulement répondre à la question : « Avez-vous vu un homme soûl ? Qu'en pensez-vous ? » Simone Gensac répondit :

— Moi j'en ai vu. C'est rigolo.

Adeline rentra chez elle en se demandant pourquoi, dès l'enfance, l'être humain se réjouit au spectacle de l'indignité. Combien de cours de morale faudrait-il, combien d'écoles devrait-on créer, combien d'instituteurs devrait-on former pour modifier ce comportement ?... Et pour supprimer l'indignité ? Elle se coucha en se disant qu'elle aimerait avoir Alphonse près d'elle. Ce serait bon le soir de parler de la classe du jour, d'analyser ensemble les leçons données, les réactions obtenues. Elle ferma les yeux en croyant à sa présence. Si fort qu'elle fit sur sa poitrine, sur son ventre, les caresses qu'il avait osées. Bientôt, elle se l'avoua : c'est pour cela qu'elle l'aurait voulu à ses côtés, pour renouveler les tendresses commencées. Les dépasser. Elle en éprouva une honte. Elle ne se reconnaissait plus.

Le samedi soir, elle avait pour habitude de se confesser à l'abbé. Cela se passait souvent au presbytère, tête à tête, dans l'ombre du salon. Ce samedi-là, elle voulut le confessionnal. Quelques paroissiennes attendaient leur tour, faisant tourner un chapelet entre leurs doigts, en habituées. Un homme à l'estomac ceinturé par une épaisse chaîne de montre avait moins de pratique : il demandait si la pénitence « coûtait des sous », s'il y avait un tarif.

Découvrant Adeline derrière les croisillons, le curé Camarède n'éprouva pas de surprise.

— Au nom du Père, du Fils, du Saint-Esprit...

Trente-cinq années de sacerdoce lui avaient fait l'âme perspicace. Il imagina tout de suite les raisons d'Adeline à ce changement de lieu. Tendant l'oreille aux habituels péchés de gourmandise, de manque d'indulgence et même de respect filial (« Tes père et mère tu honoreras... »), il attendit l'aveu où butaient les fiancés. Adeline y vint, la gorge nouée, les yeux baissés.

Enfin convaincu que la faute s'arrêtait au désir, le prêtre accorda l'absolution contre quelques « Notre-Père », quelques « Je vous salue », un acte de contrition à dire à la sortie du confessionnal. Adeline allait se lever. La voix de l'abbé la retint, invitant la pécheresse à ne pas céder à la tentation. L'heure du mariage approchait. Adeline avait un merveilleux moyen de se protéger :

— Tournez votre âme vers Notre-Seigneur et toutes vos pensées vers votre travail. Occupez-vous des enfants que Dieu vous a confiés. Ils ont tellement besoin de vous !

Le curé Camarède parlait pour elle mais, un instant, Adeline put se demander s'il ne parlait pas pour lui ; il s'accusait d'avoir accepté son exil pour la quiétude qu'il lui donnait, se reprochait d'avoir négligé ces enfants auxquels, hormis le catéchisme, il n'avait rien enseigné, même pas la musique qui, si bien, tire l'homme de sa grossièreté.

Adeline avait grande envie de reparler de la fête des écoles. Elle n'osa pas.

Elle sortit, s'agenouilla devant l'autel de la Vierge. Elle commença à prier en pensant que l'abbé parlait comme Alphonse... Elle était heureuse.

Mme Camarède lui avait succédé dans le confessionnal. La sainte femme exposait ses fautes à voix basse mais, ayant pris une fois pour toutes l'habitude de ne pas abdiquer facilement devant son fils, il lui arrivait de se rebiffer, d'ergoter sur l'appréciation d'un péché, l'importance d'une pénitence et comme, devenant un peu sourde, elle haussait la voix, l'église résonnait de son étrange confession :

— J'ai eu tort peut-être mais tu sauras qu'un garçon bien élevé ne juge pas sa mère !

— L'orgueil ! L'orgueil ! protestait-elle : tu peux parler de mon orgueil ! Te croirais-tu modeste, par hasard ?

Ou encore :

— Je parle peut-être trop fort mais moi j'aime faire plaisir !... Toi, la petite maîtresse d'école, tu lui promets toujours de jouer du violon pour elle et tu ne le fais jamais !

Et, pour finir :

— Dix dizaines de chapelet pour ces peccadilles ? Tu

veux rire ! Je n'en dirai que cinq. Et d'abord, je n'ai pas le temps. Tu sais très bien que je dois préparer ton dîner !

Sur son prie-Dieu, Adeline essayait de ne pas entendre. De ne pas rire. Cela nuisait au repentir.

Elle quitta l'église, s'accouda au parapet de larges pierres d'où elle aimait contempler la rivière aux eaux profondes. Paisibles, vertes.

Mme Camarède vint la rejoindre :

— Jeune fille, je vais reprendre ma flûte.

— Vous allez jouer pour la fête ?

— Pas pour la fête, je ne saurais plus.

— Pour moi ?

— Pour vous, je ne saurais pas davantage.

Adeline était perplexe.

— Je vais jouer pour vos élèves. Ou plutôt, je vais vous apprendre à jouer. Nous commencerons par le pipeau. Vous allez voir : dans un mois, vos élèves chanteront avec vous et en juillet elles seront prêtes.

La vieille dame était ravie.

Adeline l'était aussi.

Sa nuit se passa en rêve de spectacle. Elle soufflait dans un fifre, il en sortait un son de cor de chasse ; le public chantait avec elle : « Taïo, ô, taïo. » Elle se réveilla dans la plus grande joie.

En classe, elle dut se retenir pour ne pas parler de la fête.

À la sortie de l'école, le maire l'attendait :

— Vous avez edzagéré mais je ne suis pas comme vous : je ne fais pas mes coups en traître.

Il était venu la prévenir : il préparait sa lettre à l'Académie. Ou à la Préfecture, ce serait plus sûr.

Adeline ne comprenait rien à cette menace. Tant d'hypocrisie révolta le magistrat municipal. Il explosa :

— « L'alcool fait vivre celui qui le vend mais il tue ou rend fou celui qui le boit », je sais tout !... Ici tout se sait toujours ; vous voulez me ruiner, c'est ça ? Vous voulez me ruiner !

Adeline tenta de se défendre. La phrase se trouvait dans son livre de morale. Elle s'offrait à la montrer, à faire lire *L'Assommoir.* Elle disait que la leçon sur l'alcoolisme faisait partie de l'enseignement imposé. Auguste Gratadour ne voulait rien entendre. Il tenait sa buvette depuis toujours, sa mère l'avait tenue avant lui et il n'avait jamais entendu parler d'un client qui aurait sombré dans la folie ! Il criait, se livrait à mille imprécations, s'en allait en prenant à témoin Bozoul qui, alerté par le vacarme, venait aux nouvelles, accompagné bientôt du distillateur, du sabotier et de la mère Ventadour, la poseuse de sangsues. Adeline revint dans l'école, prête à s'y barricader. Le maire ne força pas la porte mais Adeline l'entendit jurer que, aux prochaines vacances, elle irait prendre son train par ses propres moyens :

— Ne comptez pas sur ma charrette ! À pied, vous irez !... ou à quatre pattes ! Ça vous fera les jambes !

Il hurla ainsi un bon moment, répétant dix fois qu'il allait écrire à l'Académie.

Adeline ne rêva plus de fifre, de fête...

Elle demanda au menuisier s'il consentirait à la transporter mais Bozoul ne voulait pas se mettre mal avec le maire : il avait besoin de lui pour travailler. Elle pensa à la carriole du curé Camarède mais, ni à l'abbé ni à l'âne Timbale, si poussif, elle ne pouvait imposer un si long déplacement. Elle se sentit prisonnière, ne pouvant pas se rendre à son mariage ou alors marchant pendant des heures sur des chemins qu'elle ne connaissait pas, elle que sa mère disait trop faible même pour faire la chine en sa compagnie. Elle écrivit à Alphonse, le suppliant de trouver une solution et surtout de lui répondre. Une semaine plus tard elle recevait une lettre qui, effectivement, venait de son village. L'adresse montrait une écriture d'enfant. Elle craignit qu'il fût malade, ayant dicté la missive à l'un de ses élèves. Mais non ! Une fois encore l'impénitent farceur avait fait une blague. Traçant des caractères maladroits ornés d'autant de pâtés que de fautes d'orthographe, il avait signé la missive d'un superbe « Gustave Cancrelat ». Il y affirmait : « Je doigt tou mon çavoir ah mon mètre mossieu durieu. » Le mot n'en comportait pas moins une bonne nouvelle : « Mon mètre qui vous zème, beau cou, vou fé dire depas vous morphondre : il sera la dix manches aveque çon otomobile. »

Adeline bondit de joie. Elle se voyait quittant le village dans l'une de ces de Dion-Bouton, de ces Panhard et Levassor dont les gazettes vous montraient les modèles, les accessoires : une corne d'appel, « poire en cuir, pavillon de cuivre », une lanterne à pétrole « vous permettant une rentrée de nuit » et même, depuis quelque temps, des pneumatiques gonflables équipant les roues. Le marquis de Dion en était émerveillé. M. Armand Peugeot proclamait que le confort du voyageur était désormais assuré.

Adeline sortit de la messe l'une des premières. Alphonse attendait devant l'église, transpirant, sa bicyclette à la main.

— Et votre voiture ?

— C'est Cancrelat qui vous a écrit ça ? Il n'en fait jamais d'autres !

Il riait, prétendait n'avoir pas eu le temps d'acheter l'engin. Il désignait le cadre de son vélocipède :

— Asseyez-vous là. En amazone.

Elle se refusait à cette exhibition. Disait que la gare était à six lieues, peut-être à dix.

— J'en ferais le double pour vous conduire au mariage ! proclamait Alphonse.

Les gens les regardaient, se demandant le motif de ces palabres. Gertrude Gratadour s'était arrêtée à trois mètres d'eux. Si elle avait osé, elle se serait approchée pour entendre. Alphonse s'assit sur la selle. Il ordonna :

— Montez.

— Mais... j'ai du linge à prendre... Un grand sac.

— Désolé, la compagnie ne se charge pas des bagages ! Allez ouste !

C'est lui qui la hissa sur le cycle. Aussitôt il démarra.

Adeline se sentit emportée. Sa voilette se releva. Son chapeau s'envola. Elle dut descendre, courir le ramasser. La réprobation se lisait sur les visages des paroissiens. Il y avait des ricanements. Adeline jugea inutile de donner à ces malotrus une autre occasion de se moquer : elle garda le chapeau dans sa main, le serrant bien fort contre le guidon. Alphonse appuyait de toute sa puissance sur les pédales, pour montrer à ces rustres la sûreté de son équipée.

Il alla ainsi pendant des kilomètres, ne faiblissant pas, prenant pour monter une côte un grand élan dans la descente qui la précédait. Adeline se cramponnait, grisée. Après un tournant, une montée plus sévère se présenta, imprévue, longue. Alphonse s'était hissé sur son cycle, le poussant de son mieux avec pour résultat d'aller au pas de l'homme. Elle voulut descendre. Il refusa. Elle peinait pour lui mais elle sentait qu'il mettait un point d'honneur à vaincre. Lorsqu'il parvint au sommet, elle fut heureuse, vraiment heureuse de sa satisfaction...

À la gare, il attendit le départ du train pour repartir, pédalant le long de la voie en faisant de grands gestes d'adieu.

Pendant tout son voyage Adeline pensait : « J'épouse un homme fort. » Elle en éprouvait un agrément. Presque une fierté, un peu puérile.

Pendant les jours qui précédèrent la noce, il n'était pas question qu'il entre dans la maison de la fiancée ; encore moins qu'il y couche. Il vint deux ou trois fois, portant un jour sur sa bicyclette deux genévriers qu'il prétendit placer dans la rue devant la porte de la mariée. On eut beau lui dire que cette coutume dans les villes n'avait pas cours, il déterra quelques pavés et planta les deux arbustes qu'il décora de tulipes et de jonquilles. Adeline en fut émue. Satisfait, il offrit ses bras pour les préparatifs, un service qu'il pouvait rendre. Marie l'expédia à la gare chercher trois grands sacs de café que, dans l'épicerie de M. Cazes,

Adeline et lui mirent dans des poches de dimensions diverses marquées « Au planteur de Caïffa ».

Le mariage avait lieu le samedi. Le vendredi soir, Alphonse annonça qu'un nouveau sac était arrivé à la gare. Cela surprit Marie mais mieux valait y aller. Les deux fiancés partirent, se tenant par la main. L'employé chercha dans ses colis, ne trouva rien.

— Tant pis ! dit Alphonse, ce sera pour une autre fois.

Le train de Capdenac entrait en gare.

— J'adore ces arrivées. On voit du monde. Il y a ceux qui partent. Les gens s'embrassent.

Il y avait, c'est vrai, pas mal de gens qui descendaient du convoi. Alphonse les regardait. On aurait dit qu'il cherchait quelqu'un. Bientôt, son visage s'illumina. Celui d'Adeline se crispa : pantalon garance, tunique bleue, son képi bordé d'un galon d'or, le sous-lieutenant Élie Chabrol était devant eux.

À l'aise, jovial, Alphonse faisait les présentations :

— Adeline Bézian, ma fiancée. Vous ne vous connaissez pas, je crois ?... Élie était mon condisciple à l'École normale. Et demain, il sera mon témoin... car je me marie !

Le jeune officier était muet.

Adeline avait pâli.

Alphonse se pencha à son oreille :

— Oui, je vous avais dit que ce serait M. Passerat, mon directeur, mais... ça n'était pas possible : le cher homme est protestant.

Il prit dans sa main la main d'Adeline. Elle était glacée. Il chuchota :

— Ne faites pas cette mine, chère épousée. M. Passerat sera de la noce et vous pourrez vérifier que vous n'avez pas perdu au change : mon ami Élie Chabrol est beaucoup plus beau.

6

Rue du Marteau, lorsque Adeline parut entre les deux genévriers, sa beauté fit sensation. Sa tenue aussi. Certes, depuis bientôt trois décennies que le pape avait décrété le dogme de l'Immaculée Conception, la mode de la robe blanche s'était répandue mais les vieilles, qui avaient été jadis des épousées vêtues de noir, éprouvaient une émotion à rebâtir leur souvenir à l'image de la Vierge Marie.

Les invités avaient laissé charrettes, tapissières et chars à bancs sur la promenade, au-dessus de la chapelle des pénitents noirs. L'appartement étant trop exigu pour les recevoir, ils s'étaient massés dans la rue, les hommes portant veste ou grande blouse noire, pantalon gris, les femmes plus pimpantes sous des robes blanches et même ramagées qu'autorisait le temps pascal. Elles étaient enviées par d'autres qui n'avaient pas droit à la couleur : les deuils se portant de trois mois à trois ans selon le degré de parenté, un bon nombre d'entre elles étaient tenues à la rigueur.

Marie n'avait pas de famille, pas un oncle, pas un cousin pour accompagner l'épousée en tête du cortège. Elle avait voulu désigner son seul invité, M. Cazes, mais Hector Durieu avait déclaré qu'il se ferait un devoir de remplacer le père disparu. Présenter comme un devoir, presque un sacrifice, ce qui est une satisfaction constitue l'un de ces artifices de langage dont les maquignons ont le secret. En vérité, sortir de la maison au premier rang, la mariée admirée pendue à son bras, lui causait le plus visible des plaisirs. Les invités, les curieux applaudissaient. Hector Durieu donnait vers chacun de grands coups de chapeau. Malgré la promesse qu'elle s'était faite, Adeline était plus figée. La surprise à la gare, la veille, l'avait marquée. Ce matin pendant que, quelques épingles entre les dents, la couturière ajustait son voile et fixait sa couronne de fleurs d'oranger, Élie Chabrol la regardait, sans dire un mot. Elle le trouvait triste. Lointain. C'était peut-être une idée. Maintenant, premier garçon d'honneur, il marchait au bras de Suzanne. Adeline avait l'impression stupide de sentir son regard accroché à ses épaules. Il en fut de même à la mairie où pourtant Élie Chabrol était sur le même rang qu'elle, à droite d'Alphonse. Ceint de son écharpe tricolore dont les lourds pompons dorés tombaient le long de son pantalon à la manière d'un sabre, le maire avait accueilli la noce avec un sourire jovial, engageant. Il semblait se réjouir sincèrement du bonheur des époux. Soudain, il prononça des mots épouvantables :

— Adeline, Marie, Célestine Bézian née de Marie, Catherine Bézian et de père inconnu...

Adeline se crut écrasée. Elle ferma les yeux. Sa poitrine craquait sous les coups de son cœur. Il lui semblait qu'un murmure parcourait la salle, que l'opprobre tombait sur elle, sur sa mère, qu'Alphonse la répudiait aidé par Hector, Gabrielle, par tous les Durieu. En une seconde passèrent devant elle des souvenirs lointains. Elle entendait les paroles de M. Cazes qui, en leur temps, lui avaient paru incompréhensibles, les propos blessants de la supérieure de la Sainte-Famille, le « Une institutrice n'a pas le droit d'être frivole, vous moins qu'une autre » de Mlle Rouquier...

Le même fait se reproduisit à la collégiale. Adeline tomba à genoux sur son prie-Dieu, la tête dans ses mains ; pour se cacher et pour implorer le Seigneur d'accorder à sa mère le pardon de ses fautes... alors qu'elle-même avait de la peine à lui pardonner ce mensonge pendant vingt ans entretenu. Une seconde lui trouvant des excuses, elle repartait vite dans une condamnation, un chagrin, n'entendant pas le prêtre lisant l'Épître aux époux :

— « Mes frères, que les femmes soient soumises à leurs maris comme au Seigneur ; car le mari est le chef de la femme comme Jésus-Christ est le chef de l'Église. »

Devant les yeux d'Adeline, les vitraux mêlaient l'image du Créateur, des prophètes, des apôtres, les couleurs rouge, bleu, jaune de leurs robes, les animaux paissant en leurs verts pâturages. Tout se brouillait. Trouvant le recueillement de l'épousée un peu trop long, Alphonse lui tapota l'épaule. Il l'aida à se relever. Elle le regarda sans comprendre, apercevant Élie Chabrol qui, paraissant sortir d'une rosace, se penchait en avant pour voir ce qui se passait...

— « Que l'homme donc ne sépare pas ce que Dieu a uni », disait le prêtre du haut de la chaire.

Alphonse crut qu'Adeline à cet instant regrettait son engagement. Il se reprocha la farce de la gare... Il s'était dit que ça serait la dernière, une espèce d'adieu en beauté à sa vie de garçon. Et puis... la farce était aussi pour Élie qui l'avait tellement agacé à l'École normale avec ses « Tu sais, la fille du square ? Eh bien ! je suis sûr que je l'épouserai ». Avoir subi ces certitudes pendant des mois et aujourd'hui, sans parler, dire : « Tu vois : c'est moi qui l'épouse ! » lui semblait une facétie de grande classe.

La sacristie était trop petite pour contenir tous les invités. On embrassa donc la mariée dans le chœur, devant l'autel dont le prêtre, les bras tendus, devait interdire les marches. Marie se présenta la première, comprenant tout de suite à son regard dur qu'Adeline lui en voulait.

— Il fallait bien que tu l'apprennes un jour ! fit la mère sur un ton un peu trop léger pour sa fille.

Après un serrement plein d'affection accompagné d'un petit « On est amies quand même », elle partit dans la foule, accueillie à mains ouvertes par Hector Durieu qui la baisait à pleines joues, la présentait aux amis.

Impeccable dans sa tunique bleue, tenant son képi sur son bras replié, Élie murmura :

— Je vous souhaite beaucoup de bonheur, madame.

L'ayant embrassée timidement, il partit avec Suzanne, attendant sagement la formation du cortège qui, traversant la place sous les « Vive la mariée ! » des curieux, remonta la rue Saint-Jacques pour regagner les voitures.

La tapissière des mariés était entièrement décorée de lilas blanc. Elle ressemblait un peu à un char de carnaval. La famille, les invités se contentaient d'une modeste branche de lilas mauve à l'avant de leur équipage. Certains avaient fleuri la crinière, les œillères des chevaux.

Il y avait trois heures de route pour rejoindre la ferme des Durieu. Pourtant, au bout de quelques kilomètres, Hector arrêta le convoi devant une auberge marquée « À la bonne truffade ». Les invités le suivirent à l'intérieur où, avec autorité, il commanda « de l'absinthe, du rouge, du blanc comme s'il en pleuvait ». Quelques hommes préférèrent un marc destiné à « tuer le ver ». Des femmes se firent servir un « pujol », l'apéritif au quinquina fabriqué par le pharmacien de Villefranche.

Adeline n'avait pas voulu descendre, malgré l'invitation d'Alphonse lui disant qu'elle allait se faire remarquer. Ce qui était vrai. « C'est l'émotion », répétait Gabrielle qui, pour l'un et pour l'autre, reprenait l'histoire de sa nuit de noces.

Voyant que son épousée ne bougerait pas, Alphonse était resté près d'elle puis, comme à l'intérieur la fête se prolongeait, il avait montré quelque impatience :

— Je vais les chercher !

À son tour, il était entré dans l'auberge. Lorsqu'il en était revenu, accompagné de toute la noce, Adeline avait remarqué qu'il sentait l'alcool.

Il y avait eu ainsi trois ou quatre arrêts avant d'arriver chez les Durieu, une propriété aux vastes bâtiments où le cortège avait été reçu par des vaches au regard morne, presque méprisant, par des chevaux s'approchant des voitures en secouant la tête de bas en haut, les plus timides cachés derrière un grand frère, leurs gros yeux à peine passés au-dessus de sa crinière.

Une grange immense, tendue de draps blancs, accueillait les cent cinquante couverts servis sur une table faite de planches et de tréteaux, recouverte elle aussi de draps et de nappes sur lesquels courait un chemin de lilas, de tulipes, de jonquilles. On servit l'absinthe malgré la désapprobation de quelques femmes disant à leur mari qu'elles n'avaient pas envie de les ramener allongés au fond de la charrette, « comme d'habitude ». Les maris semblaient ne pas entendre, tendant leur verre aux bouteilles et aux marie-jeanne que, dès qu'elles furent vides, des convives dévoués « amenèrent au mâle pour les faire remplir » : à la barrique et au « barricot » trônant entre les tables disposées en fer à cheval. Le vin rouge de Marcillac succéda au vin blanc de Gaillac, arrosant la soupe et la truffade, les tripoux, la volaille précédée de la pascade[1] inévitable en cette saison. Adeline regardait sans voir, étrangère à la fête. Comme assistant au mariage d'une autre. Alphonse s'inquiétait de sa mine. Il se penchait vers elle, tentait de l'embrasser, tout de suite interrompu par un joyeux drille lui servant une rasade :

— La nuit on tire un coup ; le jour on en boit deux !

Alphonse « éclusait ». Pour faire plaisir, disait-il.

Les serveuses paysannes, au ventre paré d'un gros tablier blanc, disposèrent sur la table des planchettes peuplées de laguioles, de cabécous, d'une grande variété de roqueforts odorants que chacun coupa à sa guise. Le nez sur la planche, plus rougeaud que jamais, Hector Durieu pré-

1. Pascade : omelette aux fines herbes, « consolidée » par de la farine. Les fermières qui, à la saison des œufs, servaient trop fréquemment ce plat à leurs domestiques se voyaient affublées du nom de pescadière : avare.

tendait reconnaître là le parfum d'une ancienne fiancée. Joueur de cabrette moustachu, violoneux au grand chapeau lançaient la musique. Les époux se devaient d'ouvrir le bal. Adeline ne savait pas danser. Elle se retrouva dans les bras d'Alphonse, incapable de le suivre dans son pas de polka.

Bâfrant une large part de fouace, sa serviette nouée autour de son cou, Hector Durieu se leva, interpellant sa commère au-dessus des invités :

— Hé ! Marie Bézian ! ta fille n'a pas d'écus, elle ne rit pas, elle ne sait pas danser, je me demande si j'ai passé un bon marché !

Il riait d'un rire énorme, meublé de dents en or et de filaments de pâtisserie. L'assemblée riait avec lui. Cela l'encourageait :

— Et en plus, c'est une bâtarde ! Impossible de connaître le pedigree ! lança-t-il au milieu de l'hilarité générale.

Il renchérissait :

— Et je l'apprends sur le champ de foire !... Après avoir traité le marché !

Adeline, au milieu de tous les regards, ne pouvait plus bouger. Elle avait jeté son visage sur la poitrine d'Alphonse. Quelques rires cessèrent. Gabrielle Durieu tirait son mari par la manche. Il ne s'avouait pas battu :

— Quoi ? Être bâtard, c'est pas un déshonneur ! Ça prouve que la maman avait de la santé ! Pas vrai, Marie ?

Passant par-dessus la table en bousculant quelques verres, il entraînait Marie Bézian dans une bourrée que, d'un geste, il venait de commander aux musiciens.

Adeline souffla à l'oreille d'Alphonse :

— Je veux partir.

— Ne soyez pas impatiente. La chambre doit être prête mais je ne sais pas où elle est.

Tant d'incompréhension la suffoqua. Elle voulut insister mais il la serrait fort :

— Moi aussi, j'ai envie de toi. Seulement, il faut attendre. Si nous partions maintenant, cela ferait scandale.

Un homme passait avec la bouteille de vieille prune. Il voulait trinquer. Alphonse trinqua. Avec l'un, avec l'autre.

Le père sortit, suivi par la musique :

— On va faire bistaille.

C'est un usage répandu au-delà de l'Aveyron : le jour des accordailles les parents du marié font visiter la propriété à la future, à sa famille. Privé de ce plaisir faute de préparatifs, le maquignon entendait se rattraper aujourd'hui. La fête n'en serait que plus belle : à l'exception des trop vieux restés « pour reposer leurs jambes », toute la noce partit visiter les étables, réserves, séchoirs, s'extasiant devant les bœufs de l'Aubrac à la robe chamois, aux cornes superbes, les porcs noirs et gras, les mulets et les chevaux attendant la prochaine foire *ol cabali* de Gabriac...

Marie s'approcha de sa fille. Elle s'inquiétait de sa mine :

— On ne dirait pas que tout ça est pour toi !

— Tout ça ?

Avait-elle voulu dire « la propriété » ? la fortune ainsi étalée ? Elle ne le montra pas :

— Bé... la fête... la cabrette... le violon...

— C'est la fête ? demanda Adeline comme si elle était ailleurs.

Élie Chabrol marchait, la main de Suzanne dans sa main. Le voyant, Adeline rougit. Hector Durieu donnait le prix des élèves[1], des jambons au dernier lundi saint, à Najac. Alphonse chantait avec ses amis de toujours :

Laissa lou bi commo es nasent
I a pas que l'aïgo que gaste la liquour
Lou bi sans aïgo es pla milhour[2].

1. Élèves : bêtes à l'élevage.
2. Laissez le vin comme il est né
Il n'y a que l'eau qui gâte la liqueur
Le vin sans eau est bien meilleur.

Appelé peut-être par la chanson, le vin à nouveau coula à flots, arrosant un dîner bien mérité par tous et surtout par les musiciens qui, bien avant qu'on n'arrive aux croquandes[1] et au pastis[2] avaient repris leurs instruments.

S'attachant aux chevilles des grelots qui marquaient la mesure, ils entraînèrent jeunes et moins jeunes dans la *crouzado*, la *tournejaïro*, bourrées croisée ou tournante dans lesquelles un grand-père, une grand-mère se rejoignaient, à moins qu'un danseur équilibriste qu'on appelait le « sourcier » n'en exécute le pas avec une bouteille sur la tête. Des farceurs murmuraient qu'il trouvait l'eau moins facilement que le vin.

Talons joints, Élie se plaça devant Adeline :

— Accordez-vous cette danse à votre garçon d'honneur ?

— Je ne sais pas danser.

— Moi non plus ! répondit Élie.

Il riait. Pas Adeline. Alphonse sembla enfin s'en apercevoir. Regardant partir son ami, il murmura :

— Je ne te mérite pas.

Elle en fut bouleversée. Bien plus encore lorsqu'il sortit de sa veste un grand mouchoir de soie dont elle connaissait l'usage. Il l'étendit devant lui, y déposa sa fourchette qu'il enveloppa avec des gestes délicats. Ainsi ferait-il de leur premier enfant. Les gens applaudissaient. Adeline avait envie de pleurer. Alphonse l'attira à lui. Sa bouche dans son cou, il répéta qu'il était indigne d'elle. Elle était gênée par sa modestie mais aussi par les convives les observant. Les yeux encourageants lui déplaisaient autant que les allusions salaces au lit nuptial, au moment qui venait.

1. Croquandes : gâteau aux amandes qui permet de célébrer en... croquant le souvenir de la grande révolte des Croquants, en 1643, à Villefranche.

2. Pastis : pâtisserie à la pâte fine imbibée de rhum ou d'alcool de prune, le pastis est le gâteau traditionnel du Quercy. En Rouergue, tout en désignant ce même gâteau, le mot « pastis » s'applique aux tartes et, pratiquement, à toutes les pâtisseries fabriquées en famille.

Alphonse s'échauffait. Il transpirait, sentait l'alcool et le tabac. Dans son oreille, il ne se contentait plus de placer ses mots. Elle le repoussa. Le père arrivait. Il perçut le geste, qui le contraria. Néanmoins, il présenta son invite à la danse :

— Je vais voir si on me refuse à moi aussi.

Adeline secoua la tête pour un petit « non » contraint. Hector Durieu se cabra. Elle le vit, tenta d'expliquer qu'elle ne pouvait pas accepter de l'un l'offre qu'elle venait de repousser chez l'autre. Elle n'en eut pas le temps. Donnant sur la table un coup de poing énorme, le maquignon la traitait de prétentieuse, de Mlle Chichi, de porteuse d'ombrelle. Il demandait à Alphonse s'il allait ainsi laisser maltraiter toute la famille par une bégueule qui, depuis le matin, n'avait pas montré un sourire malgré tout l'argent qu'on avait dépensé pour elle :

— Donne de l'avoine à ton âne : il te paiera avec des pets ! hurla-t-il si fort qu'il en arrêta la musique.

Quelques amis voulurent le calmer. Peine perdue. Il s'en prit à son fils qui méprisait la blouse pour se pousser du col, à l'instruction qui était le refuge des incapables-de-gagner-leur-pain-avec-leurs-mains-et-même-avec-leur-tête, aux instituteurs qui se disaient maîtres d'école alors que, tout le monde pouvait le constater aujourd'hui, ils ne savaient pas être maîtres chez eux...

Alphonse s'était levé. Pâle.

— J'ai toujours su que tout ça finirait mal, hurlait le maquignon. Le savoir pare la bête : il ne la change pas !

Désignant Adeline du doigt, il dit :

— On peut bien mettre de l'eau dans la poêle : s'il y a de l'huile au fond, elle remonte. On voit les taches... comme chez ta femme.

Il était ivre, de vin et de colère.

Alphonse venait à lui.

Le père demanda :

— Tu veux te battre ?

Il éclata de rire. But au goulot de la vieille prune, tendit la bouteille à son fils. Alphonse but plus longuement. Remit la bouteille au père qui avala sans respirer, plus longuement encore, comme si l'affrontement commençait déjà. À qui descendrait la bouteille. À qui ne serait pas descendu par elle. Adeline voulut s'interposer. Hector la rejeta :

— Laisse les hommes ! Toi, je te retrouverai demain matin... pour le drap. Je l'étendrai à la fenêtre.

Alphonse devint violent :

— C'est une coutume de barbare ! Finie ! Terminée ! Tu méprises l'école ? Elle servira au moins à débarrasser le pays des superstitions stupides et des usages dégradants.

Le père ne voulut pas entendre. Il s'obstina :

— Demain matin, je serai là.

— Je te l'interdis !

À ce mot, Hector Durieu s'avança :

— Toi, tu m'interdis quelque chose ?

Les invités avaient formé un cercle. Il se tourna vers eux. Il avait ce sourire faux, vite stupide, méchant, que montrent les gens ayant trop bu lorsqu'ils veulent prendre à témoin de leurs petites affaires :

— Le maître d'école m'interdit !... Il se croit dans sa classe ! Il me prend pour un de ses morveux !

Sans avertissement, il lança son poing en avant. Alphonse avait prévu le coup. Il se baissa.

Marie, affolée, demanda à Gabrielle :

— Vous ne les empêchez pas ?

— Laissez-les faire. Entre eux, c'est toujours comme ça que ça se termine.

Demeurée à sa place, elle mangeait un reste de tarte aux prunes. Placide.

Le maquignon avait l'habitude des luttes sur champ de foire, cela se voyait. Mais il avait bu. Cela alourdissait ses gestes, les rendait imprécis. Furieux de taper à côté, il tapait plus fort. Dans le vide. Il s'énervait des moqueries du public, des fanfaronnades d'Alphonse qui avait l'avantage de la jeunesse mais le désavantage de ressentir, lui aussi, la charge des libations. Les deux antagonistes roulèrent sur la terre battue. Des restes de foin, de chiures de poules s'accrochaient à leurs vêtements. Les convives riaient, encourageaient. Quelques femmes se lamentaient sur la dispute familiale et les habits souillés. La cabrette avait repris ses droits, semblant rythmer le combat. Hector Durieu grimaçait, Alphonse avait pris le dessus. Il n'en abusait pas.

— Il « l'économise », dit un vieux qui n'était pas dupe.

— Malgré tout, c'est son père, approuvait une mémée aux bons sentiments.

Cette commisération, ce que chez Alphonse il prenait pour de l'arrogance furent insupportables au vaincu. Profitant du moment où son garçon abandonnait le combat, il rassembla toutes les forces de sa colère dans les muscles de ses jambes. Ses gros souliers frappèrent le ventre de l'adversaire qui fut projeté à deux mètres, poussant un cri de douleur dont Hector Durieu n'avait que faire : il se précipita sur Alphonse et le frappa au visage. Le sang jaillit. Il fallut quatre hommes pour maîtriser le forcené. Adeline qui n'avait cessé de se détourner de la lutte s'agenouilla près de son mari. Elle tamponnait son visage avec le mouchoir de soie qui, bien vite, devint rouge.

— C'est le premier drap. Tout à l'heure, je viendrai chercher l'autre ! lança Hector Durieu qui avait retrouvé ses esprits.

Titubant mais donnant à son épaisse stature les allures d'un coq victorieux, d'un geste il ordonna au violoneux d'attaquer un quadrille dont, tout de suite, rayonnant, il organisa les figures.

Dehors, Gabrielle tenait par la bride le cheval attelé. Elle indiqua la chambre à son fils :

— C'est chez grand-mère. La clé est sous le *balet*[1] à gauche, sur la planche.

1. *Balet :* petit toit avançant devant le grand toit pour couvrir la terrasse. Cette terrasse elle-même. Dans le Haut-Quercy : *bolet.*

Elle aussi essuya le visage de son garçon, avec tendresse. Et un gros soupir.

Elle lui avait donné les rênes mais Alphonse ne les tint pas longtemps : il s'allongea dans la charrette. Adeline les prit en main, inquiète :

— Je ne sais pas où on va.

— La jument, elle, le sait, répondit Alphonse déjà gagné par le sommeil.

L'attelage s'arrêta dans la cour d'une ferme dont, dans la nuit, on ne distinguait pas les bâtiments. Adeline eut de la peine à réveiller son mari. Il eut plus de peine encore à trouver la clé sur l'ancienne planche à pain qui, pendue au toit par deux chaînes, partait en balançoire dès qu'il y posait la main. Son corps balançait autant que la planche. Adeline craignait de le voir tomber. Enfin, ils entrèrent, trouvèrent la chambre au gros édredon, au lit de bois sur lequel Alphonse s'affala. Une fois encore, il répéta :

— Je ne te mérite pas.

Il sanglotait et, le visage tragique, lui demandait pardon :

— J'ai toujours été un bon à rien... C'est sa faute... c'est sa faute.

Il avait un grand air de rancune... qui bientôt s'estompa : il dormait, couché en travers, occupant toute la place. Adeline s'agenouilla. Elle pria. N'entendant plus, au loin, la cabrette dont les accents réjouissaient les plus endurants des convives.

Au bout d'un long temps, elle revint vers le lit, parvint, prenant les pieds d'Alphonse, à se faire une petite place. Elle se déshabilla, passa sa chemise de nuit. Elle allait se coucher lorsque, avisant pendu à la porte un grand châle noir, elle s'en enveloppa et sortit. Elle se disait qu'elle allait revenir. Qu'elle ne pouvait pas partir ainsi. Elle courait presque, emportée par la colère, la révolte, toutes les déceptions accumulées...

Elle sursauta. S'arrêta net.

— Vous ?

Élie Chabrol était devant elle. Il tenait sur son bras son

képi, comme ce matin à la collégiale. La lune frappait son visage, ses boucles brunes. Elle faisait briller son galon, les boutons de sa tunique.

Sans paraître trop surpris, il demanda :

— Vous partiez ?

— Non. Bien sûr que non... Comment pourrais-je partir... ce soir ?

— Je ne sais pas.

Il se tut.

Ils se regardaient.

Il dit d'une voix étrange :

— Je vous croyais heureuse.

Elle eut une révolte :

— Qui vous dit que je ne le suis pas ?

Il se sentit indiscret. Pourtant il poursuivit :

— Je vous ai regardée... Hier soir à la gare. Et... Aujourd'hui... Tout le temps, je vous ai regardée.

Elle le savait. Mais elle ne voulait pas l'entendre. Si elle le savait c'est qu'elle l'avait vu. Si elle l'avait vu c'est qu'elle le regardait aussi. Elle avait l'impression de trahir.

Elle murmura :

— Vous prenez trop de liberté.

— Quelle liberté ?

Elle hésita, parla plus bas encore :

— Votre lettre m'a fait très mal considérer.

Il ne comprenait pas. Elle expliqua :

— J'ai été mal jugée.

Élie s'interrogeait. De quelle lettre parlait-elle ?

Il finit par dire :

— Je ne vous ai jamais écrit.

Adeline ressentit une déception. Indignée : il était comme Alphonse ! Toujours prêt à mentir, à monter des comédies.

Il jura. Elle ne savait que penser. Il se fit certifier que le message portait son nom, sa signature ; il demandait ce qu'il contenait. Elle ne voulait pas répondre, se disait qu'il cherchait à la mettre dans l'embarras ; qu'il aimerait lui entendre rapporter les serments, compliments dont était faite son épître.

Une bouffée de chant et de musique, de rires, sortit de la grange :

— Suivez-moi, ordonnait une voix, je sais où ils sont.

Adeline se crut découverte. Elle s'affola. Élie voulait qu'ils se cachent tous les deux derrière une haie. Elle partit en courant, le laissant sur le chemin, n'entendant pas la bande de joyeux fêtards qui, à pied ou montés dans un char à bancs, voulaient entraîner cet officier solitaire :

— L'armée avec nous !

— Vive Dreyfus !

— Tu n'as pas honte de dire : « Vive Dreyfus ! » À bas le traître !

— Mort au juif !

Il y eut autour de la voiture un début d'altercation, vite surmonté par un refrain qui faisait l'unanimité :

Quon lou boièr ben de lourar
Plante aqui l'agulhado,
a, e, i, o, u,
Plante aqui l'agulhado[1]...

La chanson, habituée des noces et banquets à l'heure sentimentale, se terminait par la mort de Bernarde, la femme du bouvier, se retrouvant en paradis : « avec les chèvres ».

Sans l'écouter, Adeline en une seconde s'était glissée dans le lit. Les grelots des chevaux, les cris des gens arrivaient dans la cour. Des coups violents frappèrent les volets en même temps que, passés par la fenêtre de la cuisine, des jeunes faisaient irruption dans la chambre. Le premier

1. Quand le bouvier vient de labourer
Plante ici son aiguillon,
a, e, i, o, u,
Plante ici son aiguillon...

tenait à bout de bras un vase de nuit dont, bousculé par les uns et les autres, il veillait à ne pas verser le contenu. Adeline instinctivement s'était blottie contre son mari, jouant les endormies. Des garçons les secouaient, prétendant que la noce n'était pas finie. Ils parvinrent à réveiller Alphonse qui, ébouriffé, planta la cuillère qu'on lui tendait dans le pot de chambre. Il mangea le *touril*[1] sans sourciller. Les applaudissements crépitèrent. Une grosse femme qui portait son chapeau « sens devant derrière » lui tendit une bouteille. Alphonse but au goulot. Les applaudissements devinrent des vivats. L'enthousiasme était tel que, dans la cohue, la bouteille s'échappa de ses mains. Le vin rouge s'étala sur la chemise d'Adeline, dans le lit. Les rires redoublèrent, rassurés par les propos de la grosse femme :

— Il en reste assez pour elle.

On tendit à Adeline le pot de chambre. Elle connaissait la coutume, savait qu'elle n'y échapperait pas. Les yeux fermés, elle avala une cuillerée. Devant l'insistance, elle dut en prendre une autre ; boire. Les farceurs raillaient sa répulsion mais, après avoir jeté un crapaud dans le lit, ils partirent en un joyeux monôme qui, dans la cour, se transforma en une dynamique bourrée :

Donne-mé la manéto
Pitchouno, Pitchounette.
Donne-mé la manette
Janetou per dansa[2].

Alphonse s'était rendormi. Le traversin sentait le vin

1. *Le touril :* le tourin, soupe à l'ail et à l'oignon traditionnelle dans cette circonstance dans tout le Sud-Ouest.
2. Donne-moi la main
Petite, Petitote.
Donne-moi la main
Janeton pour danser.

rouge. La trentaine de joyeux lurons entrés dans la pièce y avaient laissé des odeurs de transpiration. Adeline se leva. Elle s'assit dans un fauteuil, pensant qu'elle ne trouverait pas le sommeil. Elle se demanda si Élie Chabrol lui avait dit la vérité. Tout le jour elle s'était sentie étrangère à la fête : elle se sentait maintenant étrangère à la vie. Comme Bernarde la femme du bouvier, partie dans un autre monde.

Au petit matin, elle se coucha. Se réveilla tard. Alphonse avait pris le fauteuil. Il la regardait :

— Je t'attendais.

Elle ne savait que dire.

Il se jeta à genoux. Contre le lit, contre elle. Elle remarqua, au bord de son oreille, un peu de savon. Son visage rasé, net, sentait la fougère. Il dit :

— Cela n'arrivera plus.

Si elle avait parlé, elle aurait dit : « Ça m'est égal. » Étrangère à la vie, elle était évidemment étrangère à ses paroles. À ses gestes : il passait la main sur son front, relevait ses cheveux, caressait son cou. Elle murmura :

— Je suis une bâtarde.

Il la serra avec une violence inouïe. L'embrassa. Elle avait froid. Ses lèvres tremblaient.

Un coup de fouet, un hennissement, le roulement d'un attelage parvinrent de la cour. Le père frappait aux volets :

— Il faut vous lever maintenant. Il est l'heure.

Alphonse mit un doigt sur sa bouche. Le père insista, frappant plus fort. On l'entendit jurer. Son pas s'éloignait.

— Il va faire le tour, dit Alphonse bondissant hors de la pièce.

Il y eut une courte dispute entre le père et le fils qui, plus que jamais, s'opposait à la venue du père dans la chambre. Rien ne résistait à celui-ci. Il entra. Sans « bonjour » et sans explications, il fit voler le drap du dessus, considéra longuement le drap du dessous désespérément sans tache. Il finit par murmurer :

— Je m'en doutais.

Il regarda Alphonse :

— C'est la honte... Tu m'as toujours fait honte.

Il souffrait vraiment, se demandant quelle attitude il devait prendre. Il alla à la fenêtre, l'ouvrit. Deux charrettes attendaient dans la cour, chargées d'invités. Ils semblaient ne pas oser descendre. Peut-être étaient-ils fatigués...

Hector Durieu ordonna :

— Partez !... Allez-vous-en ! Il n'y a rien à voir.

Il ne prit pas la peine de refermer, gagna la porte en jetant à Adeline, méprisant :

— J'aurais cru que tu avais su te garder ! Au moins ça ! Il est vrai que les loups ne font pas des renards !

Adeline se détourna. Il n'y avait chez elle aucune rancœur : elle avait retrouvé son monde d'indifférence.

— On vous attend pour le déjeuner ! hurla le père en lançant son attelage.

— Nous n'irons pas, chuchota Alphonse.

Il improvisa un repas dans la maison vide. Des jambons étaient pendus au plafond. Il y avait des noix dans un panier d'osier. Il les fendait sur la table, d'un coup de poing. Fier de sa force. Il glissait un cerneau dans la bouche d'Adeline. Elle se disait : « Mon mari est comme une noix : d'écorce rude et tendre à l'intérieur. » Mais, à cette seconde, elle n'avait pas de mari, pas de beau-père, plus d'école où bientôt elle retrouverait ses élèves. Alphonse voulut prendre ses lèvres. Elle se détourna, laissant couler sur elle des baisers qui ne semblaient pas la concerner. Alphonse la porta sur le lit. Il lui enleva sa robe, son jupon. Elle ne faisait pas un geste : elle n'était plus là, protégeant seulement sa chemise en croisant ses mains sur sa poitrine. Elle qui, dans ses nuits solitaires, avait si intimement appelé cette étreinte, l'accueillit sans joie. Une larme coula le long de sa joue lorsque, sous l'action de l'homme, elle devint femme. Le drap maintenant aurait fait plaisir à Hector Durieu. Alphonse, d'une bouche amoureuse, remerciait l'épousée dans son cou, sur ses bras, ses mains, ses tempes... Adeline ne bougeait pas.

La fin des vacances se passa ainsi. Avec les parents, l'atmosphère était lourde ; dans le couple, elle était vide. Alphonse avait l'impression d'avoir épousé une muette. Dont le corps même ne parlait pas alors que, dans leurs caresses d'avant-mariage, il l'avait senti prompt à s'émouvoir.

Ils devaient passer la dernière nuit à Villefranche. Ils y arrivèrent en fin d'après-midi, se retrouvant seuls dans le petit appartement, dans la chambre d'Adeline qu'Alphonse ne connaissait pas. Il pensa le lieu, l'instant bien choisis pour vaincre ses réticences. Ce fut comme une confession :

— Mon père a un fouet dont il se sert pour les chevaux. Lorsque j'étais enfant, il s'en servait sur moi aussi souvent que sur eux. Il avait un chien avec lequel il chassait la bécasse sur les bords de l'Alzou. Un jour, je devais avoir huit ans, j'ai attaché ce setter inoffensif au portail du poulailler et, avec le fouet, je me suis mis à le frapper de toutes mes forces.

En d'autres temps, Adeline, à ce récit, se serait révoltée. Là, elle regardait son mari, elle l'écoutait comme si tout ceci ne la concernait pas.

— ... Le chien gémissait, les poules, les canards s'affolaient, des plumes volaient, je tapais toujours. Mon père arriva. Je pensais qu'il allait comprendre que, en vérité, par l'intermédiaire du chien c'est sur lui que je frappais. Je pensais qu'il allait prendre le fouet et me frapper...

... Au lieu de cela, Hector Durieu avait regardé le spectacle sans bouger, sans protester. Sa femme était arrivée à son tour. Comme elle s'indignait de la passivité de son mari, celui-ci avait répondu : « Comment veux-tu que plus tard mon fils batte les hommes si, quand il est enfant, je ne lui laisse pas battre les animaux ? » Cette phrase, le petit Alphonse Durieu devait la tourner longtemps, souvent, dans sa tête. Elle avait même scellé son destin :

— J'ai compris que mon père voulait faire de moi ce qu'il était : une brute. Alors, j'ai pris la décision de le contrarier en tout, de faire tout ce qu'il ne voulait pas que je fasse, de devenir ce qu'il ne pouvait pas être.

Hector gagnait de l'argent : Alphonse proclamait que l'argent ne fait pas le bonheur. Hector était sans éducation : Alphonse avait décidé de s'instruire. Le père vivait en égoïste satisfait : Alphonse eut pour ambition d'aider les gens et, en premier, ces enfants qu'il voyait autour de lui, condamnés à ne pas lire le journal, à ne pas déceler les pièges des paroles et des textes, les tromperies des chiffres.

— Mon père riait fort à toutes les balourdises, à tous les lieux communs mais il ne comprenait pas l'humour qui ne dit pas son nom. Alors, j'ai pris l'habitude de monter des farces... de plus en plus importantes.

« Il connaissait bien son père et il a voulu l'affronter. Je me suis toujours voulue près de ma mère et peut-être ne l'ai-je jamais connue... » se disait Adeline regardant, au mur de sa chambre, l'image, entre quatre punaises, de Notre-Dame de Lourdes.

Le chien Fandor comprit que sa jeune maîtresse était dans la maison. Débouchant de la rue de la Halle, il se mit à aboyer pour signaler son arrivée. Adeline alla à la fenêtre. Coiffée de sa casquette à visière de cuir, vêtue de son habituelle robe de cadis, Marie marchait à côté de la carriole de son pas traditionnel : une espèce de déambulation qui avait, dans sa vie, avalé bien des kilomètres, vu bien des gens, entendu bien des choses... Marie Bézian fit un signe discret à sa fille, même pas un salut ; un regard signifiant : « Tu es à ta place. Ça me fait plaisir... »

La noce était finie. Tout était rentré dans l'ordre.

Il en fut de même à l'école où, après avoir balayé la classe et chassé la poussière, les enfants retrouvèrent leur banc comme on retrouve un ami. Elles ne furent pas longues à remarquer l'insolite : le tableau noir ne comportait pas la « morale » que, chaque matin, elles avaient l'habitude d'y trouver. Adeline se sentit prise en faute : elle n'avait pas préparé cette rentrée. S'emparant d'un morceau de craie, elle écrivit : « Tous les hommes ne peuvent pas être grands mais tous les hommes peuvent être bons. » Les « certificats » copièrent la phrase à l'encre violette. Les ardoises des petites se mirent à grincer puis tout le monde se lança dans un débat qui étonna la maîtresse : au début de l'année scolaire, les élèves n'osaient pas parler ; aujourd'hui toutes donnaient leur avis, élevant unanimement une statue à la bonté.

Simone Gensac leva le doigt :

— Moi, je pense, demoiselle, que la bonté, c'est bien mais c'est une morale d'école.

— Qu'est-ce que tu appelles une morale d'école ?

— Je veux dire que... dans la vie c'est pas comme ça.

Adeline écoutait, intéressée. Encouragée, la petite expliquait que, si tous les hommes pouvaient être bons, on ne verrait pas des charretiers qui battent leur cheval.

Émilie Lagueyte défendait le charretier :

— Ça, c'est pour que le cheval obéisse.

— Oui, approuvait Bertrande Chapoulie, moi mon père s'il me cogne c'est pour mon bien, il me le dit.

Adeline était troublée. Elle se souvenait des leçons de l'École normale : « L'éducation n'est pas le dressage. » Elle prit *Le Chien de Jocelyn,* le lut à haute voix. Le poème de Lamartine mit de l'émotion dans les cœurs, y compris dans le cœur de la lectrice qui, arrivant aux derniers vers, pensait de plus en plus à Alphonse frappant le setter, à son père le regardant faire :

Oh ! Viens, dernier ami que mon pas réjouisse,
Ne crains pas que de toi devant Dieu je rougisse ;
Lèche mes yeux mouillés, mets ton cœur près du mien,
Et, seuls à nous aimer, aimons-nous, pauvre chien !

Le soir, elle commença une lettre, ne la termina pas. Le lendemain, elle en fit une autre, la déchira. Elle se souvint que son fiancé ne lui avait jamais écrit. En serait-il de même de son mari ? Elle décida d'attendre, se répétant qu'un mot de lui prouverait sa sincérité. Rien ne vint.

Elle se consacra à sa classe avec ardeur, s'ouvrit aux élèves de son projet de fête. Les enfants battirent des mains. Avec Mme Camarède, elle prit ses premières leçons de flûte. La vieille dame la trouvait douée mais parfois elle lui voyait « la tête ailleurs ». Elle n'osait pas lui dire que le mariage l'avait changée. Pas égayée. Elle qui, voilà quelques mois, avait deviné avec joie la formation du couple en redoutait aujourd'hui l'infortune. L'abbé percevait-il cela ? Comme sa mère, il n'en parlait pas.

Un après-midi, alors qu'Adeline parlait aux élèves de Saint Louis mourant de la peste sous les murs de Tunis, le garde champêtre arriva à l'école, porteur d'un grand rouleau de carton blanc. Adeline l'ouvrit. C'était une superbe grande carte de France magnifiquement coloriée. Un « Oh ! » d'admiration monta de tous les bancs. Après avoir fixé l'objet contre le mur, le garde champêtre se retira. Tout de suite, Adeline fit remarquer aux enfants deux régions aux frontières marquées par le noir du deuil : l'Alsace et la Lorraine. La leçon passa de Napoléon Ier à Napoléon III. Les gosses écoutaient distraitement, fascinées par le bistre des montagnes, le vert des plaines, le bleu de la mer qui les faisaient rêver. Seule, Alphonsine Bonnat ne se mêlait pas à l'enthousiasme. Elle haussa les épaules :

— Pfftt ! La carte, je la connais depuis longtemps. Elle était dans la classe de mon père.

Adeline était surprise : elle n'imaginait pas l'instituteur se privant de son bien pour lui être agréable.

— Dans la classe de mon père, il y en avait deux, poursuivait Alphonsine Bonnat.

— Deux ? Depuis quand ?

— Depuis le début de l'année.

Désignant le planisphère, elle ajouta :

— Ça c'est la vieille.

Adeline s'était décidée à aller voir Izaire Bonnat pour

lui parler de la fête. Cette révélation suspendit son dessein. Pendant deux jours elle se demanda ce que cachait l'arrivée de la carte. Au troisième matin elle fut fixée : M. l'Inspecteur se présenta à elle, accompagné du maire qui était allé le chercher lui-même à la gare. Ce qui n'empêcha pas l'inspecteur de le congédier :

— Je vous retrouverai après mon entrevue avec Mlle l'Institutrice.

Auguste Gratadour partit à regret.

L'inspecteur était un bel homme à la barbe poivre et sel, plus sel que poivre. Il pria Adeline de poursuivre sa classe « comme s'il n'était pas là ». Ce qui, tout de suite, se révéla impossible. Les élèves n'osaient pas parler. Elles répondaient aux questions en regardant ce monsieur important qui, peut-être, les punirait, les battrait si elles disaient une bêtise. Quant à Adeline, paralysée par l'angoisse, elle ne retrouva ses couleurs qu'après le départ des enfants : sous les compliments de M. l'Inspecteur. Louanges sincères qui touchèrent la jeune maîtresse d'école mais lui procurèrent une satisfaction de courte durée :

— Mademoiselle... je ferai le meilleur rapport sur votre pédagogie. Cela vous servira car... vous en aurez grand besoin.

Adeline était intriguée. M. l'Inspecteur montrait un certain embarras. Il se décida :

— Peut-être savez-vous qu'une lettre nous a été adressée... Une lettre dénonçant votre attitude provocante... et le scandale qu'elle suscita dans la population.

Adeline voulait croire à une méprise. M. l'Inspecteur tira la lettre de sa poche. Signée Auguste Gratadour, elle avait de toute évidence été écrite par son gendre. Elle portait les paraphes des conseillers municipaux, des habitués de la buvette. Ils se disaient indignés par le comportement immoral de la maîtresse d'école. « Profitant du moment où les plus respectables des citoyens sortaient de la messe dominicale accompagnés de leurs enfants, cette jeune personne s'est hissée sur la bicyclette d'un godelureau qui a pris pour habitude de lui rendre visite à son domicile. Fier de sa conquête, l'individu s'est mis à pédaler, offrant à tous les regards un sourire narquois. La vitesse vite gagnée par l'engin fit que sa passagère perdit son chapeau que bien vite elle alla ramasser. Mais, loin de le replacer sur sa tête, l'effrontée institutrice le conserva dans sa main. La population outrée vit alors partir *en cheveux* celle qui a pour mission d'éduquer nos enfants, ceci sur un cycle piloté par son amant. »

Ce dernier mot fit sursauter Adeline :

— Alphonse Durieu n'est pas mon amant. Il est mon mari.

L'inspecteur était dubitatif :

— Vous êtes mariée ?... Depuis quand ?

— Depuis huit jours.

Comme si cela devait l'aider à démêler une ténébreuse affaire, d'un souffle il embuait les verres de son lorgnon qu'il essuyait ensuite de son petit mouchoir à carreaux :

— Donc... à l'époque des faits, vous ne l'étiez pas ?

— N... Non, consentit Adeline.

— Est-ce que vous vous rendez compte de la gravité des faits ?

Elle expliqua les circonstances qui l'avaient conduite à accepter ce mode de locomotion.

— Je comprends, madame... Je comprends. Il n'empêche qu'une population entière vous a vue dans les bras d'un homme... Cela mérite un blâme sévère...

De plus, la dépositaire de la morale publique s'était montrée dehors sans chapeau :

— Savez-vous que, pour ce motif, nous avons déjà déplacé l'une de vos collègues ?

Adeline l'ignorait. Elle se mit à trembler.

M. l'Inspecteur n'était pas mauvais bougre. Il voulut la rassurer, répéta que son rapport adoucirait peut-être la sanction...

— La sanction ? demanda Adeline pétrifiée.

— Cela, vous ne l'éviterez pas : M. Gratadour est un personnage important...

— Important ? Ce...

L'Inspecteur lui coupa la parole :

— M. Gratadour est maire. C'est un républicain déclaré. De plus, il tient un café-buvette. C'est très important un café-buvette où les citoyens vont s'abreuver avant d'aller voter...

Adeline ne voyait pas en quoi ces états pouvaient influencer la carrière d'une institutrice.

C'était oublier que ladite institutrice était, comme ses collègues, nommée par le préfet.

— Et le préfet, madame, a une grande mission : faire triompher les candidats de la République... Entre M. Gratadour et vous, il aura vite fait son choix.

Au reste, M. l'Inspecteur estimait que, au point où en était la situation, ce déplacement ne serait pas une mauvaise chose : que serait la vie d'une frêle maîtresse d'école dans une commune où elle se trouverait en butte à toutes les tracasseries du maire, du secrétaire de mairie, de la population qu'ils entraîneraient avec eux ?

La frêle maîtresse d'école se tordait les mains. M. l'Inspecteur lui conseilla de signaler très vite son mariage à l'Administration, de demander un poste dans la même commune que son mari.

— Je le ferai dès ce soir.

M. l'Inspecteur rectifia son propos :

— En vérité, madame, il vaudrait mieux que la requête fût présentée par monsieur votre mari : la voix du chef de famille sera plus facilement prise en considération que la vôtre. Et puis... vous n'êtes pas dans une position favorable à l'obtention d'un privilège.

M. l'Inspecteur se retira en assurant Mme l'Institutrice de ses plus vifs sentiments d'estime.

Au sortir de l'école, Adeline se précipita chez elle. D'une écriture nerveuse comme si Auguste Gratadour, sa femme, les Bonnat, tout le village la poursuivaient, elle informa Alphonse des événements, le priant de venir au plus tôt.

Il arriva le mercredi suivant « au brun de nuit », comme disait Marie.

— Il faut envoyer notre demande le plus tôt possible, dit Adeline.

Alphonse approuva :

— Tu aurais dû déjà l'envoyer.

— C'est toi qui dois écrire.

Il eut une petite réticence. Elle la perçut :

— M. l'Inspecteur a été formel.

— Bien. Fais le brouillon. Je le recopierai vendredi et je l'enverrai depuis là-bas. Si nous la postions ici, on comprendrait que la demande vient de toi.

Adeline le regarda.

Il se détourna, resta un moment silencieux, finit par dire :

— Je sais ce que tu crois.

Elle rectifia :

— Je crois ce que je sais. C'est toi qui, à l'École normale, m'avais envoyé la lettre... signée Élie Chabrol.

C'est elle qui maintenant baissa les yeux. Enrouée :

— Tu m'as fait beaucoup de mal.

Il se défendit. Il ne pouvait pas savoir que la lettre serait découverte. Et puis... toutes les femmes aiment recevoir une lettre d'amour... Surtout quand elle est sincère.

— Elle ne pouvait pas l'être puisqu'elle portait le nom d'un autre ! s'indigna Adeline.

— La signature était fausse mais la déclaration était vraie ! répliqua Alphonse.

Il était fougueux. La prenait dans ses bras. Elle ne le voulait pas. Il la serrait plus fort.

— Nous n'allons pas tout casser pour une farce d'étudiant !

Elle avait envie de pleurer. Pensait que tout était déjà cassé. Ce n'est pas la farce qu'elle lui reprochait, c'était, par la suite, de ne pas la lui avoir avouée. Il était donc capable d'hypocrisie, de dureté. Pendant des semaines elle avait attendu ses lettres, douté de lui :

— Toi, pour ne pas que je reconnaisse ton écriture, tu me laissais dans ma solitude.

Il l'empêcha de s'enfuir. Sa voix était chaude :

— Tu ne sauras jamais combien j'avais peur de te perdre.

Sous les mots, elle chancela. Il l'emporta dans la chambre, la coucha sur le lit. S'allongea à ses côtés. Ayant pris le chemin des aveux, il rappela la première rencontre au jardin public, près du kiosque :

— Élie t'avait remarquée. Le soir, les jours suivants, il ne cessait de me parler de toi. Il voulait t'écrire.

C'est lui qui l'avait fait. Pourquoi ? Il ne le savait pas très bien. Parce que ce coup de foudre le dérangeait.

— Je crois que j'étais jaloux.

L'affirmation fit hausser les épaules d'Adeline. De quoi pouvait-il être jaloux ?

— De tout. De vos regards qui s'étaient croisés. De sa certitude de t'épouser un jour.

Des brins de duvet s'échappaient du traversin, de l'édredon aussi. Alphonse s'en saisit, il en fit un minuscule plumeau, le glissa dans l'oreille d'Adeline. Cela l'agaça : s'il était jaloux d'Élie, pourquoi avoir signé la lettre de son nom ? Alphonse ne sut pas répondre. C'était une espèce de pari. Cela tenait de la blague et... du suicide : la lettre aurait pu, et même aurait dû, faire gagner Élie. Soudain, Alphonse se dressa sur un coude, face à sa femme :

— Et à notre mariage ?... Pourquoi l'ai-je invité ?... Pourquoi en ai-je fait mon témoin ?

Quand on prend l'habitude de faire des blagues aux autres, on finit par s'en faire à soi-même. En vérité, Alphonse avait eu l'attitude du joueur s'asseyant à la table de poker : il joue à se faire peur. Adeline avait pu croire qu'il avait voulu provoquer Élie : c'était lui qu'il avait provoqué ; qu'il avait voulu la faire souffrir : c'était lui qui avait souffert...

— ... À la gare, lorsque tu l'as vu, tu as posé sur lui un regard que tu n'avais jamais posé sur moi.

Il en avait été de même au matin du mariage.

Maintenant, l'embrassant, remplaçant les petites taquineries des plumes par de petites câlineries de ses doigts, il souffla :

— C'est pour cela que j'ai bu... Ou plutôt c'est l'une des deux raisons.

L'autre, c'était son père :

— J'avais douze ans quand, m'emmenant dans les foires, il me faisait servir un apéritif, du vin blanc, du rouge, et après le repas, ce qu'il appelait un thé d'Aubrac[1]... Cela me rendait malade. Alors, il riait avec ses copains. Il me montrait du doigt en disant : « Ça tient chopine et ça veut boire le litre ! » Lui, il était fier de marcher droit après avoir bu plus que moi.

On dit de tels individus qu'ils sont plus bêtes que méchants. À en croire Alphonse, son père n'était ni l'un ni l'autre :

— Il ne veut pas faire le mal. Simplement, partout, toujours, avec tout le monde il veut *être plus*. Au-dessus. Même près d'un nain, il a satisfaction à montrer qu'il est plus grand.

Adeline n'avait pas dit un mot. Elle ne comprenait pas cette puérilité. Alphonse la confirmait. Il citait l'exemple du service militaire au terme duquel Hector Durieu avait obtenu ses galons de caporal-chef :

— C'était sa fierté. Il m'en rebattait les oreilles. Aussi lorsqu'il a compris que l'École normale me conduirait à devenir officier, il m'a dit : « Quand votre métier vous a appris à faire boiter un cheval, vous n'avez pas de peine à faire boiter un conscrit. Tu seras réformé. » J'ai refusé. Alors, j'ai été réformé pour une pleurésie que je n'avais jamais eue. Je suis sûr qu'il avait acheté le major... ou quel-

1. Le thé d'Aubrac, à base de sarriette, se consomme en infusion mais on en tire aussi une liqueur.

qu'un d'autre... Dans tous les cas, c'est lui qui a monté l'affaire.

Adeline revoyait Élie Chabrol sanglé dans son uniforme, son képi posé sur son bras replié. Elle fit un effort pour revenir à la conversation, ou plutôt à la confidence que, d'une voix très basse, presque honteuse, lui faisait Alphonse :

— Quand je commence à boire, je ne peux plus m'arrêter.

La confidence était suivie d'une prière :

— Empêche-moi de commencer... Arrête-moi...

Il la serrait à l'étouffer, avec ce mot à faire mourir :

— Tu es ma femme.

Adeline prit sa main, l'embrassa. Elle pensait : il a besoin de moi.

Alphonse ressentait le grand bonheur d'une libération. Ainsi naissent les espérances, les certitudes :

— Nous allons vivre dans la même école... Le même idéal. Nous préparerons la même fête... Et, à la fin de l'année scolaire, tes élèves et les miens obtiendront le même succès.

Adeline pensait : j'ai besoin de lui.

Il était sur elle.

Pour la première fois, ensemble ils connurent le même plaisir. Profond.

7

Adeline vécut des heures mêlées. Heureuse de tous les aveux reçus, des caresses partagées, elle pensait, repensait à sa bâtardise, à la faute de sa mère si longtemps cachée, aux farces et aux mensonges d'Alphonse, à cette bataille avec son père, devant tout le monde. Elle pensait surtout au blâme qui, une fois pour toutes, entacherait son dossier, sa carrière. Quand elle passait devant la buvette Gratadour, il lui semblait que tous les vive-la-joie se moquaient d'elle. Elle fuyait le maire, sa femme, les Bonnat. Les forts s'enorgueillissent de leurs fautes. Les timides ont de la peine à supporter la faute des autres. Sachant qu'ils n'oseront pas leur dire leur fait, ils les évitent, les fuient. Comme des coupables.

Un remords l'obsédait : « Alphonse m'a fait l'aveu de son passé. Il m'a expliqué son attitude au jour du mariage. Moi, je ne lui ai pas dit que, pendant qu'il dormait, j'ai bavardé avec Élie Chabrol. Et j'étais en chemise de nuit. »

Elle se disait : « Lorsqu'il viendra je lui en parlerai. »

Il venait. Elle ne lui en parlait pas. Un époux pouvait-il admettre qu'une femme honnête quittât ainsi le lit nuptial ? Le souvenir de sa tenue légère surtout la paralysait. Pendant les absences d'Alphonse, le soir elle demandait à la Vierge Marie de lui donner du courage.

Faute de faire des aveux à son mari, elle voulut dire sa faute au prêtre. À genoux, dans le confessionnal, voyant l'abbé derrière les croisillons, elle sentit sa voix bloquée par une idée qui lui venait pour la première fois : « Ça ne le regarde pas. » Cela même ajouta à son tourment. Elle se demandait si elle ne perdait pas la foi. Ne pas parler à Alphonse c'était tromper son mari. Ne pas s'en ouvrir à l'abbé c'était mentir à Dieu. L'idée lui en était insupportable. Faute de se libérer devant le prêtre elle décida de demander conseil à Mme Camarède. C'était une femme et une chrétienne d'expérience.

Le projet de fête était tombé à l'eau, mais pas les leçons de flûte. Montant la gamme, Adeline éprouvait toujours une difficulté à passer du *do* (trous ouverts) au *ré* (trous fermés). Un soir, s'arrêtant devant l'obstacle, elle voulut profiter de cette pause pour exposer ses tourments. Mme Camarède prit la parole, lui faisant part de ce que, à ce jour, elle lui avait caché : pendant les vacances de Pâques, le maire était venu demander au prêtre de signer la lettre de dénonciation. L'abbé avait refusé. Il avait même prié Auguste Gratadour de renoncer à son projet. Le maire avait laissé entendre qu'il suivrait ce conseil.

— Vous voyez l'influence que peut avoir le représentant de Dieu ! s'écriait la vieille dame. Et vous voyez aussi l'hypocrisie de ces rustres.

Le mot rappela à Adeline son désir de franchise. Elle allait se confier. Mme Camarède ordonna :

— Ne perdons pas de temps en bavardage.

De sa main ridée, elle marqua la mesure sur la table :

— Une ! Deux !

Adeline reprit ses exercices. Regagnant sa maison, elle comprit qu'elle ne parlerait jamais.

À ses tourments s'ajoutait l'angoisse du certificat d'études dont la date approchait. Elle se disait que le succès de ses trois candidates adoucirait peut-être les rigueurs de l'Académie à son égard. Elle les faisait travailler d'arrache-pied. Pour ne pas prendre sur le temps des plus petites, elle décida de garder après la classe les postulantes à l'examen.

Izaire Bonnat ne l'accepta pas. Il se présenta à la porte d'Adeline :

— Vous me prenez mes élèves !

Adeline fit remarquer que les filles étaient ses élèves à elle, que leur succès ou leur échec ressortaient de sa responsabilité. Il ne voulut rien entendre :

— Elles viennent à mon étude. Vous volez l'argent d'un père de famille.

Elle répondit qu'il était difficile de l'accuser de vol étant donné que... elle n'avait pas l'intention de demander la moindre rémunération.

À ce mot, M. Izaire sembla s'étouffer :

— Vous... donnez des leçons... gratuitement ?

Cela lui paraissait le comble de l'inconvenance. Il s'en fut en déclarant à Mme l'Institutrice qu'elle aurait de ses nouvelles.

— J'en ai déjà eu ! cria Adeline dans son dos.

Elle referma sa porte d'un grand coup de pied.

Son geste la surprit tellement qu'elle se mit à pleurer. Des sanglots de petite fille découvrant le monde des adultes.

Il n'était pas uniforme : deux semaines après la Pentecôte, la mère Stockfisch arrêta son char à bœufs à la porte de l'école. Au lieu d'attendre ses gosses dans la cour comme elle le faisait lorsqu'elle venait les chercher, la femme s'avança, portant une bouteille qu'on aurait pu croire remplie d'eau tant l'alcool de prune était limpide :

— Vous pouvez y aller. C'est du bon.

Adeline ne voulait pas accepter :

— Vous n'avez pas à me faire de cadeau.

— Vous non plus, vous n'avez pas à nous en faire. Et vous faites travailler la fille... pour rien. Un beau cadeau, dit la femme d'un ton pénétré.

Adeline était émue de cette simplicité.

Lucienne Chapoulie vint, elle aussi, chercher sa marmaille. Elle se fâcha :

— Tu ne dois pas offrir avant l'examen. Qui paie d'avance est mal béni.

— C'est ma fille, je fais ce que je veux.

— C'est ma nièce, tu vas lui porter malheur.

Adeline apprit ainsi que les deux femmes étaient belles-sœurs. Ces liens de famille permettaient une libre expression des sentiments : l'une disait à l'autre que ses perpétuelles superstitions faisaient d'elle un ridicule gobe-mouches ; l'autre répliquait que qui aime ses enfants ne les expose pas aux vengeances du drac et des fatsilières. Voyant le tour pris par la conversation, Adeline offrit de rendre la bouteille.

— C'est la femme du serpent qui donne et qui reprend, pas moi ! proclama fièrement la mère Stockfisch en quittant les lieux.

Devenue muette sous le poids de la contrariété, blanche de peur, mâchoires serrées, sa belle-sœur traça devant elle, devant Mme l'Institutrice, un grand signe de croix protecteur.

— Ces gens mettent la religion à toutes les sauces, bougonna Mme Camarède lorsque Adeline lui rapporta la scène. Aucun pays n'a autant de calvaires que le nôtre. Chaque croisée de chemins possède le sien. Croyez-vous que notre paysan qui se signe en passant devant cette pierre, croyez-vous que sa femme que vous y voyez à genoux s'inclinent devant les souffrances subies au Golgotha ? Pensez-vous que ces rustres expriment leur respect, leur foi ? Imaginez-vous qu'ils déplorent leurs péchés, leur manque d'amour pour leur prochain ? Non ! Ils demandent au ciel de détourner l'orage de leur champ, de pousser la grêle sur le champ du voisin, de leur donner une belle récolte, de ne pas les punir trop fort de leurs mauvaises pensées, de leurs mauvaises actions.

Comme chaque fois que sa mère s'excitait ainsi, l'abbé souriait. « L'indignation est une tisane de jouvence », se répétait-il. Dans ses rides profondes, ses yeux s'animaient. Indulgents :

— Ne soyons pas sévères pour ces braves gens. Ils méritent leur récolte. Elle est la récompense de leur dur labeur. Et elle ne les enrichit pas : ils manquent cruellement d'argent.

— Ils en ont plus que toi ! affirma la mère.

— Tant mieux ! répondit le fils. Un prêtre n'est pas fait pour amasser fortune.

On entendit grincer le portillon du jardin.

Mme Camarède se dirigea vers l'entrée. Aussitôt parut Alphonse. Coléreux, malpoli. Il s'adressa à sa femme :

— Voilà une heure que je t'attends.

— Tu vois : je suis là, répondit Adeline, faisant semblant de ne pas percevoir l'outrage.

— C'est ce que je te reproche !

Elle voulut sourire. N'y parvint pas.

Alphonse n'avait salué personne. Il cria :

— Je t'avais dit d'espacer tes visites chez ces gens.

— De quel droit ?

Elle s'était dressée.

Sans répondre, Alphonse se lança dans le récit des événements qu'il venait de vivre. Dans son village, la grand-mère de l'un de ses bons élèves était menacée de mort prochaine. La famille était allée chercher le prêtre pour qu'il lui donne l'extrême-onction. Celui-ci avait posé comme condition au sacrement que la famille retirât le petit-fils de l'école laïque pour le mettre en pension chez les frères. Les parents avaient refusé. Le prêtre avait chassé l'enfant du catéchisme en lui disant que, sans sacrement, sa grand-mère n'irait jamais en paradis, que, plus tard, étant sans communion, il périrait lui aussi dans les flammes éternelles de l'enfer.

— Le pauvre gosse est venu me voir en larmes, me suppliant de le laisser aller chez les frères. Comme si je pouvais m'y opposer !... Vous vous rendez compte ?

Il s'approchait de l'abbé. On aurait dit qu'il voulait le secouer :

— Je vous demande : est-ce que vous vous rendez compte ?

L'abbé avait conservé son beau sourire : il ne s'était jamais conduit ainsi. Il le disait.

— Évidemment ! Ici, il n'y a pas d'école de frères ! ironisa Alphonse.

— Même s'il y en avait...

Il ne le laissa pas finir sa phrase. Ou plutôt, il la termina à sa place :

— S'il y en avait... vous obéiriez aux ordres ! comme les autres !

L'abbé Camarède souriait toujours :

— Je ne reçois pas d'ordres.

Alphonse voyait dans ce propos toute l'hypocrisie d'un homme de robe : le curé contraignant les enfants des paroissiens à s'asseoir sur les bancs de l'école des frères n'agissait pas de sa propre autorité. Il obéissait aux directives de l'évêque. Il lisait en chaire le message épiscopal : « L'école de la République affirme vouloir former des républicains. Elle en fait des athées et des partageux sans conscience que la République elle-même devra vaincre dans un bain de sang. N'en arrivons pas là, mes frères. Tuons l'école pour n'avoir pas à tuer les hommes qu'elle aura formés. »

Alphonse connaissait les textes par cœur. Il les déclamait, ricanait. Adeline aurait voulu être à cent lieues de là. Elle se rendait compte que, sincèrement indigné par ce qu'il avait vu, entendu, il ressentait une colère décuplée par l'alcool. Elle l'avait compris dès son arrivée. Elle pensait que les Camarède devaient le comprendre aussi. Elle avait honte. La vieille dame pinçait les lèvres. L'abbé soulevait un rideau de cretonne, montrant à Alphonse des dizaines de tas de papiers jaunis, attachés par un fil, un ruban.

— Ce sont les lettres épiscopales dont vous me parlez, fit le curé Camarède toujours placide. Vous voyez : les enveloppes ne sont pas décachetées.

Alphonse était sans voix :

— Vous... ne les lisez jamais ?

— Il y a bien longtemps que je ne me livre plus à cet exercice.

Adeline regarda son mari. Il ne comprenait pas.

Sourire aux lèvres, l'abbé murmura :

— La République a ses théories. L'Église a les siennes. Permettez à un homme de mon âge d'avoir aussi la sienne. Voulez-vous la connaître ?

Il prit un temps qui impatienta quelque peu Alphonse puis, s'efforçant de ne pas paraître sentencieux, il déclara :

— Depuis deux mille ans, l'Église prêche la fraternité des hommes. La République aujourd'hui inscrit le mot dans sa devise. Nous devons, vous et moi, travailler à la venue de ce grand monde fraternel. Nos hiérarchies nous y invitent. Malheureusement, je le sais depuis longtemps, rien n'est plus contraire à la fraternité que la hiérarchie. Je dirai même que la hiérarchie est le contraire de la fraternité. Voilà pourquoi je me suis débarrassé de la mienne.

Le curé Camarède pensait : « Je ne suis pas sûr que vous pourrez, un jour, vous débarrasser de la vôtre. » Il ne le dit pas.

Alphonse l'entendit-il ? Il s'en fut, suivi par Adeline en proie à mille sentiments, qu'elle taisait. Jusqu'à cette minute, elle s'était reproché de ne pas faire à son mari l'aveu de sa rencontre avec Élie dans la nuit de ses noces. À cet instant, une idée étrange lui vint. Presque une décision : « Cet aveu, je ne le lui ferai jamais. Il ne le mérite pas. »

Rentrant chez eux, Alphonse s'était précipité sur le buffet. Adeline alors avait compris : la bouteille de vieille prune avait été plus qu'entamée.

— Si tu m'avais attendu ici, ça ne serait pas arrivé ! criait Alphonse.

— Je t'ai attendu souvent, répondait Adeline douloureuse : je n'ai jamais vidé les flacons.

Alphonse criait plus fort :

— Je t'ai demandé de m'aider à ne pas les vider !

Elle passa dans sa chambre, se coucha. Gardant son pantalon sous sa chemise. Ne trouvant pas le sommeil. Il la rejoignit beaucoup plus tard. Elle se raidit, prête à se défendre. Sans un mot, sans un geste, il s'endormit.

Lorsqu'elle s'éveilla, le soleil dansait, rouge, au bout du couvre-pieds. À côté d'elle, le lit était vide. Elle se leva. Alphonse n'était pas dans la cuisine. Elle déjeuna, eut envie de verser le reste de vieille prune dans l'évier. Elle ne le fit pas. Descendit. La bicyclette n'était pas là. Elle passa l'après-midi dans l'inquiétude.

Quelques jours plus tard, le facteur lui remit une lettre. « C'est la première qu'il m'adresse... du moins sous son nom », se dit Adeline en reconnaissant l'écriture.

Alphonse affirmait n'avoir pas eu la force de soutenir son regard. Il était parti au petit matin, s'était lavé dans l'eau claire de la Sorgues. Il ne voulait voir personne et n'aurait rien mangé de la journée si un cerisier solitaire ne l'avait régalé de ses sucreries. Il demandait pardon. Très fort. Jurait que son attitude, cet esclandre ne se renouvelleraient pas. Enfin, il présentait longuement ses circonstances atténuantes : les déboires de son école sous les coups d'une Église sectaire et, pour tout dire, fort peu chrétienne.

Adeline prit son porte-plume : « Nous n'avons pas à juger l'Église. Elle est notre mère à tous les deux. On ne juge pas ses parents... »

Sur ces mots, elle s'arrêta. Apprenant sa bâtardise, n'avait-elle pas jugé sa mère ?

Elle déchira sa lettre, prit une enveloppe : « Mme Marie Bézian, rue du Marteau, à... » Elle n'alla pas plus loin. Chaque mot lui paraissait une condamnation.

Elle se demanda si, ne pouvant plus parler, elle allait aussi ne plus pouvoir écrire.

Elle n'osait plus se montrer chez les Camarède. Elle suspendit sans une explication les leçons de flûte.

Au presbytère, la vieille dame disait : « Je ne comprends

pas ce qui se passe. » L'abbé savait qu'elle le comprenait très bien. Percevant depuis son mariage le mal-être d'Adeline, elle ne pouvait l'attribuer qu'à une déception. La déception ne pouvait venir que de son mari. Instinctivement, la mère s'était sentie proche de la femme. Un jour, elle dit :

— Tu devrais l'inviter.

— À quoi faire ? demanda le fils.

— À passer la soirée avec nous. Tu... tu jouerais du violon... pour elle.

— Je ne joue plus.

La mère insistait :

— Tu le lui as promis. Si tu jouais, elle viendrait.

— Nous verrons.

On ne put pas voir.

Il y avait au lieu-dit « Le Mas de Souleilhou » une ferme chargée de malheurs. Le père avait dû s'aliter. Le curé Camarède aida sa femme, son fils à rentrer les foins. Le voyant le soir tomber de fatigue, la vieille dame le morigénait :

— Un prêtre n'a pas à faire la moisson !

— C'est ce que je me dis chaque fois que je lève une gerbe au bout de ma fourche. Ce que ça peut être lourd ! Surtout sous le soleil !

Une nuit, ne dormant pas, il prit son violon.

Dans sa chambre, Adeline entendit la musique. Elle ne se leva pas, écoutant, émue. Elle savait que c'était une invitation.

Elle savait qu'elle n'y répondrait pas. Quelque chose en elle se fermait. Qu'elle ne pourrait ni ne saurait rouvrir. Amour ou haine, espoir ou blessure, la jeunesse croit au définitif.

Les élèves percevaient son changement. Certains jours, la voyant « dans ses moutons », comme disait Bertrande Chapoulie, elles lui parlaient doucement. Comme si elles ne voulaient pas la réveiller. Ainsi arriva le jour du certificat. On partit pour le canton. Izaire Bonnat conduisait lui-même la charrette des garçons. Des fillettes suivaient dans l'attelage conduit par M. Bozoul dont la tenue pouvait surprendre : le menuisier avait ressorti de l'armoire son chapeau, sa canne à rubans, ses insignes de compagnon du devoir. Pendant le voyage, il conta aux enfants, à Mme l'Institutrice, quelques épisodes du temps où il allait de Rouergue en Provence, de Bourgogne en Gâtinais. Il disait que, l'automobile se développant, les jeunes ne voudraient plus marcher. Le tour de France serait vaincu par le changement des mœurs, le goût du confort, la venue de l'industrie qui enlève à l'ouvrier la fierté de la belle ouvrage. Il n'aimait pas les syndicats demandant toujours plus d'argent pour moins de travail sans s'occuper de la valorisation morale des métiers et des hommes. Les enfants avaient des visages graves : dans leur tête, elles répétaient la table de 9.

Pendant les épreuves, voyant qu'Adeline « se rongeait les sangs », M. Bozoul resta près d'elle, lui répétant qu'elle devait avoir confiance :

— Vous avez fait votre devoir, comme un bon compagnon. Vous serez récompensée, c'est obligatoire.

C'était bien voir : devant l'école, juché sur la dernière marche de l'escalier de pierre, M. l'Inspecteur annonça les résultats. Les trois fillettes étaient reçues. Adeline crut défaillir de satisfaction.

Dans la charrette du retour, le menuisier ne cessa de la féliciter. Les enfants chantaient. Elles lui demandèrent de chanter avec elles. La maîtresse d'école obéit timidement. Son bonheur du succès était terni par l'attitude de l'inspecteur : lorsqu'elle s'était approchée pour le saluer, il s'était détourné. Elle était sûre qu'il l'avait vue. Cela signifiait que son déplacement était déjà arrêté, elle n'en pouvait pas douter. Sans doute, elle serait, dans ce nouveau poste, épaulée par Alphonse mais... que vaudrait son soutien ? Cette interrogation à peine présente à son esprit, elle s'accusait de douter de son mari.

Devant chez Gratadour, les pères, mères, grands-parents,

tantes et oncles, tous les cousins des fillettes attendaient en silence. Ils venaient d'apprendre que, sur sept garçons présentés par M. Bonnat, deux avaient échoué. Ces rustauds n'avaient pas la tête très arithmétique mais, pratiquant d'instinct un calcul proportionnel, ils s'attendaient au pire. À chaque mot prononcé par l'un ou l'autre, Lucienne Chapoulie multipliait les signes de croix. Aussi, lorsque brandissant sa canne à rubans Bozoul du haut de sa charrette annonça le résultat, des vivats lui répondirent, émaillés de deux ou trois « Vive la République ! ». Il y avait des embrassades familiales. Chacun remerciait Adeline, lui tendant une main chaleureuse, accompagnée parfois de mots encore incrédules :

— Pourtant, vous n'êtes qu'une femme ! lui dit Jules Lagueyte traduisant un sentiment commun.

Adeline aurait eu tort de se formaliser : elle sentait autour d'elle un tout nouveau sentiment de respect.

La mère Stockfisch était parmi les plus émues. Elle exhibait le diplôme de sa fille, demandait à Bozoul d'en prendre les mesures pour lui faire un cadre.

Sa belle-sœur, Lucienne Chapoulie, paraissait aussi heureuse qu'elle. Adeline voulut en profiter pour ranimer le combat contre la superstition :

— Vous voyez que le cadeau fait à l'avance n'a pas porté malheur à votre nièce...

— Cela ne pouvait pas, répondit la Chapoulie sûre d'elle : j'avais mis une patte de lapin dans la poche de son tablier.

Izaire Bonnat s'était éclipsé dès son arrivée. Par la fenêtre il appelait sa fille.

Les familles des deux autres candidates voulurent accompagner Adeline jusqu'à sa porte. Marchant au milieu d'elles, Mme l'Institutrice entendit la voix de Simone Gensac disant à sa mère :

— Je veux être maîtresse d'école.

Adeline ferma les yeux, pensant : « Je serai utile. » Une

seconde, elle se sentit capable de prendre son destin à bras-le-corps.

Elle ne voulut pas perdre cette force. Seule dans son appartement, elle écrivit à Alphonse : « Avant notre mariage, tu m'as dit que nous passerions nos vacances chez tes parents. La grande maison, les vastes terres m'ont incitée à accepter. Aujourd'hui, certaines raisons me font penser que ce choix ne serait pas judicieux. D'un autre côté, je ne pense pas que tu veuilles t'enfermer pendant deux mois dans le petit appartement de ma mère. Nous devons donc trouver une solution ensemble et au plus tôt. »

Elle réfléchit. Elle avait envie de souligner « ensemble ». Elle ne le fit pas de peur de le heurter. Elle termina sa lettre en disant que, en cas de défection du maire, M. Bozoul s'offrait à la conduire à la gare avec sa charrette, ce qui était heureux car il n'était évidemment pas question de prendre deux personnes et les bagages du déménagement sur une bicyclette.

Les choses se passèrent ainsi. Ou presque : le menuisier la conduisit à l'école d'Alphonse auquel, pendant les vacances, la commune laissait son appartement. Chemin faisant, l'écoutant évoquer la préparation de son « chef-d'œuvre », cet escalier tournant qui lui avait valu le titre de compagnon, Adeline se disait que, plus tard, elle n'aurait pas, comme lui, pour embellir ses jours, le souvenir d'une jeunesse satisfaite. Dans sa mélancolie, entrait l'image de Mme Camarède qu'elle était allée saluer avant son départ. La vieille dame lui avait souhaité bonne chance avec une affection qui en disait long sur ses craintes. Pour la première fois elle l'avait embrassée. Un de ces baisers qui signifient : « Ma pauvre enfant, je vous plains !... » La raccompagnant au portillon du jardin, l'abbé l'avait bénie. Il conservait ce sourire qui à chacun voulait dire : « La vie est belle en Jésus-Christ. »

L'école d'Alphonse était neuve. En ce mois d'août, elle dormait à l'ombre d'une mairie fière dont la pierre ocre et rose s'égayait d'un drapeau et de deux blasons tricolores, d'un mai qui, planté à deux pas, sous sa couronne de verdure déclarait : « Honneur à nos élus », « Vive la République ».

L'appartement était minuscule mais aussi pimpant que la mairie.

— J'ai tout astiqué pour te recevoir, murmura Alphonse en prenant Adeline dans ses bras.

Elle remercia. Se dégagea.

Le soir, ils firent l'amour.

Leur vie s'organisa ainsi. Entre des plaisirs de jeunesse et des silences de vieux couple. Mieux vaut se taire que dire des rancœurs. Nul n'entendit jamais le malheur des muets. Adeline parfois faisait un effort pour demander à son mari ce qu'il aimerait manger. Alphonse en faisait de son côté pour ne pas montrer qu'il percevait le malaise, qu'il se sentait coupable.

Il lui apprit à monter à bicyclette. Ils pédalaient à tour de rôle devant des paysans rentrant leur blé. Un jour elle alla seule jusqu'à Sainte-Affrique. Eut de la peine à revenir, exténuée. Alphonse se réjouissait de voir ses aptitudes. Il lui disait : « Nos premières économies seront pour t'acheter un vélocipède de dame. » Adeline approuvait le projet mais un jour elle refusa la promenade. Sans raison, sembla-t-il à Alphonse. Il la traita de capricieuse. En vérité avec une raison encore imprécise : Adeline vivait la morose situation de l'épouse qui, se pensant enceinte, ne savait pas si elle devait s'en réjouir ou s'en affliger. À la Sainte-Famille, à l'École normale, jamais ses chimères d'adolescente ne lui avaient montré le prince charmant. Jamais elle n'avait attendu ce fils de roi qui, dans les chants en patois, épousait la bergère : ses rêves d'avenir lui donnaient un mari imprécis qui lui donnait un enfant superbe ; le bonheur de sa vie. Et voilà que cet enfant semblant s'annoncer, elle n'osait pas en révéler l'existence à son mari.

Le dimanche, elle allait à la messe ; s'étonnait qu'Alphonse n'y vînt pas.

— Celui-là, je l'ai assez entendu ! disait-il en parlant du prêtre.

Or, dans son sermon, jamais le prêtre ne faisait allusion à l'école.

Alphonse haussait les épaules :

— Évidemment ! Nous sommes en vacances !

Elle était peinée par son attitude. Dans son attirance pour lui, il y avait eu, elle le savait, une religion partagée.

— Je ne peux pas faire entrer ce curé-là dans ma foi, répondait Alphonse. Pour prier, je n'ai pas besoin de lui.

Il est vrai que, le soir, il s'agenouillait devant une statuette de la Vierge qui, depuis sa première communion, ne l'avait jamais quitté.

Ayant passé le mois d'août dans le Tarn dont ils étaient originaires, les Passerat revinrent dans leur appartement. Adeline les avait aperçus le jour du mariage. C'était un couple sans bruit, sans enfant dont, si elle n'en avait été informée, Adeline aurait deviné le protestantisme. Grand, maigre, le visage soutenu par une barbe grise aux proportions de son corps, M. Passerat portait sur lui toute la rigueur huguenote. Il ressemblait à la Bible. Plus petite que son mari et, par là, semblant toujours le suivre, Mme Passerat se donnait les attitudes d'une épouse de pasteur.

Sa première question lorsque les deux femmes furent seules surprit Adeline :

— Comment va votre mari ?

— Mais... très bien.

— Très bien ?

Mme Passerat montrait quelque surprise. Adeline crut l'entendre dire : « Si j'en étais sûre... », mais la phrase n'alla pas plus loin.

Le lendemain, traversant le palier, M. Passerat se présenta lui-même à la porte des Durieu :

— Ma femme et moi serions heureux de vous avoir dimanche à déjeuner.

Alphonse paraissait gêné.

— Nous en avons parlé, affirma le directeur comme pour le rassurer.

On ne pouvait imaginer pièce plus sobrement ornée que cette salle à manger montrant seulement entre ses deux fenêtres une croix de bois nue. Noire. L'accueil, le repas, la conversation avaient la même modestie. Mme Passerat servait les plats. M. Passerat servait les vins et les phrases avec une même frugalité. Cela n'enchantait pas Alphonse qui, contraint, tendait au directeur son verre à remplir et une perche destinée à alimenter le débat. Visiblement, il cherchait chez lui un soutien, quelque propos lui permettant de dire à Adeline : « Ah ! tu vois !... » Le maître d'école semblait ne pas comprendre. Aussi, les futilités dont se nourrissait la fragile parlote finirent par alourdir l'atmosphère. Adeline silencieuse se demandant si elle était enceinte, Mme Passerat surveillant Alphonse sans vouloir dire qu'à cette table déjà il s'était enivré, M. Passerat évitant le sujet que, lors d'une première rencontre, il ne voulait pas aborder, Alphonse n'osant ni demander à boire ni se servir, on arriva à la tarte aux pruneaux. Confectionnée par la maîtresse de maison, elle suscita les compliments d'usage bien que la pâte, pas assez levée, ne fût pas faite pour alléger le dimanche.

M. Passerat proposa un alcool de genièvre. Sa femme le foudroya. Cela n'échappa pas à Adeline. Elle aurait dû approuver cette sagesse : elle la reçut, dans son âme d'épouse, comme un outrage. Il lui semblait qu'on méprisait son mari. Elle voulut masquer son courroux. Parler. Elle s'entendit demander :

— Il paraît que vous avez déclaré la guerre à M. le curé ?

Elle n'avait pas dit un mot depuis le début du repas.

Personne, Alphonse moins que quiconque, n'avait pu prévoir cette intervention directe.

— C'est plutôt ce M. le curé qui a déclenché les hostilités, répondit M. Passerat.

— Lui ou vous...

Le directeur fit semblant de n'avoir pas terminé :

— ... Il est vrai que présenter les victimes comme des bourreaux est l'une des vieilles habitudes de l'Histoire.

Il ajouta :

— Ceux de ma religion sont bien placés pour le savoir.

Adeline se sentait perdue. À la Sainte-Famille, elle avait appris que les Huguenots pillaient les églises et brûlaient les icônes. L'École normale, bien sûr, lui avait parlé de la révocation de l'édit de Nantes, des persécutions endurées par les protestants. Pour autant, elle ne se sentait pas capable de débattre de cette question avec des gens bien informés. Elle regrettait d'avoir lancé le sujet, se demandait pourquoi elle l'avait fait.

Alphonse murmura :

— Ma femme a de la peine à admettre que les siens se conduisent mal.

Adeline crut percevoir une allusion à sa bâtardise. Elle était mal à l'aise. M. Passerat semblait ne pas le voir. De son ton imbu de morale, il certifiait que si le temple adoptait une attitude contraire à l'honneur, il serait le premier à le condamner. Cela fort heureusement n'était pas le cas.

Adeline eut la force d'ironiser :

— Parce que vous êtes protestant, sans doute ?

Le directeur eut un haut-le-corps. Il regarda d'un œil glacial cette jeune personne qui, du bas de son ignorance, se permettait une telle impertinence :

— Sachez, madame, que si je n'étais pas né protestant, je le serais devenu.

Dans l'âme d'Adeline, la phrase eut des résonances brutales : « C'est lui qui influence Alphonse. Il médit sur notre Église pour l'entraîner dans la sienne. » Elle n'aimait pas cet homme. Elle étouffait, trouvait son mari stupide de se laisser ainsi embobiner. Alphonse agitait dans ses mains son verre vide. Pour faire comprendre. Ostensiblement, Mme Passerat enleva la bouteille. Adeline se leva. Elle salua, sortit.

Elle allait d'un meuble à l'autre, se saisissait d'un objet, le posait, le reprenait encore, sans raison, maudissant à haute voix ce directeur trop sûr de lui : « Il se prend pour le pasteur ! En vérité il est le diable. »

Lorsque Alphonse parut, elle lui dit :

— Je te croyais un homme fort. Je t'ai vu devant lui : tu es un petit garçon.

Alphonse reçut le camouflet sans broncher. Il admit éprouver une grande admiration pour le directeur d'école, pour sa rectitude, son dévouement, l'amour de son métier et de la République. Rien ne peut davantage provoquer votre irritation que les couronnes tressées à votre adversaire. Le ton monta :

— Tu bois ses paroles ! Tu as l'air aussi mendiant quand tu les attends que lorsque tu guettes sa liqueur de genièvre !

Alphonse se cabra. Il contint ses muscles. Pas ses propos : il aimait M. Passerat pour ce que, en une année, il lui avait appris. Adeline n'en pouvait plus :

— Il t'a appris à te détourner des tiens !

— Il m'a appris à juger. À comparer.

— Toujours en faveur de son camp !

— Ça n'est pas sa faute si son camp se comporte mieux que le tien !

Il avait dit le « tien ». Adeline se sentit écrasée. Douloureuse. Et cette fois vraiment seule :

— Je croyais que c'était le nôtre.

Elle balbutia :

— Tu es... devenu protestant ?

Il haussa les épaules. Elle insista.

Il avait dit le « tien » parce que c'était le camp qu'elle défendait...

Elle était acerbe :

— Toi, c'est vrai, tu ne le défends pas beaucoup !

— Je le défendrai quand il méritera de l'être !

— C'est-à-dire ?

Il avait ouvert le buffet, se saisissait de la bouteille de vieille prune. Adeline se reprocha de l'avoir apportée. Elle était énervée par son imprudence, par le geste d'Alphonse se servant avec avidité, par tous ses mots qui se voulaient des démonstrations :

— Le pasteur protestant se considère comme le berger de son troupeau. Lorsque le curé se considérera comme le berger des catholiques au lieu de se croire le maître du village auquel il veut imposer sa loi...

Elle ne le laissa pas parler :

— Il veut convertir : il est dans son rôle !

Il buvait et riait, se moquait : convertir à une religion d'amour à coups de menaces, de châtiments, de dénonciations proclamés du haut de la chaire...

La bataille dura jusqu'au soir. La bouteille n'alla pas plus loin.

Adeline dormit peu. Le lendemain, elle avait le visage marqué. Alponse tenta de reprendre la conversation (« Sur un ton calme », disait-il). Elle refusa, sentit que, une fois encore, le silence la gagnait ; la remplissait.

Une nuit, il se tourna vers elle, la prit dans ses bras. Elle refusa. Il la maîtrisa. Ses bras étaient forts mais ses paroles étaient enjôleuses :

— J'ai voulu avoir raison. Toi aussi... Ce n'est pas grave... Nous n'aborderons plus ce sujet puisqu'il nous sépare. Cela, je ne le veux pas.

Elle ressentit dans sa gorge, sa poitrine, un serrement, un petit bonheur. Tardif.

Alphonse, tenant sa main, poursuivait :

— ... Il y a une chose que tu dois savoir...

Sa voix était sérieuse. On y entendait, on lisait sur son visage la plus grande sincérité :

— Si quelqu'un s'en prenait au pouvoir spirituel de ce

curé que je n'aime pas, si une seule personne voulait l'empêcher d'exercer son ministère, alors, je te le jure, il ne trouverait pas de plus farouche défenseur que moi.

Adeline en fut, sur l'instant, convaincue.

Le lendemain, Alphonse crut devoir ajouter :

— Brimé, notre curé trouverait un autre défenseur... aussi farouche.

— Qui ?

— Un protestant : M. Passerat.

Adeline ne fit pas de commentaire.

Lors de son arrivée, voyant cet appartement neuf, cette école pimpante, cette mairie semblant la protéger, elle avait pensé : « Puisque Alphonse est en poste ici, le mieux serait qu'il y reste et qu'on m'y nomme avec lui. » Maintenant, elle se disait : « Pourvu qu'on nous envoie ailleurs ! » Lorsqu'elle montait ou descendait l'escalier, lorsqu'elle traversait le palier, elle hâtait le pas, craignant de rencontrer ce directeur impressionnant, sa femme.

— Il ne t'a rien fait de mal, que je sache ? disait Alphonse.

Intimement, Adeline en convenait mais nous pardonnons difficilement à nos ennemis de n'avoir rien à leur pardonner. Nous pardonnons difficilement à nos amis de bouleverser nos convictions : à la manière de vandales sournois, ils ébranlent la maison confortable dans laquelle nous nous prélassions. Désormais nous garderons un œil rancunier sur la lézarde qu'ils ont créée.

Adeline décida de passer quelques jours à Villefranche. Elle ne voulait pas laisser se terminer les vacances sans aller voir sa mère.

Alphonse accepta facilement ce projet :

— Nous pousserons jusque chez moi.

Comprenant, à la mine d'Adeline, que l'idée ne l'enchantait pas, il conclut :

— J'irai seul.

Restait à trouver le mode de locomotion. Le chemin de fer était loin. Onéreux. Il obligeait à des changements. La diligence n'était guère pratique avec une obligatoire étape à Rodez. Restait la bicyclette.

— Tu ne peux pas pédaler pendant cent ou cent vingt kilomètres avec moi sur le cadre !

— Il faudrait se faire prêter une deuxième machine.

Le médecin en avait une mais, évidemment, il s'en servait pour ses visites aux malades.

À la vérité, Adeline pensait que, avec un cycle ou avec deux, le voyage serait dangereux pour l'enfant que, elle en était sûre maintenant, elle portait en elle. Elle ne le dit pas et Alphonse s'excita à la perspective d'accomplir devant sa femme cet exploit sportif.

M. Passerat intervint :

— Vous ne pouvez pas partir enlacés sur un vélocipède. La population vous jugerait mal et elle aurait raison.

Il décida d'emprunter au maire son cabriolet :

— Je vous ferai sortir du village. Les bonnes mœurs seront sauves.

Il se ravisa, dit qu'il pousserait le plus loin possible. Alphonse aurait ainsi moins de distance à couvrir. Adeline ne pouvait que se rendre à cet argument.

Au petit matin, ils chargèrent quelques menues provisions dans le cabriolet, fixèrent solidement la bicyclette à l'arrière de la capote. Il n'y avait, pour siège, qu'une planche de bois sur laquelle Adeline se trouva coincée entre son mari et le conducteur. La voiture était légère. Dans la longue descente, M. Passerat calmait les ardeurs de la jument par de petits « Doucement, Princesse, doucement... ». Lorsque la pente était trop raide, de sa main gauche il tournait une manivelle qui faisait apposer un sabot de bois sur la roue ferrée. Les propos des deux hommes passaient au-dessus de la tête d'Adeline comme, au jeu de tennis, la balle au-dessus du filet. Secouée, balancée, projetée sur ses compagnons, Adeline eut soudain devant elle la vision d'une femme en sang, mutilée. Elle ferma les yeux. Une question épouvantable s'empara d'elle : serait-elle malheureuse si elle perdait ce bébé ? Se faisant l'effet d'un monstre, elle se signa.

M. Passerat demanda :

— Vous avez peur ?

Elle eut envie de crier :

— Oh ! Oui !

Elle répondit :

— Non. Pas du tout.

— Si vous le voulez, je peux aller plus lentement ?

Elle se tut.

La voiture arrivait dans la plaine. Des vaches au cou plongeant commençaient leur récolte quotidienne, museau dans l'herbe. Près d'une ferme, des paysans formaient des javelles. Le soleil annonçait son arrivée au-dessus du causse.

Sans que cela vînt dans la conversation, laissant libre cours à sa mémoire, M. Passerat livra une longue citation :

— « Je vois clairement deux faits distincts : l'éducation et l'instruction. L'éducation, c'est la famille qui la donne ; l'instruction, c'est l'État qui la doit. L'enfant veut être élevé par la famille et instruit par la patrie. Le père donne à l'enfant sa foi ou sa philosophie ; l'État donne à l'enfant l'enseignement positif. De là, cette évidence que l'éducation peut être religieuse et que l'instruction doit être laïque. Le domaine de l'éducation, c'est la conscience ; le domaine de l'instruction, c'est la science. Plus tard, dans l'homme fait, ces deux lumières se complètent l'une par l'autre. »

Comme si Adeline n'existait pas, comme s'il ne parlait pas pour elle, le maître d'école demanda :

— Connaissez-vous ce texte, mon cher Alphonse ?

— J'avoue...

— Ne vous excusez pas. Vous ne pouvez pas le connaître. C'est une lettre reçue en 1872 par M. Trébois qui était l'ami de mon père et le président de la Société des écoles laïques. Elle est signée Victor Hugo.

Alphonse était troublé, admiratif :

— La précision de l'idée soutenue par le cisèlement de la phrase...

Il voulait faire partager son enthousiasme, se tourna vers Adeline :

— Tu ne trouves pas cela magnifique ?

Adeline, les lèvres bloquées, ne répondit pas.

M. Passerat ajouta :

— Victor Hugo ! Voilà un chrétien authentique ! Si les prêtres savaient s'inspirer de sa foi en Dieu et dans les hommes, ils n'auraient pas besoin d'inventer les châtiments de l'enfer pour faire croire au paradis !

Il avait arrêté la voiture au cœur d'un village. Il montrait un bâtiment sévère, paré d'une cour en terre battue, plantée de platanes.

— C'était l'école protestante. Nous l'offrons à la République. Dès l'instant où l'État garantit la liberté du culte, qu'elle nous permet d'en assurer l'enseignement, nous lui abandonnons la responsabilité de l'instruction. Il en sera ainsi de tous les établissements que nous possédons en France.

Il s'inclina légèrement devant Adeline. Elle lui rendit brièvement son salut. Elle pensait : « Il a poussé jusqu'ici pour me montrer ces deux classes. Il a cité Victor Hugo pour m'embêter. » Alponse demanda à une femme le chemin de Réquista. La femme ne connaissait pas. Une autre, à son approche, s'enferma chez elle, apeurée. Un homme finit par lui dire qu'il devait suivre le Dourdou et préparer ses mollets. Sa main placée à l'oblique indiquait un village haut perché. Alphonse appuya sur les pédales, faisant de grands gestes d'adieu à son directeur au risque de tomber, entraînant avec lui sa passagère.

Il avait grande envie, chemin faisant, de prolonger la conversation sur le sujet lancé par son maître mais, devant le mutisme obstiné d'Adeline, il décida de remettre l'affaire à plus tard. Il transpirait, bien que, sous de longs ombrages, la chaleur du ciel et de la route blanche cédât la place à la fraîcheur des saules, des bouleaux, d'une verdoyante forêt de châtaigniers.

Le soleil les écrasait de toute sa hauteur lorsqu'ils s'arrêtèrent pour la dînette. Des cris, des bruits de marteaux, de masses, des « Oh ! hisse ! » poussés par des voix unies les intriguèrent. Ils firent quelques pas, découvrirent au-dessus d'eux, au-dessus du Viaur, deux élans de ferraille qui, s'avançant de chacune des rives, semblaient s'être figés dans le ciel, attendant le moment où ils se rejoindraient très haut sur la rivière. On aurait dit le cou arrondi de deux girafes gigantesques ayant décidé de s'embrasser.

— Ils construisent un viaduc pour le chemin de fer de Rodez à Carmaux.

Ni l'un ni l'autre n'avaient jamais vu un spectacle semblable. Ils étaient impressionnés.

Ils mangèrent à l'orée d'un bois de châtaigniers, burent l'eau cueillie dans un ruisselet qui, malgré la saison, conservait un petit courant limpide sautillant sur des pierres blanches. Se dirigeant paisiblement vers le Viaur, de cascatelles en étroits goulets, il semblait conscient de sa mission : les petits ruisseaux font les grandes rivières.

Alphonse exprima le souhait de se reposer un peu avant de reprendre la route. Il s'allongea, sembla s'endormir. Levant une paupière, il vit Adeline qui, pensive, faisait tourner dans ses doigts une branchette de romarin. Ses jambes nues repliées sous le menton laissaient voir sa peau blanche montant au-dessus des genoux. Alphonse l'attira à lui. Elle crut qu'il voulait l'embrasser, se laissa faire et bientôt, allongée sur la mousse et les vieilles feuilles, elle comprit où allaient ses caresses. Elle s'affola, n'avait jamais pensé que les joies de l'amour puissent être des plaisirs de plein air ; elle avait peur d'être surprise par un ouvrier du pont, vue par Notre-Seigneur qui, de là-haut, surprend toutes nos actions. Alphonse était sur elle. Il la pénétrait, ne bougeait pas, comme attendant son consentement. Elle avait honte. La chaleur torride sentait le sous-bois et les genêts fleuris. La bouche d'Alphonse se promenait, mordait, gourmande et emplie de tendresse. Elle s'enfonçait dans le cou d'Adeline dont le corsage s'était ouvert, les lèvres prenaient la gorge, un sein, revenaient aux lèvres. La honte se diluait dans la touffeur du ciel et les parfums de la terre. L'étreinte dura longtemps, jusqu'à ce que, ensemble, les deux amants poussent un même cri.

Recoiffant son chignon, ajustant ses boutonnières de ses doigts énervés, tapant sa jupe pour en chasser les feuilles et brins de mousse qui lui semblaient autant d'actes d'accusation, Adeline remonta sur la bicyclette sans regarder son mari. La honte du plaisir.

Ils arrivèrent à Villefranche comme, derrière les ormeaux de la promenade Saint-Jean, la ville s'endormait. Alphonse avait envisagé de passer la nuit à Villefranche. Réflexion faite, il décida de pousser jusque chez lui. Adeline le vit remonter la rue des Pénitents-Noirs d'une pédale légère, sans un signe. Une rancœur lui vint : « Il a eu ce qu'il voulait. Maintenant, il n'a plus besoin de moi. »

En haut de l'escalier, un murmure l'arrêta. Une plainte dans laquelle elle reconnut la voix de sa mère. Elle s'élança, craignant une catastrophe mais, dès la porte franchie, elle se sentit paralysée. Ces sortes de râles chantant le bonheur, ces gémissements d'attente et de contentement, de gratitude étaient ceux qui étaient sortis de son être à son insu, qu'elle aurait voulu retenir lorsque, pudique et bouleversée, elle avait appris que le mystère du lit était autre chose que le sacrifice consenti au mari, à l'homme maître de vous.

Elle était atterrée.

Elle le fut plus encore lorsque, sur le dossier d'une chaise, elle découvrit une blouse d'homme qu'elle crut reconnaître. De la chambre de Marie montait une voix déjà entendue :

— Je vais voir mais je suis sûr qu'il n'y a personne.

Adeline se jeta derrière le rideau de la penderie, retenant son souffle.

Hector Durieu parut, boutonnant son long caleçon

blanc, sa poitrine velue émergeant de sa flanelle à boutons. Il inspecta la pièce, le palier, rassurant Marie :

— Tu es comme Jeanne d'Arc : tu entends des voix !

Adeline s'était jetée sur son lit.

Il lui semblait qu'elle s'évanouissait.

8

Adeline s'éveilla très tard.

Sa mère était devant elle. Debout. Inquiète :

— Tu es malade ?... Je t'ai entendue cette nuit. Je suis venue te voir. Tu pleurais en dormant.

Adeline remonta le drap au-dessus de sa tête. Le drap se mit à tressauter. Marie attendit quelques secondes, embarrassée, puis demanda :

— Tu étais là ?... Tu l'as vu ?

Elle n'obtint, pour toute réponse, que le frémissement du drap. Doucement, elle le retira. Adeline était figée. Ses yeux étaient fermés. Ses lèvres éteintes.

— Tu l'as vu ? répéta Marie, affirmant plus qu'elle ne demandait.

Elle voulut avoir un geste d'indifférence :

— Bof ! Ce n'est pas grave : tu es une femme maintenant. Tu comprends ces choses.

Elle dut bientôt changer d'avis : Adeline était malade. Elle avait froid. Son pouls battait trop vite.

Sa mère lui prépara une tisane.

Adeline la repoussa. Elle voulait être seule.

À midi, elle accepta de se lever. Consentit à ouvrir la bouche pour dire qu'elle n'avait pas faim. Espérant dissiper le malaise, Marie descendit au jardin. Elle cueillit trois brins de persil. La veille, elle avait mis à détremper un morceau de morue pris chez M. Cazes. Elle l'accommoda d'ail et de pommes de terre, d'œufs arrosés, lorsque le tout fut cuit, d'un verre de bouillante huile de noix. Mettant le couvert, servant cette *estofinado*, riche plat des pauvres, elle ne cessait de parler de choses et d'autres, de la fête des Pénitents noirs qui avait eu lieu dans la semaine, du chocolat Menier qui, avec sa réclame, portait tort au « Planteur de Caïffa ». Elle parlait surtout d'une invention qui la faisait rêver : un tricycle à pédales (« M. Léon Bollée en fabrique même avec un moteur ») permettant le transport des marchandises...

— Il y a une caisse à l'avant et ils appellent ça un triporteur... Tu te rends compte comme ma vie serait simplifiée ? Moins de fatigue pour plus de clients... Tout bénéfice.

Maintenant qu'Adeline était « sortie d'affaire », peut-être Marie pourrait-elle s'en offrir un... dans un an... ou deux... « en serrant sur tout ».

Adeline ne l'écoutait pas.

Marie finit par se hérisser :

— Tu as deux mois de vacances. Tu viens me voir deux jours... Tu ne vas pas tirer une figure d'une aune pendant deux jours ?

Adeline n'avait pas un regard. Pas un son ne sortait de sa bouche. Elle repartit dans sa chambre.

La mère, dans la soirée, finit par l'y rejoindre. Alors, Adeline, ses yeux fixés loin devant elle, murmura :

— Je ne te croyais pas comme ça.

Marie rougit. Elle n'en avait pas l'habitude. Ce n'était pas le rouge de la honte. C'était le rouge de la colère : pendant vingt ans, elle n'avait pensé qu'à sa fille ; elle avait renoncé à se marier de crainte de lui donner un mauvais père ; s'était privée de tout pour qu'elle fasse des études ; elle avait tremblé de peur quand elle était malade, ri de ses joies quand elle s'amusait ; elle avait doublement pleuré de ses peines : une fois parce qu'elle partageait son chagrin, une fois parce qu'elle se reprochait de ne pas l'en avoir préservée...

Adeline savait tout cela. Elle cria :

— Assez ! Assez !

Elle se demandait comment, pourquoi sa mère et elle aujourd'hui s'affrontaient. Marie, un peu calmée, se le demandait aussi. Elle passa un bras sur les épaules de sa fille :

— C'est ma faute. Je n'aurais pas dû te mettre chez les sœurs.

Adeline tressaillit, prête à la révolte. Marie perçut cela. Elle la serra plus fort :

— Ce sont de bonnes personnes mais elles ne savent pas de quoi elles parlent.

Elle était sincère, réfléchissait :

— Les curés non plus ne savent pas de quoi ils parlent... et s'ils le savent... c'est qu'ils sont des mauvais curés.

Elle était convaincue :

— Oui, j'ai eu tort. Tu les écoutais et moi, je te laissais les écouter. J'aurais dû te dire les choses. Ça n'est pas bon qu'une gosse n'ait qu'une idée dans la tête. Surtout lorsque c'est une mauvaise idée : tu crois que les hommes vivent sans femme et que les femmes vivent sans homme. Ce n'est pas cela, la vie.

Marie affirmait que si les parents enseignaient à leurs enfants les réalités que l'existence leur montre au lieu de leur laisser croire aux imaginations des rêveurs, les enfants verraient mieux les choses. Ils les verraient plus tôt. Et... ils souffriraient moins.

Ces explications choquaient Adeline. Elles étaient la justification du vice, l'absolution anticipée de tous les péchés. Pourtant, elle ne les commenta pas. Elle avait retrouvé sa mère. Elle ne voulait pas la perdre en lui répétant ses désaccords.

Marie murmura :

— Tu as un mari, un métier... Malgré cela, tu verras comme il est difficile d'élever un enfant... car... un jour, tu auras un enfant, bien sûr.

Adeline se mordit les lèvres.

Marie la regarda :

— Moi, j'étais seule...

Simple :

— Je m'en suis vu, tu sais.

Elles s'embrassèrent. Une longue étreinte de retrouvailles. Puis elles se turent, percevant seulement dans le silence de la nuit les voix unies des pénitents noirs en leur chapelle. « Ils ont dû laisser la porte ouverte », pensa Marie.

Le lendemain, à six heures, elle attela Fandor à la voiturette du « Planteur de Caïffa ».

Adeline l'entendit :

— Tu pars déjà ?

— Je n'ai jamais manqué un jour de tournée.

Elle fit un geste de la main :

— Et puis, commençant plus tôt, je finirai plus tôt. À ce soir. Repose-toi.

Adeline resta longtemps à la fenêtre, regardant partir vers l'embauche les ouvriers de la toile cependant que, son ciselet pendu à son cou, un cassier[1] aux vêtements marqués de vert-de-gris sortait son banc de travail. Il allumait son feu dans la rue, malgré l'interdiction municipale cent fois réitérée. Les boutiques, une à une, ouvraient leurs portes. L'homme du « Pardon du pêcheur » apportait un grand panier d'osier dans lequel il installait un bouquet de cannes en bambou. Le marchand qui, sous les arcades du consulat, vendait le vin à porte-pinte[2] roulait un fût vide sur les pavés rebondis. Le facteur fit un signe amical à Adeline :

— Je suis heureux de vous revoir, jeune madame. Cela me ravit mais malheureusement je n'ai rien pour vous.

Il prenait l'air désolé du quidam qui ne peut pas mieux faire. Adeline le rassura :

— Je n'attends rien.

En vérité, elle attendait son mari. Il avait dit : « Je resterai

1. Cassier : fabricant d'objets en cuivre. Bronzier.
2. À porte-pinte : à qui apporte sa pinte, sa bouteille.

un jour ou deux. » Elle pensait : « Je préférerais que ce fût un seul. » Il lui tardait de revenir au village où leur nomination était peut-être arrivée. À partir de midi, elle cessa le guet. De toute façon, si Alphonse arrivait maintenant, il serait trop tard pour entreprendre le voyage du retour.

Le soir, Marie parla de deux hommes qu'elle avait vus se battre dans le faubourg du Pont au sujet de l'affaire Dreyfus. Suivant *La Dépêche*, l'un d'eux dénonçait la machination de l'armée contre l'officier israélite. L'autre, criant « Mort aux juifs », s'affirmait abonné au *Progrès* qui, entre l'annonce du pèlerinage diocésain à Notre-Dame de Lourdes et les récits des visites pastorales de Mgr Germain, évêque de Rodez, dans le département, donnait chaque semaine des nouvelles de la vénérable famille d'Orléans, du voyage de la jeune et ravissante princesse Wilhelmine des Pays-Bas, du traître Dreyfus croupissant à l'île du Diable et de son complice Émile Zola « à l'infâme et mensongère délation »... Adeline se demandait si, comme M. Passerat, sa mère n'était pas en train de la provoquer dans ses convictions.

Elle se coucha de bonne heure, n'alluma pas sa lampe à pétrole : pour laisser croire qu'elle dormait. Dans le noir, elle voyait son existence s'alourdir. Il y aurait le poids des réponses qu'elle ne faisait pas, des secrets qu'elle accumulait : jamais elle ne pourrait dire à Alphonse qu'elle avait trouvé son père sortant de la chambre. Et Marie ? Pourquoi ne pas lui avoir dit qu'elle était enceinte ? Hier, la mère avait lancé : « Tu ne connais pas la vie !... » Était-ce cela, la vie ? Une suite de tromperies en tous genres, en tous lieux ? Un mutisme posé sur les mots et les actes comme une housse sur un fauteuil sale ? Adeline se demandait si elle n'avait pas le déshonneur de devenir adulte.

Alphonse parut le lendemain à la première heure :

— Les voyageurs pour l'express à pédales, en voiture !

Pour varier l'itinéraire, il avait décidé de partir par Rieupeyroux. Cela lui valut d'entamer le trajet par la trop longue côte du Ségala. Au bout de trois ou quatre kilomètres, il dut renoncer : ils firent à pied les deux ou trois kilomètres suivants. Parvenus enfin au sommet, ils remontèrent sur leur machine... pour constater un peu plus loin que le pneu arrière était crevé. Ils réparèrent chez un maréchal-ferrant dont le fils disait avoir participé quinze jours auparavant au « championnat aveyronnais de fond » (cent kilomètres pour un Séverac-Rodez et retour). Il s'était classé 26e et cela lui avait coûté 2,50 F pour le repas et l'inscription. Il trouvait ça cher.

Une fois encore, le couple arriva à la nuit.

La lettre était là. Adressée à Adeline. Elle était nommée tout au sud du département.

— Mais... ils ne parlent pas de toi. Qu'est-ce que ça veut dire ?

— Ça veut dire que vous allez là-bas... et que votre mari reste ici, dit posément M. Passerat.

Adeline ne pouvait pas le croire.

Elle pensait que la nomination d'Alphonse était retardée. Elle arriverait le lendemain... le surlendemain.

Elle ne vint pas.

Alphonse essayait d'atténuer la déception :

— Une année, c'est vite passé. Et puis, je viendrai le dimanche. Et puis... ça n'est peut-être que provisoire.

— C'est vrai, approuvait le directeur : il est possible qu'ils vous réunissent en cours d'année. Avec l'Administration, il faut s'attendre à tout.

Il disait cela avec une conviction légère. On pouvait croire que conserver Alphonse auprès de lui ne lui déplaisait pas. Le pire était qu'Alphonse paraissait très bien s'accommoder de la situation.

Le ciel se mit à pleurer. Une petite pluie fine qui, masquant les lignes et effaçant les couleurs, semblait faite pour mettre la nature en deuil.

Lorsque, au fond de la vallée minuscule, encaissée, Adeline découvrit le village qui allait être le sien, lorsque, entre les abrupts grisâtres, elle descendit vers cette cuvette sale, lorsqu'elle s'avança dans ces ruelles étroites, visqueuses, dont on ne savait pas si le sol était fait de boue ou de bouse, elle eut la pensée horrible qu'elle allait mourir ici, étouffée par ces montagnes sans faille, ces maisons hautes, sans grâce, de pierre rougeâtre au bas desquelles se fixait la vase des chemins.

Heureusement, le directeur de l'école des garçons se mit à son service :

— Demandez à ma femme tout ce qui vous fait défaut. Son aide matérielle et morale vous est acquise. Quant à moi, vous pouvez compter sur mon soutien. Vous en aurez besoin. Vous êtes dans un poste à concurrence.

Adeline n'avait jamais entendu le mot.

— Cela signifie que, malgré son exiguïté, notre commune compte une école de frères et surtout une école de sœurs qui vous mènera la vie dure. La mère supérieure, le curé et le maire forment ici la sainte Trinité. Ce qu'ils disent est parole d'Évangile et vous pouvez être sûre qu'ils diront du mal de vous... Ah ! J'oubliais : je m'appelle Antonin Seignobos.

Consciente de ce que cet accueil avait de brutal, la délicate Mme Seignobos s'efforça d'adoucir le propos :

— Mon mari a raison de vous mettre en garde : c'est la guerre. Mais vous semblez consciencieuse : si vous faites votre travail avec application, c'est une guerre que vous pouvez gagner.

Adeline était effarée : elle n'avait jamais pensé qu'une institutrice dût faire la guerre. Elle se sentit démunie. M. Seignobos pourtant confirmait les encouragements de sa femme : l'an dernier, il avait une classe de quarante-cinq élèves. Cette année, il en aurait trente de plus. Cela entraînerait la création d'un nouveau poste. Dans un mois l'Académie lui enverrait un adjoint. C'était une affaire entendue.

— Le niveau des religieuses est lamentable. Les gens s'en rendent compte. Aucune de celles qui enseignent ici ne serait capable d'obtenir son certificat d'études. C'est vous dire, chère normalienne, que vous aurez des atouts dans votre jeu. Foncez ! Bientôt, vous crierez : « Victoire ! »

Adeline remercia le maître d'école. Son énergie presque militaire l'effrayait.

Le soir, elle mangea ce qu'elle avait : du pain, avec une tranche de jambon.

Situé au rez-de-chaussée dans l'aile d'un ancien moulin à eau, son appartement était humide. Visiblement, on n'avait pas fait beaucoup d'efforts pour le meubler, l'équiper.

Adeline trouva dans l'armoire des draps moites, comme recouverts de rosée. Une odeur de moisi s'en dégageait, se mêlant aux émanations du désormais inutile bassin de retenue, du tas de fumier situé sur la rive, à deux pas de sa fenêtre.

Elle allait s'endormir lorsque des cailloux jetés dans ses volets la firent sursauter, accompagnés de voix d'hommes :

— La laïque, la bourrique !

Les cris étaient tellement joyeux qu'Adeline se demanda si les hommes ne formaient pas une farandole, dansant sur le fumier.

— La laïque, la bourrique !

— Nous les avons entendus, dit Mme Seignobos lui apportant, au matin, un peu de lait : ce sont des jeunes. Ils soignent les vaches du maire, les moutons. Ils lancent des pierres et ils crient pour se faire bien voir de leur maître mais ils ne vous feront pas de mal. Ils ne pensent pas ce qu'ils disent.

À la réflexion, elle ajouta :

— D'ailleurs, ils ne sont pas capables de penser.

Son mari arrivait, brandissant triomphalement une feuille de papier :

— Trente-sept ! Vous aurez trente-sept élèves !... Croyez-moi, c'est très bien. L'an dernier votre collègue n'en avait que vingt-huit ! Ça avance ! Ça avance !

Il exultait, expliquait qu'il s'était permis d'assurer les inscriptions des filles avec celles des garçons :

— Quand une maman m'amenait son bambin, si je savais qu'il y avait une petite sœur dans la famille, je l'inscrivais aussi. D'autorité.

Le médecin avait fait un travail précieux : parcourant les campagnes pour visiter les malades, il en profitait pour vanter les attraits de la République, de son école. On l'écoutait.

— Les gens évolués sont avec nous.

M. Seignobos se frottait les mains. Sa femme indiquait la ferme où il convenait d'acheter son lait, l'épicière qui la fournirait au meilleur prix, celle qu'il convenait d'éviter : l'énorme Pastourette, devant l'église. Elle donnait même le nom du cordonnier sabotier, M. Robert, chez qui l'on devait faire réparer ses bottines. Son mari approuvait chacun de ses renseignements :

— Oui, celui-là est de notre bord.

Adeline se sentait entraînée. Asphyxiée. Elle se faisait l'effet d'une branchette morte emportée par le courant.

Elle quitta le couple avec une envie d'indépendance, se dirigea vers l'église, entra dans l'épicerie qui n'avait pas les faveurs de ces « je-sais-tout ».

— C'est pour quoi ? demanda la commerçante d'une voix peu amène.

— Je voudrais du sel.

— J'en ai pas, répondit la grosse femme.

Surprise, Adeline pointa son doigt vers le casier de bois noir dans lequel, devant le petit comptoir, brillaient les cristaux marins.

— Et ça ?

— C'est du sucre, assura la matrone.

— Alors, donnez-moi du sucre.

— J'en ai pas non plus.

Une cliente était entrée. Adeline ne se sentait pas la

force de lutter mais elle ne voulait pas perdre la face. Elle finit par dire :

— Vous savez que... vous êtes obligée de me servir ?

La matrone éclata de rire :

— Obligée ?... Voyez-vous ça ! Et par qui, obligée ? Par vous, peut-être ?

Elle parlait fort.

Adeline gênée, murmura :

— La loi dit que... Et si... les gendarmes...

Cette fois, l'énorme Pastourette se mit à crier. Elle prenait la cliente à témoin :

— Les gendarmes !... Tu entends ça, Simone ? Ça n'est pas du pays et ça vient vous menacer chez vous !... Allez donc les chercher, les gendarmes ! Je leur dirai que vous ne faites pas la différence entre le sucre et le sel !

Adeline était sortie, cramoisie. À l'intérieur, l'épicière continuait sa diatribe :

— Et c'est à ça qu'on confie l'éducation de nos enfants !

M. et Mme Seignobos semblaient attendre la jeune écervelée. Elle, le visage vaguement compatissant ; le maître d'école, l'œil sévère. Caustique :

— Vous avez eu vite fait votre marché !

Adeline tourna les talons.

Elle avait hésité à rendre visite au maire.

Ne pouvant faire autrement, elle décida de ne plus attendre.

M. de Rullac-Sainte-Thècle était un homme fort. De taille, de corpulence, de voix. D'assurance. Sa maison était plus haute que les autres, plus large, plus longue ; aussi crottée ; encombrée de poules et de canards, de dindons à tête rouge, à chair pendante, désabusée. Les vaches et les moutons logeaient au rez-de-chaussée de la grande bâtisse. Les commis de ferme en retiraient le fumier qu'ils disposaient dans la cour, en tas noirs, odorants.

Exception faite pour la vaste cuisine par laquelle on entrait et où maîtres et valets prenaient leurs repas, les appartements étaient situés au premier étage, les chambres des domestiques au deuxième et même au troisième, sous le toit.

M. de Rullac-Sainte-Thècle reçut Adeline dans une pièce sans tapisserie, sans crépi, aux murs faits de pierres brutes. Les araignées vivaient entre les poutres du haut plafond d'où quelques toiles descendaient longuement devant la seule décoration du lieu : le portrait gigantesque d'un inconnu. « Un aïeul », se dit Adeline :

— M. le Maire, j'ai cru de mon devoir de venir me présenter à...

— On doit toujours faire son devoir, coupa le magistrat. Pour ma part, j'ai fait le mien : vous trouverez dans votre classe les livres dont ma charge m'impose la fourniture.

Il y eut un petit temps. Adeline attendait. M. de Rullac ajouta :

— Ainsi, je ferai tout ce que la loi m'oblige à faire.

Il se leva :

— Ne me demandez pas d'en faire davantage.

Adeline comprit que l'entretien était terminé. Elle sortit.

Le lendemain, elle convint que maire et instituteur avaient dit vrai : les livres étaient dans la classe et elle avait ses trente-sept élèves. Trente-neuf même avec les deux sœurs Réglisse qui étaient les filles de la deuxième épicière, celle qui était « du bon côté ».

Parmi ces gosses en sabots, en fichu et robe de laine, quelques rares étrennaient un tablier de vichy à carreaux rouges ou bleus ; de cretonne grise ou noire, fleurie de blanc. Certaines portaient déjà le chignon, d'autres avaient des tresses sautant sur les épaules, beaucoup étaient mal peignées et quelques-unes, on n'en pouvait pas douter, n'étaient pas peignées du tout.

Adeline remarqua une fillette de huit ans qu'on ne pouvait pas ne pas remarquer : la pauvre enfant était borgne.

— Comment t'appelles-tu ?

— Nana, ma maîtresse.

La moitié de la salle rectifia d'un même chœur :

— Nana-qu'un-œil !

L'autre moitié ne riait pas ; sauf une petite qui voulut se rendre utile :

— On l'appelle aussi Borgnette.

Adeline eut envie d'improviser une leçon de morale mais elle pensa que, faits sur-le-champ, ses commentaires pourraient gêner Nana. Elle conçut un projet de plus grande envergure et, décidant de se donner le temps de le préparer, elle commença à classer ses élèves par rang d'âge, s'efforçant d'évaluer le niveau de chacune.

Le dimanche à six heures, la cloche appela les fidèles. Adeline estima qu'il était un peu tôt pour se lever. Aussi, délaissant la « messe des cuisinières », à onze heures, vêtue de sa cape et coiffée de son chapeau, elle se dirigea vers l'église. Là, se souvenant de l'accueil public de l'abbé Camarède, elle se dissimula derrière un pilier, accomplissant ses dévotions sous la protection de saint Antoine de Padoue dont, sur plaque de cuivre, la statue révélait qu'elle était un don de M. de Rullac-Sainte-Thècle, maire (1818-1887). Les dates firent comprendre à Adeline que ce Rullac-là était le père de l'autre : la magistrature municipale était une charge héréditaire.

Afin d'éviter les curiosités d'après office, elle s'esquiva dès le *Ite, missa est,* guettée du coin de l'œil par deux ou trois hommes qui, après avoir célébré « la messe à sainte Chopine », attendaient la sortie de leur famille sur leur charrette, abrités des fureurs du ciel par un large parapluie bleu.

M. Seignobos était sur le pas de sa porte :

— Je vous ai vue partir endimanchée. J'ai compris tout de suite. Inutile de nier : vous étiez à la messe.

Nier ? Adeline n'en aurait même pas eu l'idée.

Le maître d'école était plus sévère que jamais :

— Il va falloir nous dire de quel côté vous êtes.

Surprise par cet assaut, Adeline ne savait que répondre.

Le voyant, M. Seignobos adopta un ton plus paternel, dans lequel on percevait tous les frémissements de ses convictions :

— Madame... l'École normale ne vous a-t-elle pas appris que la République a fondé l'école pour tous ?... Que l'école pour tous est le plus grandiose bienfait qui ait jamais été donné aux citoyens de notre pays ?... Et que, en conséquence, vous devez servir la République ? L'aimer ? L'aider en formant de bons petits républicains qui, à leur tour, la serviront, c'est-à-dire qu'ils serviront l'humanité ?

Adeline avait des arguments. Il lui manquait la force et même l'envie de débattre. Son idée claire ne fut qu'un balbutiement :

— Monsieur le Directeur... l'École normale a fait beaucoup pour moi... mais ce qu'elle a donné de plus beau à... ma conscience de chrétienne... c'est... son enseignement de la tolérance. C'est un enseignement que, de toutes mes forces, je dispenserai à mes élèves.

M. Seignobos reprit son ton sévère. Il s'emporta :

— Comment serez-vous crédible dans votre enseignement de la tolérance si l'on vous voit vous compromettre avec les pires ennemis de la tolérance ?

Adeline avala sa salive. Elle retint des larmes qu'elle n'avait pas senti arriver. Qui ne se justifiaient pas. Elle avait la voix blanche :

— Je ne crois pas que Jésus ait jamais prononcé des paroles d'intolérance.

Elle n'attendit pas la réplique de l'instituteur. Rentra chez elle. S'enferma. Le matin, elle n'avait pas ouvert les volets. Elle resta dans le noir, sans bouger. Longuement. La tête, le corps vides.

Elle avait apporté un cahier sur lequel elle comptait préparer ses classes. Elle écrivit : « Cette école sera-t-elle jamais la mienne ? Ce village ? Je suis seule dans ma maison comme, ce matin, j'étais seule dans l'église. Je suis seule dans ma vie... » Sa main tremblait. Elle ajouta : « Peut-on être seule dans son mariage ? »

Elle voulut rayer la dernière phrase. Arracher la page. Ne s'y décida pas. Montant sur une chaise, elle posa le cahier sur le toit de l'armoire, son seul meuble dans lequel elle rangeait le linge, la vaisselle, ses quelques livres.

Ce cahier, elle y pensait en classe, à la récréation. Un moment, se disant qu'il représentait un danger, qu'Alphonse à sa prochaine venue pouvait le trouver, elle se promettait, à la seconde suivante, d'en poursuivre l'écriture : d'en faire l'ami qu'elle n'avait pas su trouver.

Or, un soir que, morose, elle rentrait chez elle, M. Seignobos l'appela :

— Mon adjoint est arrivé plus tôt que prévu. Venez. Je veux vous le présenter.

Adeline entra dans le petit appartement. Plus vaste mais aussi chichement meublé que le sien.

Elle eut un haut-le-corps.

Élie Chabrol était devant elle. Aussi surpris qu'elle. Montrant la même hésitation.

Ils ne se saluaient pas. Ne faisaient pas un geste.

L'instituteur comprit la situation :

— Vous vous connaissez ?

Élie finit par répondre :

— J'étais au mariage de madame.

M. et Mme Seignobos rirent de la coïncidence.

Ils étaient les seuls.

Après le premier étonnement, Adeline avait vu dans les yeux d'Élie une petite lueur, une espèce de « C'est vous, je suis content de vous revoir ». Très vite la flamme avait disparu, remplacée, semblait-il, par une surprise plus grande, inquiète : « C'est vous ? Je ne peux pas le croire. En peu de temps vous avez changé. Que s'est-il passé ? » Adeline était heureuse et tourmentée par cette sollicitude. Elle écourta l'entretien, se réfugia chez elle. Tremblant sans s'expliquer pourquoi.

Les jours suivants, pour ne pas que son regard croise

celui d'Élie au-dessus du mur séparant la cour des filles de la cour des garçons, elle passa les récréations dans sa classe. La surprise apitoyée qu'elle avait perçue chez Élie lui faisait peur : elle soigna son chignon, y glissa une épingle à tête de nacre ; elle repassa sa longue jupe. Observant son visage dans un miroir, pour la première fois de sa vie elle regretta de n'avoir pas une houppette, un peu de poudre de riz, de rouge avec lequel elle aurait rehaussé son teint.

Le samedi soir, Alphonse arriva sur sa bicyclette. Il était dans de bonnes dispositions. Sa rentrée s'était bien passée, avec plusieurs enfants de l'école Saint-Joseph venus grossir les rangs de l'école publique.

— Ça avance ! Ça avance ! disait-il réjoui, comme M. Seignobos.

Cette gaieté, les petites farces qu'il fit pendant le repas (lorsqu'elle se levait pour servir ou desservir, il lui cachait son verre, sa fourchette) agacèrent Adeline. Elle ne lui dit pas qu'Élie était là.

À minuit, des cailloux bombardèrent les volets. Plus lourds qu'au premier soir. Les voix, la phrase étaient les mêmes :

— La laïque, la bourrique !

Alphonse se leva d'un bond. Il ouvrit la fenêtre, apostrophant la pénombre :

— Catholiques, sale clique !

Des pas détalèrent sans courage. Une forte odeur de fumier pénétra la chambre.

— Tu ne dois pas accepter ça !

— Accepter... quoi ? demanda Adeline.

— Ces insultes la nuit, ces pan-pan dans les contrevents, le tas de fumier sous ta fenêtre : tu dois aller protester auprès du maire... Si tu n'y vas pas, j'irai, moi. Je suis ton mari.

Ce dernier mot la toucha. Pas assez pour débloquer des confidences.

Au matin, à genoux sur le parquet, Alphonse pria.

Il l'accompagna à l'église mais ne voulut pas entrer. Se retournant, elle le vit se diriger vers le café Malzieu.

Pendant l'office, elle pensa à lui, à son courage à la fenêtre, dans la nuit. Elle admirait sa force. Elle décida de lui parler d'Élie au cours du déjeuner.

Elle ne le fit pas. Refusa d'aller en promenade de crainte de rencontrer le garçon. Sa cachotterie lui semblait déloyale. Elle ne parvint pas à la vaincre. Aussi vit-elle partir son mari avec soulagement : elle croyait que son malaise, son silence, les reproches qu'elle s'en faisait allaient prendre fin.

Seule dans son lit, elle se demanda ce qui l'avait poussée à cacher cette arrivée d'Élie. Son interrogation accentua sa gêne. Elle l'écrivit sur son cahier.

Restant toujours dans sa classe pendant les récréations, un matin elle entendit une fillette qui, dans la cour, se moquait de Borgnette :

— Nana-qu'un-œil, t'es en deuil !

D'autres gosses se joignaient à la provocatrice. Se donnant la main, elles formaient une ronde autour de leur victime :

— Nana-qu'un-œil,
T'es en deuil,
De ton œil !

Elles répétaient sans fin leurs paroles cruelles. Sur quelques visages se lisait une joie méchante.

Adeline allait intervenir lorsque, au-dessus du mur, parut la tête d'Élie apostrophant les chahuteuses :

— La récréation est faite pour aérer son corps et son esprit. Pas pour les empoisonner avec de mauvais jeux !... Les brimades sont interdites.

Le maître ès morale demanda :

— Votre maîtresse n'est pas là ?

Adeline se cacha dans l'angle de la pièce. Elle y resta jusqu'à la cloche. C'était comme si elle avait envie de vivre là. Dans ce coin.

Elle ne sermonna pas les fillettes pour leur plaisanterie

à l'égard de Borgnette, se promettant à nouveau d'agir indirectement ; très vite.

L'après-midi, avec intention, elle lut *Le Crapaud* de Victor Hugo. Les élèves, surtout les grandes, semblèrent comprendre la leçon du poème où l'on voit le crapaud maltraité par tous à cause de sa laideur... jusqu'au moment où l'âne, le pauvre âne fatigué et meurtri...

... Fait quelques pas de plus, s'écarte et se dérange
Pour ne pas écraser un crapaud dans la fange.

Souhaitant intéresser toute l'école à cette leçon, elle scinda le texte en plusieurs parties, donnant à tel groupe telle partie à apprendre, étant entendu que toutes les gosses, même les plus petites, devaient apprendre les derniers vers :

Ô sage,
La bonté, qui du monde éclaire le visage,
La bonté, ce regard du matin ingénu,
La bonté, pur rayon qui chauffe l'inconnu,
Instinct qui, dans la nuit et dans la souffrance, aime,
Est le trait d'union ineffable et suprême
Qui joint, dans l'ombre hélas si lugubre souvent,
Le grand ignorant, l'âne, à Dieu le grand savant.

Terminant la lecture, Adeline découvrit sur le visage des chahuteuses des regards l'interrogeant : « Est-ce pour nous condamner, maîtresse, que vous avez choisi ce poème ? » Au fond de la classe, l'œil unique de Borgnette hésitait entre perplexité et gratitude. Lorsque la cloche sonna la sortie, une grande qui, à la récréation, avait été des plus acharnées, prit l'infortunée Nana par la taille. Elles s'en furent dans la même direction, sans se lâcher.

Élie attendait devant le portail.

Il engagea la conversation sur le thème de la cruauté des enfants. Il demanda à Adeline comment elle avait pu disparaître pendant la récréation. Devant son épicerie, l'énorme Pastourette les regardait, ses deux poings sur les hanches. Adeline tendit la main au garçon :

— Au revoir.

Il protesta :

— Je... j'avais autre chose à vous dire... à vous demander.

Sans raison, Adeline rougit.

— Puis-je vous accompagner encore quelques instants ?

— Mais non ! Vous le voyez bien ! répondit-elle en montrant l'épicière qui, une main devant ses lèvres, cancanait à l'oreille d'une cliente.

Elle partit.

Élie la rattrapa :

— C'est une question de travail !... Je viendrai vous voir dans votre classe... Demain pendant la récréation.

Dans son atelier, le cordonnier Robert chantait *Sul pont da Mirabel.* Il accompagnait la mélodie en frappant doucement de son marteau les clous d'un brodequin, en artiste. On le disait dangereux : un radical-socialiste qui mangeait du saucisson le vendredi. Bébé, il avait été découvert à la porte d'un couvent le jour de la Saint-Robert. Quand on lui demandait si c'était son nom de famille, il répondait : « C'est mon nom de sans-famille. » Sachant cela, Adeline aurait voulu lui parler. Être proche de lui. Sans lui en donner la raison.

Elle eut une soirée agitée. Elle se demandait quelle était cette question de travail dont Élie voulait l'entretenir. Elle se demandait même si c'était une question de travail. Elle était heureuse et craignait un piège. De quel ordre ?

Le matin, arrivant à l'école, elle trouva une rose couchée sur son bureau.

— Qui m'a porté ça ? demanda-t-elle lorsque toutes les élèves furent à leur place.

Borgnette finit par lever la main.

Adeline remercia. Elle ne commenta pas.

Lorsque la cloche annonça la récréation, elle mit la rose à son corsage.

Élie parut, un peu timide, s'emberlificotant quelque peu dans son entrée en matière :

— Voilà... c'est... j'ai eu une idée... Remarquez... nous avons le temps d'en parler... mais quelquefois... à force de rester dans l'auberge on finit par laisser partir la diligence... C'est pourquoi... j'ai pris la liberté... je me suis permis... et vous n'êtes pas obligée de répondre tout de suite...

« Au fait », avait envie de dire Adeline.

Il y vint :

— Oui, j'ai pensé que... si vous le vouliez... nous pourrions prévoir... tous les deux ensemble...

Une seconde, elle craignit une mauvaise proposition. Pas déshonnête, non, mais une proposition à laquelle elle ne pourrait pas donner suite.

Élie finit par dire :

— Nous pourrions... avec nos élèves, préparer la fête de nos deux écoles.

Adeline ferma les yeux. Elle était trop émue pour répondre.

Élie se méprit. Il voulut la convaincre :

— Ce serait bien pour les élèves. Cela les stimulerait... Et... ce serait bien aussi pour l'école... de la République... La population viendrait. Elle en parlerait...

Adeline, bien sûr, approuva le projet. Elle ne dit pas que, en secret, elle l'avait déjà formé : Élie Chabrol paraissait si content d'en avoir eu l'idée...

Désormais, à chaque récréation, il arriva, s'installa dans la classe, apportant une suggestion que le lendemain il jugeait urgent de modifier, de sacrifier avant d'en lancer une autre dans le débat. Adeline était heureuse comme, croyait-elle, elle ne l'avait jamais été. La fête des écoles était dans son cœur.

L'orage éclata sans que quiconque ait pu le voir monter.

Adeline un matin voulut faire réciter *Le Crapaud.* Trois

élèves croisèrent les bras. C'était ostensible, nul n'en pouvait douter.

Germaine Mourlevat finit par dire que sa mère — qui était la sœur de l'énorme Pastourette — lui avait interdit d'apprendre cette horreur. Il en était de même pour Marinette Pechmaury. Quant à la petite Laseguinie, elle montra son livre : le poème était absent. Son père en avait arraché les deux pages.

Abasourdie, Adeline comptait demander des explications aux parents. Elle n'en eut pas le temps. Le soir, l'énorme Pastourette l'interpella du seuil de son épicerie :

— Donner à nos enfants des histoires de curés à femme, c'est une honte !

Prises à témoin, des clientes approuvaient.

Adeline ne répondit pas. Elle écrivit aux familles.

Qui ne répondirent pas mais entraînèrent d'autres familles dans leur fronde : le poème devait être retiré sous peine de voir les enfants quitter l'école de la République pour rejoindre les bancs de Sainte-Marthe.

— C'est dommage, dit Adeline. J'aimais beaucoup ce poème. Les élèves le comprenaient et sa leçon est salutaire.

Élie protesta :

— Ce poème est dans le livre. Le livre a l'aval de l'Académie, du ministère ; vous n'avez pas à obéir aux injonctions des béotiens.

Il l'incita à écrire à l'inspecteur.

La réponse ne se fit pas attendre : « Victor Hugo est le plus grand poète français. *Le Crapaud* est à la fois leçon de poésie et leçon de morale. Vous devez maintenir ses leçons, les vôtres... en veillant à ne pas heurter les familles. »

Élie pensa que le mieux était de bien expliquer les choses. Aux parents récalcitrants et aux autres. On prendrait tout le monde à témoin. Il parlait avec douceur. Adeline le trouvait tel que, dans le jardin public de Rodez, elle l'avait imaginé...

Les pères et mères, les frères et sœurs arrivèrent dans la

nuit brumeuse, après avoir soigné les bêtes, tiré le lait, pris leur repas.

Adeline entama la lecture du poème, un peu gênée du regard de Nana, de sa mère lorsque, ayant marqué la laideur du crapaud, Hugo en vient aux beautés de son âme :

Pas de monstre chétif, louche, impur, chassieux,
Qui n'ait l'immensité des astres dans les yeux.

Borgnette, qui avait l'esprit vif, était heureuse de cette beauté nouvelle, révélée à toute l'assemblée.

Adeline assura sa voix pour, après le portrait du crapaud, faire celui des gens se détournant de lui :

Un homme qui passait vit la hideuse bête,
Et, frémissant, lui mit son talon sur la tête ;
C'était un prêtre...

À ce mot, c'est la salle qui frémit. Une partie du moins. Adeline reprit :

C'était un prêtre ayant un livre qu'il lisait ;
Puis une femme, avec une fleur au corset,
Vint et lui crève l'œil du bout de son ombrelle ;
Et le prêtre était vieux, et la femme était belle.
Vinrent quatre écoliers...

Elle ne put aller plus loin. Un homme s'était levé. Massif. Il tendait son poing. L'épicière s'avançait entre les bancs, prétendant parler au nom de sa sœur pour protéger sa nièce :

— Vous faites du dévergondage !

— Du dévergondage d'ecclésiastique ! renchérissait l'homme dont Adeline apprenait qu'il était M. Laseguinie, l'arracheur de pages.

Adeline voulut expliquer qu'elle ne voyait là aucun dévergondage.

— Un prêtre suit une femme ! On sait ce que cela veut dire ! glapissait l'épicière.

Adeline protestait. Timide. Déconcertée :

— Mais... le prêtre passe *avant* la femme. Il ne peut donc pas la suivre. Victor Hugo ne dit pas qu'il la suit.

— Il dit que la femme était belle, on connaît la vie ! tranchait Pastourette.

Du fond de la salle, monta la voix de M. Seignobos :

— Vous la connaissez mieux que moi : vous m'apprenez que, lorsque les femmes sont belles, les ecclésiastiques les suivent dans les chemins !

Si la réplique avait été lancée pour aider Adeline, elle manquait visiblement son objectif : M. Laseguinie se faisait menaçant, Pastourette en venait aux insultes, les Mourlevat prenaient à partie le grand frère de Nana, un garçon à l'air coquin qui riait du propos de l'instituteur. Dans le vacarme, Adeline se sentait perdue. Elle aurait voulu s'enfuir. Sa gorge se bloquait devant tous ces gens comme elle se bloquait devant Alphonse, devant Marie...

Élie comprit cela. Il se leva. Calme. Sa voix douce avait une grande autorité. Il cita des vers de Victor Hugo montrant l'indéniable foi en Dieu du poète, rappela ses mots auxquels lui-même n'adhérait pas : « Plus l'homme grandit, plus il doit croire. » Il affirma à l'assemblée médusée par son savoir que *Le Crapaud* était la pure et simple reprise de la parabole du bon Samaritain : « Un prêtre descendait par le même chemin ; il vit cet homme (abandonné de tous) et passa outre ; de même, un lévite, étant venu en ce lieu, le vit et passa outre. »

— C'est un lévite : pas une femme ! interrompit M. Laseguinie.

— Taisez-vous ! Écoutez ! lança une vieille paysanne subjuguée par la connaissance.

— Victor Hugo avait, nous le savons tous, une grande admiration, une vénération pour les femmes. En faisant entrer l'une d'elles dans son poème, il a seulement voulu montrer que la femme elle-même, la femme douce et aimante qu'il a si souvent célébrée, pouvait avoir des moments de cruauté.

L'épicière ne désarmait pas.

— Il dit qu'elle est belle.

— Oui, belle, contrairement au crapaud ; favorisée par la nature contrairement à l'âne tirant sa charge.

Élie n'eut aucune peine à montrer que là était la grande leçon voulue par le poète :

— Notre ferveur doit aller à la générosité. Plus que la beauté du corps, doit nous importer la beauté de l'âme. Dans le poème, la femme n'est pas belle pour éveiller la concupiscence du prêtre comme certains voudraient nous le faire croire : elle est belle pour éveiller notre défiance à l'égard des apparences.

Élie parlait de l'amour. Du véritable amour. Profond. Illuminant les cœurs. Il regardait Adeline. Adeline regardait Élie. L'œil de Borgnette brillait de mille feux.

Des gens applaudirent. La vieille paysanne, une autre femme se signèrent : comme elles l'auraient fait à l'église, à la fin de l'Évangile.

La partie n'était pas gagnée pour autant : l'épicière, la famille Laseguinie étaient vexées. Certains parents riaient d'eux. D'autres, les plus nombreux, ne disaient rien, ne manifestaient pas, comprenant ou ne comprenant pas très bien ce qui venait de se dire, de se passer. Ils formaient deux rangs mi-embarrassés mi-respectueux entre lesquels sortirent Élie et Adeline. Si elle l'avait osé, Adeline aurait donné le bras à Élie. Il était tel qu'elle l'avait imaginé lorsque, à Rodez, dans le jardin public, elle l'avait aperçu pour la première fois. Dans son uniforme de normalien...

Retrouvant sa chambre, elle se déshabilla. Ses hanches s'arrondissaient quelque peu. Elle caressa son ventre. Se mit à prier. Heureuse d'une joie qu'elle ne s'expliquait pas. Tourmentée par une angoisse qu'elle ne voulait pas s'expliquer. Ses dévotions n'étaient qu'un cri :

— Mon Dieu, protégez-moi !

Du bonheur ou du malheur ? Elle ne savait pas. De son silence, peut-être.

Le lendemain, elle trouva une lettre sur son bureau. M. Laseguinie faisait savoir que sa fille « ne remettrait pas les pieds dans une école dont les maîtres, habiles à jouer sur les mots, avaient par cette disposition trop de facilité à se moquer du sentiment religieux ». Cela ne faisait qu'une élève perdue mais Adeline en fut affectée. Elle plia la lettre, la glissa dans son corsage.

À la récréation, Élie lui dit des paroles de réconfort. Elle l'écoutait avec délices. Sous la lettre pliée, sa poitrine gonflait. Elle avait de la peine à la contenir.

Le soir, elle fut surprise de voir arriver Alphonse. Elle avait presque oublié qu'on était samedi. Un incident avec les parents d'un élève avait marqué sa semaine et cinquante kilomètres sur son vélo n'avaient pas atténué sa fureur :

— Tu ne peux pas te rendre compte ! Tu ne peux pas !

Elle avait envie de dire que, au contraire, elle le pouvait très bien mais, dans sa colère, il ne la laissait pas parler.

L'affaire était venue de ce qu'un gamin avait trop bien répondu à une interrogation de calcul :

— Il fallait ajouter des jours à des heures. Les autres peinaient. Celui-là est venu au tableau. Un petit, frisotté, que j'aime bien. Il a fait l'opération, l'a expliquée à tout le monde. Je l'ai félicité en lui passant la main dans les cheveux.

Le gosse avait eu un mouvement de recul. Alphonse l'avait vu mais il ne s'attendait pas à ce qui devait suivre :

— Le père est venu me voir. Il m'a dit que, si je devais continuer ainsi, il retirerait son fils de l'école.

Adeline, intimement, donnait tort à son mari : l'École normale l'avait mise en garde contre les gestes affectueux. Ils peuvent prêter à confusion. Ils suscitent la jalousie des autres enfants.

Or, il ne s'agissait pas de cela :

— En passant mes doigts dans ses boucles, j'avais dit : « Sacré petit bonhomme ! »

— ... Alors ? demanda Adeline.

— Alors... rien n'est *sacré* en dehors de l'Église ! Employer le mot revient donc à jurer. C'est très grave, le curé en a averti ce père de famille.

Adeline était sans voix. Pas Alphonse : il allait de long en large, vitupérant le prêtre, ceux qui le suivent, ceux qui le dirigent, l'évêque, les chères sœurs, les missionnaires en campagne, tous ces prêcheurs déguisés en pères fouettards.

— Tu parles des gens de notre famille, murmura Adeline affectée par ce langage.

Alphonse cria :

— C'est peut-être ta famille : ce n'est pas la mienne !

Elle reçut le mot comme la brûlure d'un divorce. Il continuait :

— Ce n'est pas l'Église catholique, c'est le clan des andouilles !

Il ne voulait pas en être. Il hurlait. Elle était effarée. Elle pensait qu'il allait en venir aux insultes de la rue, que bientôt il appellerait les prêtres des corbeaux et des sacs à charbon, les religieuses des cuisses-mortes ou des putains de moine. Il se servait à boire. Elle se disait que, comme beaucoup d'autres, il se débarrassait de la religion pour se débarrasser de la morale. Elle eut devant les yeux le visage de l'abbé Camarède, son beau regard porteur de la bonté divine. Elle aurait voulu le rencontrer. Couchée, elle s'endormit croyant entendre sa voix derrière les croisillons, le violon dans la nuit. Cette douceur la conduisit à Élie Chabrol. Les yeux fermés, elle ne voyait que lui ; elle sentait sur sa poitrine le souffle du garçon, comme elle le percevait sur son visage lorsque, à l'heure de la récréation, dans l'isolement de la classe vide, il lui parlait de la fête des écoles. Un matin, sa main avait frôlé la sienne. Elle avait cru qu'il allait la lui prendre. Elle savait qu'elle n'aurait pas refusé...

Elle ne refusa pas Alphonse s'allongeant près d'elle. Sur elle. Elle était pénétrée par une chaleur immense, un plaisir reçu qu'elle rendait avec force, mouillée de larmes et de bonheur, toutes les parcelles de son corps touchées par un bien-être qui se prolongea au-delà du bien-être, au-delà du temps... jusqu'au moment où, dans la nuit, elle s'éveilla, le cœur agité, l'âme en révolte. Elle se sentait coupable. Comme si elle avait trompé son mari. Elle se dit qu'elle devait aller à confesse. Se laver. Communier. Se retrouver parmi les siens. Une idée lui vint qu'elle avait oubliée. Ou plutôt que, depuis des jours, elle repoussait : Élie Chabrol n'était pas catholique. Dans son cauchemar, elle vit Élie et Alphonse dansant devant elle, diables rouges l'entraînant dans les flammes de l'enfer, le bûcher allumé par les pénitents noirs, sur la place Notre-Dame, à Villefranche.

Elle s'éveilla dans l'odeur du café.

Alphonse l'avait moulu, préparé :

— J'ai pensé que ça te ferait plaisir.

Ses yeux brillaient d'une satisfaction de jeune coq. Il était heureux de montrer son bonheur d'homme, le bonheur de la jouissance donnée.

Il changea de ton. Grave :

— Cette nuit, tu as pleuré.

— Moi ?

Il était affectueux, comme compatissant. Inquiet :

— Tu dormais et tu pleurais.

Elle craignait d'avoir parlé, dit des mots incontrôlés, la trahissant. Elle en acceptait la fatalité.

Alphonse posa sur la table la lettre de M. Laseguinie, trouvée ce matin sur la carpette :

— Tu as perdu une élève. Tu aurais dû me le dire.

Une seconde, elle eut envie de se jeter dans ses bras, de crier : « Il y a tellement de choses que je devrais te dire ! » Elle se tut.

Il chuchota :

— Je sais ce que tu ressens.

Il mit sa main sur la sienne :

— Je ne veux pas qu'on te fasse du mal.

À nouveau, elle eut envie de se jeter dans ses bras. Plus fort.

Elle se leva. Mit sa cape.

Il prit son chapeau :

— Je viens avec toi.

— À la messe ?

— Oui. Et si le curé dit un mot contre toi, je lui réponds.

Il paraissait décidé. Adeline se mit à trembler.

Arrivant à l'église, elle voulut entrer seule, demander à son mari de renoncer. Elle pensa que si Alphonse n'assistait pas à l'office, il irait au café Malzieu, y serait vu des amis et des ennemis de l'école... Devant son désarroi, il jura de laisser se dérouler la cérémonie sans faire d'esclandre. Elle le crut.

À l'intérieur, une surprise l'attendait : sa place derrière le pilier était prise par l'épicière, quelques-unes de ses amies. Il lui sembla que les commères en montraient quelque satisfaction ; que des faces narquoises guettaient sa réaction. Elle n'en laissa paraître aucune, s'installant devant un prie-Dieu libre, au milieu de la nef, sous la tribune réservée à l'orgue, à la chorale. Près d'elle, comme elle, Alphonse se mit à prier.

M. de Rullac-Sainte-Thècle arriva en retard. Il parut surpris par cette double présence.

Le prêtre gagna la chaire. Il commença la lecture de l'Évangile :

— « En ce temps-là, Jésus monta sur la montagne. Voyant ses disciples assis autour de lui, il les instruisit en paroles superbes... »

Adeline imaginait la scène. La montagne était la colline de Saint-Jean-d'Aigremont avec son calvaire dominant Villefranche. Cela sentait la lavande et le romarin. Le buis et les genêts. Les phrases divines tombaient sur l'âme des apôtres en robe blanche, sur l'âme des fidèles ici rassemblés :

— « Heureux les pacifiques parce qu'ils seront appelés enfants de Dieu. Heureux ceux qui souffrent persécution pour la justice parce que le royaume des cieux leur appartient... »

Adeline retrouvait la paix chrétienne de son enfance. Borgnette l'avait aperçue. Elle lui faisait un geste d'amitié.

Le prêtre enfla la voix. Il se mit à marteler les mots, comme s'il les voulait charger de la colère du ciel :

— « Vous serez heureux quand les hommes vous maudiront, vous persécuteront, vous accableront de calomnies à cause de moi. Réjouissez-vous alors et faites éclater votre joie parce qu'une grande reconnaissance vous est préparée dans l'existence éternelle auprès de Notre-Seigneur. »

Il se signa. L'assemblée répéta son geste. Alors, sûr de lui, de sa mission, de la place parmi les élus qui récompenserait ses mérites, il reprit chaque mot de l'Évangile, se disant heureux d'être maudit, persécuté, accablé de calomnies dans son existence terrestre vouée au service de Dieu :

— Dans notre paroisse, dans notre commune qui, depuis toujours, sous la conduite de son maire respecté de tous, sait vivre dans la plus grande morale, des gens dont le projet bien connu est de détruire la religion et ses écoles, oui des gens sans scrupules ont, sous couvert de poésie, tenté d'empoisonner l'âme de nos chers enfants.

Il pointa un doigt en direction d'Adeline :

— Et ces gens ont le front de se présenter devant nous.

— Je vais lui répondre, murmura Alphonse.

— Tu as juré de te taire, supplia Adeline.

Le prêtre s'enflammait, sûr de la confiance de ses paroissiens :

— Non, Madame l'Institutrice, non mes bien chers frères, ni ici ni ailleurs, les prêtres ne suivent les femmes dans les chemins ! Chacun en est témoin.

Un murmure monta de l'assemblée. Fait de révolte

contre l'enseignement maudit. On se tournait vers Adeline avec des yeux mauvais. Elle serrait le bras de son mari pour le contenir.

Percevant son succès, le prédicateur interrogeait :

— Qui est ce Victor Hugo derrière lequel s'abritent les mécréants ?

Il répondait lui-même à sa question :

— Un ambitieux passé de la monarchie à la République !

— Cela vaut mieux que le contraire ! grommelait Alphonse.

— ... Un fourbe se proclamant chrétien pour tromper les chrétiens !

— Un chrétien tellement chrétien qu'il fustigea les faux dévôts, rectifiait Alphonse.

Adeline, de sa main serrée sur son bras, le suppliait encore...

Le prêtre à nouveau interrogeait :

— Et comment être chrétien si l'on se bat contre l'Église des chrétiens ?

— En servant Dieu et non pas les hommes qui se servent de lui ! répondait Alphonse entre ses dents.

Adeline sentait qu'il ne tiendrait plus longtemps. Elle s'affolait.

Chez les fidèles, l'agitation montait aussi. Faite de chuchotements hostiles, de sourires lisibles sur les faces réprobatrices, de coups de coude donnés à un voisin pour l'inviter à prendre plaisir à la curée. Parfois le voisin répondait par une gêne exprimée de sa tête baissée.

Le prêtre poursuivait sa diatribe contre Hugo, ce soi-disant chrétien refusant à l'avance à sa dépouille la bénédiction de l'Église :

— Il quitta ce monde comme un chien : deux millions de personnes peuvent en témoigner.

Ici, le prédicateur abandonnait la violence. Des larmes mouillaient sa voix. Cette foule venue saluer le cercueil de l'apostat était pour lui la marque de la déchéance du pays.

Entendant cela, Alphonse passa sa main devant sa bouche pour ne pas pouffer.

La moquerie fut de courte durée. Reprenant le mode des questions auxquelles il apportait lui-même une réponse, le prêtre demandait : « D'où vient notre déchéance ? » Cela ne faisait aucun doute :

— Dès que la République ouvrit ses écoles sans Dieu, la criminalité augmenta !

Adeline vit les mâchoires d'Alphonse se crisper.

— Et pourquoi messieurs les assassins se gêneraient-ils puisque la vie sans religion est une vie sans châtiment ? On vous le dit, mes bien chers frères : la République ouvre des écoles. Ce que l'on ne vous dit pas c'est qu'elle est, dans le même temps, obligée d'ouvrir des prisons !

Alphonse avait pâli. Adeline crut qu'il allait s'élancer vers la chaire. Elle s'accrocha à lui de toute la force de ses muscles et surtout de toute la force de ses mots :

— Mon mari ! Le scandale rejaillirait sur notre école !

L'effet fut instantané. Elle avait dit : « Mon mari. » Elle avait dit : « Notre école. » Alphonse ferma les yeux. Sa gorge se gonflait. Il avalait sa salive, sa fureur, son indignation. Bientôt, il rejeta la main d'Adeline. Percevant encore en lui quelque tressaillement, elle craignit un retour de flamme coléreuse. Mais non ! Il tourna le dos au sermonneur et, sans une génuflexion, sans un signe de croix, il quitta l'église.

Cela avait créé quelque brouhaha. Adeline ne l'entendait pas. Elle ne percevait même pas la suite de l'homélie dénonçant les attentats anarchistes, conséquence inéluctable de la création d'une école sans conscience. Le prêtre félicitait M. Laseguinie d'en avoir protégé le village ; invitait les parents à suivre son grand exemple, disant que l'école de Dieu était ouverte à toutes les honnêtes gens... Tout cela, les prières de l'offertoire, les clochettes de l'élévation, les fidèles se dirigeant vers la sainte table pour recevoir l'hostie, la bénédiction du prêtre, son *Ite, missa est* ne pouvaient plus arracher Adeline à sa torpeur. Assise sur sa chaise, ses mains fermées sur son missel, elle ne vit pas le départ des paroissiens la dévisageant, des religieuses poussant devant elles quelques fillettes tentées de s'attarder. Elle ne vit même pas Borgnette dont l'œil se voulait encourageant...

Lorsqu'elle sortit, un petit soleil avait dissipé la brume.

La place était vide.

Alphonse s'avança.

Élie était près de lui.

Adeline remarqua les traits tirés, le visage défait de son mari. Il était sans expression. Avec seulement une douleur dans le regard. Il murmura :

— Tu ne m'avais pas dit qu'Élie avait été nommé ici... Près de toi.

Elle voulut balbutier quelque chose, inventer une excuse à son silence.

Elle n'en eut pas le temps : Alphonse riait aux éclats. Un rire nerveux mais un rire véritable. Comme elle ne lui en avait pas entendu depuis longtemps.

Il expliqua :

— J'ai fait beaucoup de blagues dans ma vie... Aujourd'hui c'est ma vie qui m'en fait une. Une belle.

Il enfourcha sa bicyclette et s'en fut sans ajouter un mot.

Adeline eut l'impression qu'elle ne le reverrait jamais.

Elle ne s'en rendait pas compte : Élie lui avait pris la main.

9

Lorsque, sur la place, Adeline s'était rendu compte qu'Élie lui tenait la main, elle avait eu, pour la retirer, un geste vif. Qui ressemblait à un reproche.

Élie avait murmuré un petit :

— Pardon !

Lui aussi semblait surpris de son geste.

Adeline était partie sans le regarder. Pour ne pas voir sa gêne. Qu'il ne voie pas, sur ses tempes, une rougeur qui la picotait, elle le sentait bien.

Elle s'était enfermée chez elle et, au début de la nuit, les cris avaient recommencé. Il fallait s'y attendre :

— La laïque, la bourrique !

Avec, en plus, quelque trait lié à l'actualité du jour ; des chants en patois que l'on pourrait traduire par :

— Institutrice, bonnet d'âne,

Te frotte pas à nos soutanes !

Le charivari avait duré plus longtemps que d'habitude. Il était plus agressif, avec des coups aux volets ; d'autres coups, plus sourds, faisaient penser à des outils frappant la pierre, ponctués de rires.

Elle n'avait pas pu s'endormir, revivant sans cesse l'affront subi à la messe. Elle se demandait comment elle avait pu rester parmi les fidèles, s'accusait de lâcheté. Un instant, le prêtre vindicatif lui apparaissait dégradé par la méchanceté ; l'instant suivant, elle le voyait paré de toutes les certitudes de la foi. Elle l'enviait, chassait cette idée, se demandait comment elle se trouvait aujourd'hui bannie par les siens, dénoncée, recevant leurs coups, ne sachant pas que justement ce sont les vôtres qui toujours vous portent les coups les plus rudes, ceux qui vous font le plus mal. Les autres, ceux qui viennent de l'adversaire, on les reçoit avec bravoure, heureux de les offrir à la cause dont on se veut le plus valeureux défenseur. Quitte à en être le plus douloureux.

Adeline priait. Dieu avait le visage de l'abbé Camarède. Elle se disait qu'Élie, à la récréation, lui apporterait son réconfort.

Au matin, lorsqu'elle ouvrit la fenêtre, une odeur plus forte la saisit : le tas de fumier avait été poussé vers la maison, elle n'en pouvait plus douter.

Elle eut l'idée d'aller se plaindre au maire. Elle savait qu'elle n'irait pas, qu'elle n'en aurait pas la force. L'eût-elle que l'entreprise serait, de toute façon, vouée à l'échec.

À la récréation, Élie ne vint pas. Elle était dans l'angoisse, se rendant compte, chaque minute passant, combien elle l'attendait.

L'après-midi, il parut sur le seuil, plus timide que jamais. C'était visible : il pensait à son audace de la veille. Il aurait voulu dire que ça n'en était pas une. Un mouvement inconsidéré plutôt, guidé par l'affection. Le mot était un peu fort. L'amitié, peut-être. Dans tous les cas : la bonne camaraderie. Sentant qu'il allait s'emberlificoter, il se tut.

De son côté, elle aurait voulu lui dire que la meilleure façon d'éviter ces écarts était de ne plus se voir en classe. Ni ailleurs. Encore moins ailleurs. Elle non plus ne parla pas.

Le lendemain, dès qu'il fut devant elle, il exposa son idée :

— Puisque toute la classe apprend *Le Crapaud*, nous allons transformer le poème en saynète. Il y aura plusieurs récitants et plusieurs personnages : le crapaud, l'âne, bien sûr, mais aussi, le prêtre, la femme, les écoliers...

Adeline était enthousiaste.

Élie était heureux de ce succès. Il voulut le parfaire :

— Une mise en scène habile nous aidera à bien nous faire comprendre : lorsque le prêtre et la femme se détourneront du crapaud, nous les ferons partir chacun de son côté. Ainsi nul ne pourra médire. Nos détracteurs seront confondus.

Adeline, ravie, battait des mains.

Élie poursuivit :

— J'expliquerai bien au garçon ce qu'il a à faire et surtout qu'il ne doit pas regarder la femme. De votre côté, vous expliquerez à votre élève que...

Elle n'en croyait pas ses oreilles :

— Vous voulez faire jouer les garçons et les filles ensemble ?

— Puisqu'il y a des personnages masculins et des personnages féminins, cela me semble...

Elle ne le laissa pas terminer. Aurait-il l'intention de les faire lyncher ?

Élie crut devoir insister. Elle resta sur ses positions : les élèves des deux écoles participeraient à une même fête, cela était souhaitable, mais ils ne répéteraient pas ensemble ; on ne les verrait pas ensemble sur la scène.

Élie dut s'avouer battu. Pas découragé. Les jours suivants, il revint avec d'autres idées : on inviterait l'inspecteur, les garçons termineraient le spectacle en chantant *la Marseillaise.* Porté aux nues par les voix fraîches de ces futurs hommes, « le couplet des enfants » produirait une grande émotion :

Nous entrerons dans la carrière
Quand nos aînés n'y seront plus.
Nous y trouverons leur poussière
Et la trace de leur vertu.

Surtout, il ne fallait pas se contenter de saluer Hugo avec *Le Crapaud.* Contre ceux qui malmenaient sa réputation, il fallait réhabiliter la générosité du poète, sa foi :

— Connaissez-vous *L'Affaire du bon Dieu ?*

Adeline ne connaissait pas.

Élie dévoila son projet : dans la ferme de quelque élève, il ne serait pas difficile de trouver l'un de ces lits à potence derrière les rideaux desquels les parents mettent leur pudeur à l'abri des indiscrétions de la pièce commune.

— Nous placerons ce lit au fond de la scène, ses rideaux fermés. Il suffira à figurer le pauvre logis où un pêcheur et sa femme élèvent leurs cinq enfants.

Dans ce logis, une voisine est venue annoncer la mort d'une mère. Elle laisse deux mioches, tout petits :

L'un s'appelle Guillaume et l'autre Madeleine ;
L'un qui ne marche pas, l'autre qui parle à peine.

Le pêcheur regarde sa femme, la voisine. Bientôt, il se décide :

Ouvrons aux deux enfants. Nous les mêlerons tous,
Cela nous grimpera le soir sur les genoux.
Ils vivront, ils seront frère et sœur des cinq autres.
Quand il verra qu'il faut nourrir avec les nôtres
Cette petite fille et ce petit garçon,
Le bon Dieu nous fera prendre plus de poisson...

Élie expliquait qu'on habillerait une élève en pêcheur. Adeline eut l'impression que c'était un prétexte : il s'était arrêté de déclamer pour cacher son trouble, une émotion, venue peut-être en prononçant le nom de Dieu.

Il se racla la gorge. Reprit son rôle de pêcheur père de famille :

— Moi, je boirai de l'eau, je ferai double tâche,
C'est dit. Va les chercher. Mais... qu'as-tu ? Ça te fâche ?
D'ordinaire, tu cours plus vite que cela...

Il mima la mère allant au fond de la scène, près du lit :

— *Tiens, dit-elle en ouvrant les rideaux, les voilà !*

Il expliqua que deux élèves, des toutes petites, figureraient les deux enfants dans le lit, déjà recueillis par la mère. Adeline vit qu'il avait des larmes dans les yeux. C'est elle qui mit sa main sur la main d'Élie. Elle ne la retira pas. Ils parlèrent doucement, envahis tous les deux par une grande paix.

Sa chaîne tirée par M. Seignobos, la cloche sonna la fin de la récréation. Ils se séparèrent mais Élie revint après la classe. Adeline trouva cette visite imprudente, susceptible d'être découverte par quelque curieux, en premier par M. ou Mme Seignobos. Elle ne le dit pas : pendant la leçon de la dernière heure, elle avait accumulé mille questions à lui poser. D'abord, celle qui depuis longtemps lui tenait à cœur :

— Comment se fait-il que vous ne croyiez pas en Dieu ?

Élie réfléchit. Il ne voulait ni lui mentir ni la choquer. Lentement, il parla de sa famille, de son père, de son grand-père imprimeurs :

— Les ouvriers parisiens ont depuis longtemps abandonné la religion... peut-être parce que la religion les avait abandonnés. Et puis... les typographes ont été de toutes les oppositions... au roi, à l'empereur... On les a vus sur toutes les barricades. L'Église au contraire se retrouvait toujours du côté du pouvoir... de l'argent.

Il prit un temps. Demanda à Adeline si elle connaissait Pierre Jean de Béranger, chansonnier de son état. Il fredonna quelques notes du *Dieu des bonnes gens,* du *Roi d'Yvetot.* Elle les avait vaguement, rarement entendues.

Ce n'est pas cela qui comptait : le père d'Élie avait fait une partie de son apprentissage chez Raçon, dans la petite rue d'Erfuth[1], à Saint-Germain-des-Prés. Il y était lorsque,

1. Aujourd'hui : rue des Ciseaux.

en 1860, l'éditeur Perrotin avait publié les souvenirs posthumes du chansonnier. Il les avait imprimés et en avait conservé un exemplaire :

— Il y a dans ces souvenirs une phrase dont la justesse m'a frappé : « Les premières idées que nous défendons sont toujours les idées des autres. »

À ces mots, Adeline ressentit un grand bonheur. Une bouffée d'espoir :

— Cela signifie qu'aujourd'hui, vous avez... changé d'idée ?

Élie s'amusa de cette naïveté. Il ne voulait pas la briser. La décevoir. Il sourit :

— Aujourd'hui... je crois avoir un Dieu. Il se trouve où je vois la bonté.

Adeline était déçue. Heureuse de l'entendre, pourtant. Avec une grande envie d'appuyer plus fort sur sa main.

Élie accentua son sourire :

— Il est chez ma grand-mère... qui ne croit pas en lui ; chez Hugo... qui fait sauver le crapaud par un âne et deux petits enfants par un misérable pêcheur.

La nuit tombait. Doucement elle emplissait la classe. Adeline aurait voulu rester ici. Toujours.

Elle s'en fut.

L'idée des enfants sauvés par de pauvres gens la poursuivait.

Elle se déshabilla, vit sur son ventre libéré les marques de son corset. Elle les suivit avec son doigt. Une réalité tragique s'empara d'elle : elle venait de se rendre compte que, depuis quelques semaines, elle se serrait très fort, de plus en plus fort, pour qu'on ne devine pas son état. Pour qu'Élie ne le devine pas. Qu'il la voie toujours telle qu'il l'avait aperçue devant le kiosque à musique de Rodez. Une pensée plus douloureuse encore, plus gênante, honteuse, inavouable, la paralysa : si Élie avait deviné son état, il aurait pensé à l'acte qui l'avait créé ; il l'aurait imaginée dans le lit d'Alphonse, cuisses ouvertes. Il aurait imaginé les caresses qu'elle lui donnait. C'est cela qu'elle n'avait pas voulu.

Sur l'armoire, elle saisit son cahier. Elle s'attabla : « J'ai commis un crime abominable envers mon fils, envers mon mari. Comment ai-je pu faire cela ? Jamais plus je n'oserai regarder Élie Chabrol, si attrayant. Jamais plus je n'oserai regarder mon mari, si confiant. Jamais plus je n'oserai regarder personne. »

C'est ce qui se passa. Le lendemain, à la récréation, Élie trouva la classe fermée. Il ne comprit pas ce qui se passait. Il ne pouvait pas deviner que, après avoir tourné la clé, Adeline s'était appuyée au mur. Elle était invisible depuis la cour. Il en fut de même l'après-midi. Élie, troublé, pensa qu'il s'agissait d'un message ; qu'elle ne voulait plus le voir. Il respecta cette décision. L'école terminée, il rentra chez lui.

Ainsi en fut-il pendant quelques jours.

Le samedi soir, Alphonse ne vint pas.

Le dimanche, Adeline comprit que, pour la première fois, elle allait manquer la messe. Elle en fut affectée, se représenta l'énorme Pastourette, les autres qui, ne la voyant pas, se diraient qu'ils avaient gagné la partie. Elle n'avait pas ouvert ses volets. Éclairée par la flamme d'un cierge acheté le jour de son mariage, elle prit son missel, s'essaya à suivre l'office, imaginant devant elle l'abbé Camarède montant et descendant les marches de l'autel, ouvrant ses bras avec la grâce de qui ouvre son cœur, parlant comme, au bord du Jourdain, les meilleurs apôtres.

L'après-midi, lui vint une étrange envie. Comme les cloches sonnaient les vêpres, elle se déshabilla. Hormis l'instant de sa toilette, elle ne s'était jamais mise nue. Elle marcha ainsi dans le noir de l'appartement, regardant son ventre dans la glace, tâtant ses flancs, remontant sous sa main ses seins alourdis. L'enfant parut heureux de prendre ses aises. Il s'agita. Elle pensa qu'il la remerciait. Elle eut le remords de l'avoir enfermé, serré dans le carcan du corset. Elle caressa son bedon comme si, déjà, elle caressait son fils, sa fille. Il répondait en donnant de petits coups de pied. Elle lui répondait en disant : « Mon bébé ! »

Ainsi, nue, elle s'assit devant la table. Prit son encrier : « Mon cher mari, nous allons avoir un petit. Déjà, il a ta force... »

Elle ne s'habilla pas de la soirée. Elle pensait aux drapeaux de la République sur lesquels on lisait : « Vivre libre ou mourir. » Pour un peu, son fils serait mort étouffé. De temps en temps, elle venait vers la lettre, passait dessus sa main à plat, la repassait. Elle la plaça sur le bord de la cheminée. Haut. Cette lettre était son enfant. Elle le sauvait du courant où elle s'était sentie entraînée. Elle la mit plus haut encore : sur une boîte de café, comme pour maintenir hors de tous les dangers la tête du polisson.

Le lendemain, au moment de la récréation, elle ferma la porte à clé. S'adossa au mur. Cachée.

Élie ne vint pas.

Elle n'en fut ni satisfaite ni affectée. Elle aurait voulu que la classe fût noire. Comme son appartement. Vivre dans la nuit. Jusqu'à ce que le bébé apparaisse, faisant la lumière sur toute chose. Sur sa vie. Sur ses élèves. Les leçons. Sur la fête de l'école que, après l'accouchement, elle commencerait à préparer. Son enfant dans les bras, elle pourrait revoir Élie.

Alphonse arrivait le samedi soir. Pas tous les samedis : la distance était longue ; le dimanche parfois il avait du travail, pour sa classe ou pour l'école ; un travail qu'il faisait seul ou avec M. Passerat ; cela l'empêchait de prendre la route.

Le mercredi, elle entendit son pas courant dans l'escalier. Il entra comme un fou. Elle attendait son baiser mais il se jeta à genoux et resta ainsi, ses bras liés derrière les cuisses d'Adeline, serrant de toutes ses forces en répétant :

— Un enfant... Tu vas me donner un enfant...

Elle crut qu'il pleurait. Alors elle passa sa main dans ses cheveux. Longtemps. Émue puis souriante quand elle pensa : « Lorsqu'il aura trois ans, sa tête sera à peu près à cette hauteur-là ! »

Alphonse se releva :

— C'est pour quand ?

— Je ne sais pas.

— Comment, tu ne sais pas ? Tu n'as pas vu le docteur ?

— Non.

Il était prêt à se fâcher. Prêt à la conduire à la consultation, à aller chercher ce médecin qu'il ne connaissait pas, dont il ne savait pas où il habitait.

C'était à deux kilomètres de là, dans un village appartenant à la même commune mais constituant une autre paroisse, blottie autour d'un autre clocher. Alphonse y fila à la première heure. Le docteur était déjà parti mais sa femme promit qu'il passerait dans l'après-midi.

La promesse était fondée :

— Je ne risquais pas de vous oublier ! Je suis trop content de vous connaître, dit en arrivant le joyeux esculape.

C'était un homme dans la force de l'âge, grand, robuste, bonasse, l'un de ces médecins de campagne qui, soignant les gens au milieu des bêtes, finissent par leur parler avec le langage rude des toucheurs de bœufs, prêts à leur taper sur l'épaule comme on tape sur la croupe de la vache, sans malice. Un médecin rural capable de vous conduire à la convalescence à force de : « Hue ! Cocotte ! »

— Il n'y a pas de doute : c'est le mal joli, dit-il en pianotant légèrement au-dessus du pubis.

C'était la première fois, hormis devant son mari, qu'Adeline se dévêtait devant un homme. Cela éprouvait sa pudeur. La gêne devint petit supplice lorsque, allongée sur le lit, elle sentit le doigt explorateur. Le médicastre s'appliquait. Un court instant, sa jovialité disparut. Il paraissait soucieux, au moins sceptique, faisait répéter les comptes :

— Cela ferait six mois... Vous êtes sûre ?

Adeline se sentait bête. Ce n'était pas la peine d'avoir

fait l'École normale pour être, sur ce point, aussi indécise. Alphonse se demandait comment il avait pu ne s'apercevoir de rien. Certains jours, remarquant quelques rondeurs, il avait pensé qu'elle mangeait trop.

Le docteur avait repris ses airs de marchand d'optimisme :

— Tout ça me paraît parfait !

— Parfait ? demanda Alphonse qui avait perçu ses inquiétudes.

— Absolument parfais mais... il faudrait que notre future maman prenne l'air... Qu'elle fasse un peu d'exercice... une petite marche de temps en temps, pas trop longue... Cela lui fera du bien... à elle et au marmot.

Alphonse montrait quelque souci. Adeline se reprochait d'avoir trop longtemps contenu ce « mal joli ».

Voyant leur mine déconfite, le docteur redonnait dans l'enthousiasme avec, en plus, une nuance de sincérité :

— Tout est en ordre, je vous dis. Le marmouset est bien placé. Mais...

— Mais ?

— S'il a vraiment six mois, il... n'est pas très avancé.

Adeline prestement s'était rhabillée. Cela permit au médecin de se tourner vers elle :

— Il est vrai que les vampires vous ont causé des émotions...

Elle n'était pas sûre de comprendre.

Il précisait :

— À la messe... le père Marche-au-pas vous a prise à partie, non ?

Elle n'aimait pas ces mots, ce surnom. Même dits sur le ton de la bonne humeur, elle les trouvait vulgaires.

Alphonse avait payé la visite. Sur le pas de la porte, le docteur lui tendait une main encourageante :

— Ne vous inquiétez pas. La République est comme votre bébé. Elle est encore chétive. Mais elle va se fortifier. Bientôt, on pendra les soutanes.

Sur ce mot, Adeline sortit de ses pensées :

— Vous voulez pendre les prêtres ?

Le docteur éclata de rire :

— Pas les prêtres, non !... Les soutanes ! Ce sont les soutanes qu'on pendra au vestiaire !

Il avait retrouvé toute sa jovialité :

— Les curaillons, nous nous contenterons de les envoyer à Cayenne... ou à Toulon. Ils casseront des cailloux. Ce sera plus utile que de nous casser les oreilles avec leurs sermons !

Adeline avait envie qu'il s'en aille. Et... c'est elle qui le retenait :

— C'est en les envoyant au bagne que vous pensez en faire des républicains ?

Le rire du médecin redoubla :

— Vous voulez transformer nos abbés en républicains ? Autant vouloir tirer des larmes à une rave, comme disent nos paysans ! Soyons sérieux : l'Église ne sera jamais républicaine.

Adeline avait une petite voix :

— Pourquoi ?

— Hé ! parce qu'elle veut élever les enfants dans le respect de Dieu alors que la République veut les élever dans le respect de l'homme.

Il était parti, saluant, s'amusant, descendant l'escalier plusieurs marches à la fois, agile malgré son poids.

Adeline se sentit plus triste que jamais. Pour l'égayer, Alphonse retrouva son esprit inventif. Il renouvela les farces et les plaisanteries qui, dans le dortoir, au réfectoire de l'École normale, lui valaient quelques succès. À d'autres moments, il laissait son cœur déborder d'affection. Déjà il appelait Adeline « la petite maman ». Ses facéties n'obtinrent pas plus de résultat que ses élans de tendresse et lorsque avec un regret visible il la quitta, « la petite maman » une fois encore s'enferma dans le noir. Et surtout dans le souvenir de sa faute. Commise par coquetterie.

Elle commença un *Je vous salue, Marie* mais la Vierge soudain lui sembla trop pure pour comprendre sa confession. Le Père tout-puissant lui paraissait beaucoup trop puissant. Elle était écrasée. Éperdue :

— *Mon Dieu, je me repens de tout mon cœur des péchés que j'ai commis contre votre adorable Majesté. Je les déteste tous parce que vous êtes infiniment bon et que le péché vous déplaît...*

Elle aurait voulu poursuivre. Ne le pouvait pas : son péché avait été commis contre Dieu mais surtout contre son fils. S'il n'était pas assez fort, c'est qu'elle ne l'avait pas assez bien nourri. Il ne s'était pas développé parce que, se serrant, elle avait empêché son développement. S'il venait avant terme, elle serait responsable :

— *Par ma faute, par ma faute, par ma très grande faute...*

Elle se frappait la poitrine.

Elle voulut, pour se donner du courage, dire l'acte d'espérance. Elle l'attaqua avec ferveur :

— *J'espère, ô mon Dieu, que vous me donnerez la vie éternelle...*

Elle ne put aller plus loin : comment Dieu accorderait-il la vie éternelle à une mère qui ôta la vie à son fils ?

Elle se coucha.

À l'extérieur, les chants reprirent, les rires, les bruits d'outils, la cruauté :

— Plus de messe, plus de curé.

Dans l'enfer, tu vas brûler !

Au matin, elle ne put ouvrir les volets : le tas de fumier était adossé à la fenêtre, montant plus haut qu'elle.

Adeline se jeta sur son lit. D'un coup. À plat ventre. Ne pensant plus à l'enfant. Y pensant aussitôt. Alors, elle fut prise de sanglots, de soubresauts, de petits cris nerveux qui étaient des plaintes et des appels. Elle mit longtemps à s'apaiser. Resta couchée sur le dos, ses deux mains posées sous sa poitrine, dans un geste protecteur.

La cloche de l'école la tira de sa torpeur. Elle sauta sur le parquet, s'habilla à la hâte.

Il n'y avait plus personne dans la cour des garçons, plus personne dans la cour des filles qui, d'elles-mêmes, étaient entrées en classe. Sagement, elles l'attendaient, les bras croisés sur leur bureau, paraissant un peu surprises de voir leur maîtresse en retard, sans chignon, les cheveux pendant sur ses épaules comme semblaient pendants les traits de son visage.

Borgnette dit :

— Quand ma mère ne vous a pas vue hier à la messe, elle a dit que, si vous étiez malade, elle vous donnerait du tilleul. Il est sec. Moi, j'en bois. C'est bon et ça fait dormir.

Adeline remercia.

Le mercredi soir, elle avait écrit au tableau le quatrain par lequel elle comptait entamer la leçon de morale consacrée à l'amour maternel :

Oh ! l'amour d'une mère, amour que nul n'oublie !
Pain merveilleux qu'un Dieu partage et multiplie !
Table toujours servie au paternel foyer !
Chacun en a sa part et tous l'ont tout entier !

Elle avait envie d'effacer ces vers qui ce matin la gênaient : la meilleure façon d'enseigner l'amour maternel était de montrer le sien. Ce n'est pas ce qu'elle avait fait. Et puis, une fois encore, la citation était empruntée à Victor Hugo : elle se rendait compte qu'elle l'avait choisie parce qu'Élie lui avait dit qu'il convenait de réhabiliter le poète. Elle l'avait choisie pour faire plaisir à Élie...

Il parut sur le pas de la porte à l'instant où sonnait la cloche de la récréation. Adeline comprit qu'il avait agi ainsi pour être sûr de la trouver, qu'elle n'eût pas le temps de fermer sa classe, de s'y cacher... Elle n'en fut pas fâchée mais elle décida de prendre ses distances.

Elle n'en eut pas besoin : il était lui-même dans la plus grande réserve. Lorsque toutes les élèves furent sorties, il dit :

— Alors... vous allez avoir un enfant...

Puis :

— Je vous félicite.

Et :

— Je suis content pour vous.

Il avait la tête qu'elle lui avait vue au matin de sa noce. Aujourd'hui comme ce matin-là, plus peut-être que ce matin-là, ses yeux disaient : « Désormais, pour moi, il est trop tard. » Ou peut-être : « *Pour nous,* il est trop tard. » Du moins c'est ce qu'elle croyait lire dans son regard, sur son visage, dans ses vœux qui étaient sincères et sourds, malhabiles.

Une petite gêne s'installa.

Il murmura :

— Pendant quelque temps, vous allez être fatiguée...

Nous ne pourrons pas travailler à la fête...

Elle dit :

— Nous y travaillerons après.

C'était une phrase banale. Il la trouva tranchante comme la lame du laguiole que son père posait par surprise sur son cou d'enfant, pour le plaisir de le voir sursauter.

Il allait partir.

Elle ne le retenait pas.

À brûle-pourpoint, il demanda :

— Vous êtes malade ?

Et comme elle ne répondait pas :

— Oui. Je crois que vous êtes malade.

Il se rendait compte de son manque de discrétion. Cela ne l'arrêtait pas. Il insistait :

— Il y a votre état, bien sûr... mais il y a autre chose. Vous devriez faire attention.

Adeline était comme paralysée. Du geste, de la voix.

Soudain, sans qu'on sût pourquoi, sans que cela vînt le moins du monde dans la conversation, sans qu'on pût prévoir une seconde sa métamorphose, il annonça :

— Ma grand-mère m'a écrit. Elle va venir habiter avec moi.

Il était radieux. C'est vrai, pensa Adeline, que, lorsqu'il dit : « Ma grand-mère », il semble dire : « Le bon Dieu. »

Il poursuivait :

— J'irai la voir à Noël et je la ramènerai. Vous verrez :

elle vous aidera. Elle vous soutiendra. Si vous êtes malade, elle vous soignera et si vous avez de la peine, elle l'effacera.

Il s'en fut d'un pas léger. Laissant derrière lui des paillettes de bonté. Adeline était émue. Les gens sensibles sont moins émus par le malheur que par la générosité.

Sur son cahier, elle écrivit : « Ne pas faire payer à un bon garçon la faute qui n'incombe qu'à moi. »

La leçon d'histoire portait sur Jeanne d'Arc. Toutes les fillettes n'étaient pas attentives mais beaucoup s'intéressaient à ce personnage qu'elles jugeaient si proche d'elles :

— « Jeanne avait quatorze ans ; un jour qu'elle gardait ses moutons dans la plaine de Domrémy, elle croit tout à coup voir briller du côté de l'église une lumière éclatante ; elle croit entendre une voix mystérieuse qui lui dit : "Jeanne, sois bonne, sois sage, fréquente l'église et mets ta confiance au Seigneur ! Jeanne, il faut que tu ailles en France !" »

Adeline lisait le texte avec toute sa conscience d'institutrice, avec toute sa ferveur de chrétienne. Habituées à entendre dans leur famille les récits des apparitions des fatsilières, de la Vierge de Lourdes, des guérisons miraculeuses de Notre-Dame des Canabières ou de Notre-Dame de la Salvage sur le Larzac, les enfants étaient fascinées.

— « Peu à peu, ses visions prennent un corps, poursuivait Adeline : c'est l'archange saint Michel, ce sont sainte Catherine et sainte Marguerite qui lui apparaissent, qui l'encouragent, qui lui répètent sans cesse : "Jeanne, va en France ! Va en France !" »

« Bravant les menaces de son père, séchant les larmes de sa mère, Jeanne partait sur les chemins... »

Dans la classe, les gosses suivaient son aventure de leurs yeux émerveillés. Elles tremblaient pour elle lorsque, à Chinon, les gens de la Cour la déclaraient folle ou sorcière. Elles battaient des mains lorsque, dans son armure brillante, Jeanne sur son cheval entrait dans Orléans après avoir défait les Anglais...

À midi, revigorée par le succès de la leçon, Adeline

décida de suivre les conseils du médecin. Le temps était doux. Elle marcha sur le chemin de pierres blanches qui dominait la rivière. Traversant les rougiers[1], l'eau avait pris à la terre une couleur de sang de bœuf.

Un homme plantait un arbre. Il la salua d'un geste de la main :

— À la Sainte-Catherine,
Tout bois prend racine !

Il montrait le trou qu'il venait de creuser, riait. Adeline poursuivit sa route, l'entendant à nouveau :

— Sainte Catherine, les filles veulent la fêter.

Mais elles ne veulent pas la coiffer !

Il riait encore.

Adeline imaginait Jeanne d'Arc allant de Lorraine en Touraine, interpellée ainsi par les paysans. Elle arriva sur un petit pont au dos bossu, aux piles moussues défendues contre le courant par des épis stoïques. Leurs grosses pierres semblaient dire aux flots tumultueux : « Passez à droite ou à gauche mais ne restez pas là. »

Adeline s'appuya au parapet, contemplant à quelques mètres d'elle une cascade qui tombait directement dans la rivière ; ou plutôt dans un trou qu'elle avait formé sous elle et où l'eau bouillonnait avant de jeter son écume dans le torrent.

Elle prit l'habitude de venir là chaque jour. Elle se disait que la source était pure. Comme l'enfant. Que, lancée entre deux rives, elle allait s'encombrer d'arbres morts, de fruits pourris, d'herbes, de racines, de vieux vêtements, de ferrailles, de tout ce que les hommes ne voulaient plus ; comme les hommes s'encombrent de mensonges, de rancœurs, de vengeances, de haines dont ils ne se débarrasseront jamais : les eaux ni les hommes ne remontent à la source. Sauf par la confession, la communion purificatrice.

1. Rougiers : pays de terres, de pierres rouges.

Elle dit à Alphonse qu'elle voulait se confesser. Il répondit avec une tendresse sincère :

— Toi ? Tu es incapable de commettre un péché.

Elle insista.

Lui aussi :

— Commettre un péché, c'est tuer, voler, tromper son mari. Comment ferais-tu cela ? Tu ne sais même pas mentir.

La réponse fut brève :

— Si.

Il était étonné. Sa femme mentait ? À qui ? Elle ne répondait pas. Il s'énerva. Pensa à Élie. Elle ne lui avait pas dit qu'il était nommé ici. Qu'ils se voyaient tous les jours. Une jalousie l'oppressa, une inquiétude. Avec des idées folles. Des images de destruction :

— À moi ? Tu... me mens ?

Il ne pouvait pas le croire. Était partagé entre la crainte de la tourmenter et l'envie de savoir. S'il n'avait pas pensé au bébé, il l'aurait secouée. Elle finit par dire :

— C'est au prêtre que je veux me confesser. Pas à toi.

La phrase ne fit que l'enfoncer dans ses imaginations. Il tourna autour d'elle :

— Tu veux aller informer ce prêtre, dont tu sais ce qu'il vaut, des fautes que tu as pu commettre ? Tu veux donc qu'il en parle en chaire ? Que le village soit empli de...

Elle mit en avant le secret de la confession.

Il ricana, la prit en pitié :

— Tu n'as donc pas entendu ce que t'a dit M. Passerat ? C'est la guerre ! À la guerre on fait flèche de tout bois...

— M. Passerat ne se confesse pas, lui ?

— M. Passerat est protestant : il se confesse directement à Dieu. Ça évite les intermédiaires ! Toutes les indiscrétions...

Il continuait, dénonçant la trop grande confiance des fidèles, citant des exemples de confessions trahies sur la place publique, ne se rendant pas compte qu'il lui faisait autant de mal par ses cris que par ses accusations portées contre ceux qu'elle appelait « les siens » et dont, à chaque rencontre, elle constatait qu'il s'éloignait un peu plus. Bientôt, il s'aperçut qu'elle était pâle, qu'elle souffrait vraiment. Ses lèvres tremblaient. Il vint vers elle. S'accusa de brutalité. Il la prit dans ses bras. Elle voulait pour le moins assister à l'office du lendemain. Il pensait que c'était l'exposer à un nouvel affront. Le docteur avait recommandé d'éviter les émotions.

Il se leva tôt. À neuf heures il était de retour. Conduisant Adeline à la fenêtre, il lui dit :

— Regarde.

Une charrette légère les attendait, attelée d'un cheval brun, à mine sage.

— Le cordonnier Robert l'a demandée pour nous au boulanger. Viens.

Elle s'habilla prestement, monta dans la voiture dont le parquet, les ridelles, le banc fleuraient bon le pain des tournées en campagne.

Lorsqu'ils arrivèrent au village voisin, le docteur était sur la place, observant les gens. Il parut surpris de les voir. Il leur serra la main, affirmant que, contrairement à la marche à pied, la foi ne se commandait pas. Il riait. Adeline trouva cette ironie déplacée. Alphonse, un peu à contrecœur, entra avec elle dans cette église où nul ne les connaissait. Le prêtre moins que quiconque. Sans s'occuper de ces visages nouveaux, en ce dimanche de l'avent, il incita ses paroissiens à renoncer aux œuvres de ténèbres, à se revêtir des armes de lumière. Entendant parler ainsi, Adeline se sentait éclairée. Elle éprouvait le remords de ces quelques jours passés dans la maison aux volets clos, de son enfant caché aux yeux d'Élie. Une joie pure l'enveloppait, tombant des cieux à travers le vitrail bleu de la Vierge Marie.

— Ne nous laissons point aller aux excès de la bonne chère et du vin, aux impuretés, aux dissolutions, aux querelles, aux jalousies, mais revêtez-vous de Notre-Seigneur Jésus-Christ.

Adeline sentait sur son ventre ce manteau merveilleux de jeune maman. Elle voyait que, près d'elle, Alphonse s'agitait.

À la sortie, il alla boire un verre avec le docteur. Elle l'attendit dans la charrette vieillie, dont chaque planche montrait des rides blanches.

Lorsqu'il revint, il crut percevoir un reproche dans le regard de sa femme. Il dit :

— Mon fils me protégera.

Il devait avoir mille idées en tête. Ils avaient fait la moitié du chemin du retour lorsqu'il ajouta :

— Toi aussi, il te protégera.

Elle se demandait ce qu'il voulait dire. Il semblait très malheureux. Il s'essuya les yeux. Le vent était frais :

— L'hiver m'a toujours fait pleurer.

Elle murmura :

— Rien n'est comme je croyais.

Elle non plus ne s'expliqua pas. Il aurait fallu dire qu'elle aurait aimé rester enfant.

Élie, M. et Mme Seignobos, le cordonnier Robert les attendaient devant l'école :

— Le curé a encore fait des siennes ! lança le maître d'école.

— On peut le dire, renchérit le cordonnier. Il paraît que vous avez dit du mal de Jeanne d'Arc ?

— Moi ?

Adeline était stupéfaite.

Élie voulut lui montrer son soutien :

— Heureusement que vous n'assistiez pas à l'office !

Alphonse répliqua sèchement qu'il savait ce qu'il avait à faire pour protéger sa femme. Élie n'insista pas. Son amertume passa inaperçue : le cordonnier Robert racontait l'aventure. Il la tenait de sa sœur :

— La pauvre innocente ne peut pas se passer du prêche, de la communion, de toutes ces mômeries. À la Sainte-Couillonne, c'est elle qui porte la bannière !

Bref, le prêtre avait dénoncé la maîtresse d'école qui, devant vingt fillettes à l'âme innocente, avait insulté la mémoire de Jeanne d'Arc.

Adeline n'était plus stupéfaite : elle était abasourdie.

— Ce n'est pas tout, poursuivait le cordonnier : le curé a invité les familles à retirer leurs enfants de l'école publique. Il a dit que les gosses qui y resteraient ne seraient pas admises au catéchisme. Elles ne seraient pas admises à faire leur communion solennelle. Ça fait du bruit dans la fanfare, je vous prie de le croire !

Dès la fin de la messe, une femme était venue le voir dans son atelier :

— Elle m'a dit qu'elle savait de quel côté j'étais, que je devrais avoir honte et elle a repris les souliers qu'elle m'avait apportés pour que je les répare !

Cela lui faisait pitié.

Élie s'interrogea à haute voix :

— Moi aussi, j'ai fait ma leçon sur Jeanne d'Arc. Comment se fait-il que seule Adeline soit incriminée ?

Alphonse le prit de haut :

— Tu veux dire que tu es plus habile qu'elle ?

Élie se défendit : il n'avait jamais eu une idée pareille. L'autre insista :

— ... Meilleur instituteur, peut-être ?

M. Seignobos trancha le débat : la femme se laisse plus facilement embobeliner. Elle est plus crédule, plus fragile...

Alphonse prit Adeline par la main. Il l'entraîna :

— La mienne se battra. Vous pouvez en être sûr.

Se battre ? Adeline savait qu'elle n'en avait pas envie. Elle n'avait envie de rien.

Alphonse se servit un verre. Deux. Trois. Il parlait de plus en plus. De plus en plus vite. Fort. Il s'excitait, récriminait, condamnait.

Elle eut une petite voix :

— Ne bois pas.

Il explosa :

— Hé ! Comment veux-tu ne pas boire ?

Il allait se lancer dans l'énumération de mille griefs qui étaient mille raisons de boire mais aussitôt il changea de ton :

— La pensée de te laisser ici... toute seule... contre tous ces gens...

Elle voulut le rassurer. La vérité était que se retrouver seule était sans doute ce qui lui déplaisait le moins.

Comme il enfourchait sa bicyclette, l'épicière arriva, chaussée de sabots et portant, sur sa robe du dimanche, un grand tablier à poche ventrale :

— Bonjour messieurs dames. Je viens pour la piqûre.

Le couple ne comprenait pas. Pastourette prenait un air faussement surpris :

— Vous ne faites pas les piqûres ?... Vous n'avez pas de seringue ?

— Mais non...

La femme de mauvaise foi essayait de prendre les accents de la bonne foi :

— Ça alors !... C'est parce que... on m'avait dit que vous remplaciez les bonnes sœurs... Vous faites l'école à leur place... Je croyais que vous faisiez aussi les piqûres... Moi, c'est toujours les chères sœurs qui me les font...

Elle partait, faisant comme si elle en prenait son parti :

— Je continuerai à aller chez elles, pardi !... Et ma nièce ira à leur école !... Si vous n'êtes pas capable, vous n'êtes pas capable : on n'y peut rien !

Cela n'était qu'un début. Le lendemain, une autre femme se présenta :

— C'est pour la piqûre... L'épicière m'a dit que vous remplaciez la chère sœur.

Le surlendemain en vit arriver une autre :

— C'est M. le curé qui m'envoie.

Le mercredi, Alphonse mit la quatrième à la porte. Elle n'en fut pas affectée. Au contraire : devant la colère d'*aquel mestre*[1], elle s'en alla sans prendre la peine de cacher sa jubilation.

M. Seignobos arriva affolé. Il avait fait son enquête, appelait à la mobilisation :

— Ils font venir un missionnaire de l'évêché. La mission durera quatre jours. Il y aura des messes, des prières, des processions et, surtout, ils brûleront des livres devant l'église.

— Quels livres ?

— Des livres mis à l'index par l'évêque et, en premier, les nôtres.

Il était tellement ému qu'il ne parvenait pas à s'expliquer. On finit par comprendre qu'il s'agissait de l'Histoire de France, peut-être du livre de lecture... à cause du poème de Victor Hugo.

— Le contenu des livres est approuvé par le ministre, par l'Académie. Les livres eux-mêmes ont été achetés par le maire, je ne vois pas ce qu'ils peuvent nous reprocher. Nous ne sommes pas partisans.

M. Seignobos s'énervait :

— Hé ! je le sais bien que nous ne sommes pas partisans ! C'est cela justement, qu'ils nous reprochent ! Si on ne croit pas ce qu'ils croient, on est condamné !

Il se tourna vers Adeline :

— J'ai eu le fin mot de l'affaire... Au sujet de votre leçon sur Jeanne d'Arc. Vous avez dit : « Elle crut entendre des voix. »

— C'est ce qui est dans le livre.

— Peut-être ! Mais dans le leur, il est écrit qu'elle *entendit* des voix. Voilà pourquoi ce curé de malheur vous a dénoncée en chaire. Il dit que vous insultez Jeanne, que vous voulez faire passer pour folle une héroïne en instance de béatification.

Adeline alla chercher les *Simples récits de l'Histoire de*

1. *Aquel mestre :* ce maître (le maître d'école).

France qu'elle avait conservés de son séjour à l'École normale :

— Là aussi, il est écrit : « Elle croit entendre... » et non pas : « Elle entend des voix. »

— Et l'ouvrage date de 1882 ! disait Alphonse en posant sur la date d'édition un doigt triomphant.

M. Seignobos levait les bras au ciel :

— Il pourrait dater du XVe siècle que ce serait la même chose ! Leurs livres à eux disent que Jeanne *entendit* des voix, donc nous devons enseigner que Jeanne entendit des voix. Hors de cela, nous sommes des hérétiques dont on doit brûler les livres sur la place publique... en attendant de nous y brûler nous-mêmes !

Il était déchaîné mais, pour autant, ne perdait pas son sang-froid. Il demandait à Adeline, à Élie de reprendre tous les livres aux enfants, de les mettre en lieu sûr.

Adeline voulut se conformer à cette prescription. À l'heure de la leçon d'histoire, se promettant de ramasser les ouvrages sur les bureaux, elle ordonna :

— Posez vos livres devant vous.

Il y eut quelques mines gênées. D'autres, au contraire, prenaient un air provocateur :

— Je l'ai oublié !

— Je l'ai oublié !

Borgnette baissait la tête.

— Toi aussi, Nana, tu l'as oublié ? demanda Adeline.

— Oui, demoiselle.

La fillette rougit. Adeline resta près d'elle, attendant.

La confidence, bientôt, se fit entendre :

— Non, demoiselle. C'est ma mère qui l'a caché.

— Caché ?

La petite expliqua que M. le curé était venu à la maison. Il voulait qu'on lui remette le livre « pour la collecte du missionnaire ».

— Et... ta maman le lui a donné ?

— Non. Elle a dit qu'elle voulait pas se trouver dans des

histoires, que le livre elle le donnerait ni à vous ni à M. le curé... Jusqu'à ce que vous soyez d'accord.

Adeline n'insista pas.

Elle regagnait son bureau lorsqu'elle entendit la voix de Borgnette :

— Le livre... je sais où il est.

Adeline commença la leçon sans autre commentaire.

Le lendemain, Borgnette apporta le livre.

— C'est ta mère qui t'a dit de...

— Non. C'est moi.

— Pourquoi ?

La petite se pendit à son cou :

— C'est pour vous faire plaisir.

Adeline ressentit une émotion au goût de victoire. Pas la victoire dont parlait M. Seignobos, remportée sur « ceux de l'autre bord ». Une victoire d'institutrice. Remportée par l'éducation des enfants sur les ancestrales brutalités.

Élie arrivait. Il expliquait que la confiscation des livres d'Histoire s'étendait à sa classe. Le « missionnaire des bonnes lectures » était annoncé. L'autodafé aurait lieu le jeudi soir devant l'église. Il fallait empêcher cela :

— Nous n'avons plus le temps de convoquer les familles pour les convaincre mais j'en ai fait prévenir quelques-unes que nous irons les voir jeudi. Est-ce qu'Alphonse sera là ?

— Oui. Évidemment.

— Très bien. À trois, nous aurons plus de force.

M. Seignobos s'était rendu chez le maire. Il lui avait fait observer que les livres avaient été payés avec les deniers de la commune, que leur brûlage équivalait à une destruction de propriété publique dont il se devait d'être le défenseur. M. de Rullac-Sainte-Thècle avait répondu sèchement qu'en procurant ces livres à l'école, il avait obéi aux injonctions de la République, qu'il le regrettait aujourd'hui, et que jamais, sur son territoire, il n'empêcherait les prêtres d'accomplir leur devoir. Le maître d'école était furieux.

Le mercredi soir, Alphonse ne vint pas. Longtemps, Adeline l'attendit, trouvant bizarre qu'il se dérobât au moment du combat. Elle craignit un accident de route et, au matin, espéra encore une arrivée qui l'aurait rassurée. À midi, il fallut partir :

— Sinon, nous ne verrons pas tout le monde, disait Élie.

Elle retrouva la carriole aux blancs guillochis, au parfum de farine. Élie prit les rênes et tous deux s'en furent dans la brume se dissipant, salués gaiement par le cordonnier Robert, observés par l'énorme Pastourette qui, derrière la vitre de sa fenêtre, installait des oranges, un bonhomme en chocolat : les friandises qui, au matin de Noël, rempliraient les sabots des enfants.

La voiture passa devant la cascade dont Adeline pensait qu'elle était devenue son amie.

Élie avait reçu une lettre de sa grand-mère. Il n'aurait pas besoin d'aller la chercher : se rendant à Béziers, un gantier de Millau consentait à faire le crochet. Il déposerait Mémée Angèle dans un jour ou deux, acceptant de franchir ensuite les monts de Lacaune par leurs si peu carrossables chemins. Élie était aux anges, craignant seulement que, arrivant au milieu des luttes, l'aïeule aux mille combats ne soit choquée par l'autodafé, elle qui, dans sa jeunesse, avait été privée d'école, de lecture et même de langue française.

— Les livres forment les hommes, disait Élie. Brûler un livre, c'est brûler tous les enfants qu'il aurait formés.

Adeline aimait l'entendre parler. Elle se disait que ses mots sages pourraient l'entraîner hors des chemins de la sagesse. Pour se défendre de cette idée, elle se répétait qu'il vivait sans Dieu. Il convenait d'être sur ses gardes. Le jour de son mariage, évoquant ses exploits de maquignon devant ses granges bien remplies, Hector Durieu avait dit en tapotant son portefeuille :

Lous buous se prenou per los banos,
Lous omes se prenou par las paroulos[1].

1. Les bœufs se prennent par les cornes,
Les hommes se prennent par les paroles.

Plus elle écoutait Élie, plus elle était sûre qu'Alphonse ne la prendrait pas par les paroles. Il ne pouvait plus la convaincre. De rien. Restait à se méfier des paroles d'Élie. Des hommes.

La brume s'envolant formait ici et là quelques bosquets impalpables, des touffes bleutées s'attardant sous le soleil. Il y avait la rude pierre rouge de la montagne, décourageante de force, et la douceur d'une promenade dans un décembre trop clément.

Ils visitèrent deux fermes isolées qui leur réservèrent un accueil semblable : l'homme ne trouvait pas bon de détruire des objets « qui coûtent des sous ». La femme disait que M. le curé ne leur avait jamais fait de tort, qu'il les avait mariés, avait baptisé les enfants et enterré la grand-mère. Elle disait surtout qu'elle ne voulait pas se mettre mal avec le bon Dieu :

— Au jour du grand soir, ça compte.

— Qu'est-ce qui compte ?

— L'offense à la religion.

Élie, avec beaucoup de patience, expliquait que la religion n'était pas en cause. Adeline l'admirait : aucun de ses arguments n'était choquant.

Ils quittèrent les deux fermes en emportant les livres. Élie était heureux. Adeline était heureuse de son bonheur.

Ils arrivèrent dans un hameau fait de quelques maisons hautes, aux murs jaunâtres percés de fenêtres étroites qui, au deuxième étage, n'avaient pas de volets. Sous un auvent abritant un bric-à-brac de bûches et d'outils, de paille, de roues solitaires où un char agonisait près d'une meule à aiguiser, un homme affûtait une faux dont de temps en temps il tâtait le fil d'un doigt prudent.

Il s'avança vers le couple :

— Je vous attendais.

C'était l'un de ces paysans qui, entendant depuis l'enfance les chants des arbres et du vent, de la pluie et des oiseaux, semblent faits pour écouter. Il fit entrer Adeline et Élie dans la salle commune. Sa femme salua sans quitter son travail ; maniant habilement un couteau pointu, elle perçait les châtaignes qui constitueraient le repas du soir : ainsi ouvertes, elles n'exploseraient pas dans la poêle où elle les ferait griller. L'homme posa sur la table trois verres et une bouteille d'un vin rouge à l'épaisseur un peu décourageante :

— Je le fais moi-même.

Adeline comprit qu'elle ne pouvait pas refuser.

— Expliquez-moi votre affaire.

Élie expliqua. L'homme secouait la tête. Il réfléchissait. Ne disait pas un mot. Élie reprenait sa démonstration :

— Le livre, son auteur, nous, tous les gens sensés disent que Jeanne crut entendre des voix. Cela signifie que nous lui faisons confiance, nous croyons absolument ce qu'elle dit : elle crut entendre des voix. Pour autant, pouvons-nous être sûrs qu'elle les a vraiment entendues ?

Le paysan ne répondait pas. Il se grattait la tête. Après un long silence, il dit à sa femme :

— Henriette, va chercher le pépé.

L'épouse sortit.

L'homme voulut resservir Élie mais celui-ci mit la main sur son verre. « Alphonse aurait accepté », pensa Adeline.

Le pépé arriva, vieil homme corpulent encore ingambe mais aidant sa marche d'un lourd bâton de bois. La mémée entra à son tour.

Élie disait :

— L'école laïque ne doit enseigner que les faits avérés. Elle ne peut donc pas affirmer que la bergère entendit les voix car de ce fait nous n'avons aucune preuve. Aucun témoignage ne le confirme.

Le pépé murmura :

— Nous n'avons pas non plus de témoignage certifiant qu'elle n'a rien entendu.

Élie fut enchanté de cette participation :

— Exactement ! Aussi, nous ne disons pas qu'elle n'entendit pas les voix. Nous disons qu'elle crut les entendre. Ainsi, nous laissons chacun libre d'en penser ce qu'il veut. Si vous me dites : « Je crois en Dieu », je ne dis ni que vous êtes fou ni que Dieu n'existe pas, je dis : « Ce monsieur croit en Dieu. » Et je respecte votre croyance.

Le pépé, secouant la tête, approuva :

— C'est bien, ça. C'est très bien.

Élie crut la partie gagnée :

— Alors ?... Vous nous remettez le livre ?

Le pépé, son fils plissaient les lèvres. Ils parlaient d'un même chœur :

— On pourrait vous le donner, disait l'un.

— Ce qui est embêtant c'est que le curé dit qu'elle *entendit* les voix. Lui, il en est certain.

Piquant toujours ses châtaignes, la femme n'avait pas prononcé un mot. Elle se décida :

— C'est un homme intelligent, M. le curé.

La mémée renchérit :

— C'est ça, la vérité : nous, on n'est pas assez intelligent pour comprendre tout ça.

Adeline admirait la patience d'Élie. Convaincu :

— Mais si ! Vous pouvez comprendre !

Il se tournait vers la grand-mère :

— Madame... Imaginez que demain votre mari rentre du champ en vous affirmant qu'il a entendu la voix de l'archange saint Michel... Que penseriez-vous ?

La vieille se mit à rire :

— Mon mari ?... L'archange saint Michel !... En voilà bien, une histoire !

— Que penseriez-vous ?

— Je penserais qu'il est fou !

— Ce serait très mal ! s'exclama Élie.

— Ah ! Oui ? s'inquiéta la vieille, craignant déjà d'être mal jugée.

Faisant observer que le livre d'histoire ne se permettait pas une telle affirmation, Élie se tourna vers l'épouse qui, pour répondre avec la plus grande honnêteté, arrêta son couteau au-dessus des châtaignes :

— Moi... Je connais mon père... Il a des défauts mais...

il n'est pas menteur... Alors... s'il me disait qu'il a entendu l'archange, je me penserais que... c'est peut-être vrai.

— Et vous ?

Mis au pied du mur, le paysan, à son habitude, prit son temps puis, sans qu'on s'y attende, de son poing vigoureux, il donna un grand coup sur la table et, comme un adolescent venait annoncer qu'il avait « rentré les vaches », il ordonna :

— Nom de Dieu ! Il faut en sortir ! Amans, va chercher ton oncle !

Le petit s'en fut. Le pépé servit à boire.

L'oncle parut, se demandant ce qu'on lui voulait. Élie, sans se lasser, exposa l'affaire.

L'oncle était visiblement le frère de celui qui l'avait fait appeler. Il avait les mêmes hésitations réfléchies. Il finit par murmurer :

— Nous autres... pour ces questions... on n'est pas assez instruit.

Élie parlait doucement :

— C'est pour que vous soyez instruit que la République crée l'école.

— Je sais, fit l'homme d'un ton persuadé.

— ... Pour que tout le monde puisse juger de toutes les questions...

— Je sais, répéta l'homme : les fils seront moins bêtes que les pères.

Il prit un temps. Une longue ride barrait son front :

— ... C'est pour ça que je vous aurais bien donné mon garçon.

— Il n'est jamais trop tard ! s'exclama Élie qui, déjà, se voyait emportant, en plus du livre d'histoire, une inscription d'un gosse à son école.

Sans dire un mot, le tonton se leva. Il ouvrit une bonnetière à la porte sculptée, en tira quelques papiers pliés dans un vieux journal. Il en choisit un, le plaça sous les yeux d'Élie. C'était un bail de fermage établi entre lui et M. de Rullac-Sainte-Thècle. D'un ongle sale, il en montra un article : « Le contractant s'engage à faire éduquer ses enfants nés ou à naître par les soins de l'école Saint-Pierre s'il s'agit de garçons, de l'école Sainte-Marthe s'il s'agit de filles. Le non-respect de cette clause entraînerait l'annulation immédiate du présent contrat. »

Élie sut contenir sa révolte. Il se contenta d'affirmer :

— Les hommes instruits seront des hommes libres.

Puis, d'un coup, il bifurqua : même si le prix d'un livre est élevé et qu'il est criminel de le brûler, là n'est pas le plus grand crime. L'auteur a travaillé des années pour amasser ce savoir qu'il veut mettre à la disposition de tous...

— ... Des années pendant lesquelles il a labouré, semé, fauché.

Élie regarda le pépé dans les yeux :

— Le livre c'est une grange dans laquelle un homme a rentré les connaissances que patiemment il avait cultivées.

Il pesa ses mots :

— C'est à cette grange que nos adversaires veulent mettre le feu.

À son tour, le pépé regarda chacun des siens. Aucun mot ne fut échangé.

Adeline comprit que toute la famille était d'accord.

Déjà, le livre était sur la table, déposé par les mains respectueuses du pépé ; des mains rudes qui, depuis toujours à chaque printemps, avaient fait tourner entre leurs doigts le premier épi de blé.

Dehors, si elle l'avait osé, Adeline aurait embrassé Élie.

Il lança le cheval en chantant *la Marseillaise.*

Il faisait noir.

— Nous nous sommes trop attardés, dit-elle.

Il répondit :

— Nous avons sauvé trois livres.

Ils passèrent devant ce que le pays appelle une maison des vignes, au fronton percé de trous de pigeons, pièce unique où le vigneron range ses outils, prend son repas de midi et repose son dos des fatigues du sulfatage, de l'épamprage, de la vendange. Une lampe à acétylène se balançait derrière l'unique vitre où passaient les deux silhouettes vagues de deux hommes s'affairant. « Que peuvent-ils faire à cette heure, en cette saison ? » se demanda Élie.

La brume était revenue. La cascade chantait. Deux grandes ailes blanches se levèrent devant le cheval, semblant vouloir recouvrir la carriole, ses passagers : une effraie. Adeline baissa la tête et se projeta contre son compagnon. Aussitôt, elle s'écarta.

La voiture entrait dans le village.

Ils étaient à cinquante mètres de la maison lorsqu'une voix se fit entendre. Terrible :

— Tu as oublié ta couverture !

Alphonse était dans l'appartement, la fenêtre grande ouverte, agitant au-dessus de la rivière la couverture arrachée au lit :

— Adeline, ma femme ! Tu as oublié ta couverture !

Il était ivre, cela s'entendait. Cela se voyait à son buste s'avançant dans le vide, se relevant :

— Ta mère ne l'oubliait jamais, elle !... Hein ? Elle ne l'oubliait jamais, Marie-Couverture ! Fallait pas manquer les occasions !

Adeline crut qu'elle allait défaillir.

Élie eut envie de passer son bras sur ses épaules. Cela n'aurait fait qu'aggraver la situation. Devant la lueur pâlotte de la lampe, Alphonse remuait la couverture de ses bras hystériques. Il la lâchait, prenait un objet à la main, l'exhibait. Adeline reconnut son cahier. Alphonse criait :

— Ne pas faire payer à un bon garçon la faute qui n'incombe qu'à moi !

Il voulait rire, sarcastique :

— Tu ne lui as pas fait payer trop cher à ce que je vois, à cet Élie Chabrol si attrayant !

Il était près des larmes :

— C'est moi qui paie très cher, moi le mari si confiant !

Adeline voulut se dresser, crier : « Tu te trompes ! Ce

sont des mots. Les faits ne sont pas ceux-là ! » Mais Alphonse maintenant se déchaînait :

— J'avais confiance en toi !... Pourquoi ? Parce que tu étais institutrice, normalienne... Catholique ! On se fait des idées ! Même lorsque j'ai appris qu'on appelait ta mère « Marie-Couverture », j'ai continué à avoir confiance ! Je disais : « Ça ne prouve rien ! »

Il eut un hoquet, provoqué peut-être par la douleur :

— Mais... on le sait : les chats ne font pas des chiens !

Élie s'en rendit compte : Adeline était livide. Il voulut l'entraîner :

— Ne restez pas là.

Elle refusa. Figée dans tous ses membres comme, depuis des jours, elle l'était dans sa parole.

S'absentant un instant de la fenêtre, Alphonse y revenait, brandissant une bouteille. Il buvait au goulot, s'interrompait, se penchait pour fouiller la nuit, découvrir Adeline :

— Depuis des heures je t'attends !... Où es-tu ? Tu as honte ? Marie-Couverture, elle, ne se cachait pas ! Elle avait la franchise. On la renverse sur le bord des fossés mais elle se redresse dans la gaieté. Dans la... dans la...

Les mots se dérobaient. Il fit un gros effort et, comme s'il rapportait une insulte qu'il serait allé chercher très loin, il lança les phrases les plus terribles qui se puissent imaginer :

— Je comprends maintenant que tu t'accommodes de l'hypocrisie des ensoutanés ! Tu es comme eux : haut la morale et bas le pantalon ! Va, Adeline Durieu : reste dans l'Église du mensonge et de la méchanceté. C'est ta place et ne mets plus les pieds dans l'école !

Ce fut comme si Élie recevait une décharge électrique. Il bondit. Adeline le rattrapa avant qu'il atteigne la maison. Elle se souvenait de la lutte entre le père et le fils, au soir de la noce. Elle se souvenait que, quand il était ivre, Alphonse aimait se battre. De toute son énergie elle s'accrocha à Élie. Si fort que leurs lèvres s'unirent. Ils restèrent ainsi un court instant. Elle se dégagea, passa la main sur son visage, se crut folle.

Le vieux moulin était devenu muet.

Elle se demanda si, à force de gesticuler, son mari n'était pas passé par la fenêtre, tombé à l'eau.

Elle dit à Élie de partir. Il refusa, ne voulait pas la laisser seule.

Elle entra.

Il la suivit.

Alphonse était allongé sur le parquet. Ils le crurent mort. Mais non : il dormait. La bouteille qu'il avait entraînée dans sa chute s'était brisée, répandant son liquide sur le sol, dans la pièce une forte odeur de vieille prune. Alphonse se mit à ronfler.

Élie tenta vers Adeline un geste affectueux.

Elle le repoussa. Le chassa.

Par l'autre fenêtre, on voyait au bout de la ruelle les lueurs de l'autodafé se projetant sur les murs de l'église. Combien de livres le missionnaire avait-il récoltés ?

Autour de lui, les fidèles chantaient :

Nous sauverons la France
Au nom du Sacré-Cœur.

10

Le jour passait par l'interstice des volets. Le silence était dans la maison. Adeline s'éveilla. Un instant, elle pensa qu'elle allait respirer l'odeur du café. Elle se trompait, n'en éprouva aucune déception : elle n'avait pas envie de remercier Alphonse de l'avoir préparé. Elle n'avait pas envie de le voir, de lui parler. Elle craignait d'avoir à subir son remords, sa demande de pardon, peut-être ses larmes. Elle se leva doucement craignant, s'il dormait encore sur le parquet, de le réveiller. Il n'était plus là. Elle ressentit un soulagement.

La bicyclette non plus n'était plus là. Avait-il rejoint son école ? Elle l'espéra, redoutant jusqu'au soir de le voir reparaître. Elle redoutait aussi la visite d'Élie venant prendre des nouvelles. Une fois encore, elle n'ouvrit pas les volets, remuant dans le noir ses idées noires. Ça n'étaient plus les phrases d'Alphonse sur l'hypocrisie de l'Église qui la tourmentaient : au fil des mois elle avait perçu son changement ; elle savait qu'il en arriverait à être un hors-la-loi de Dieu. Sa blessure était faite de deux mots : Marie-Couverture. Un nom qu'elle n'avait jamais entendu. L'eût-elle entendu qu'elle ne l'eût pas cru celui de sa mère. Lui revenait en mémoire le refus permanent de Marie de la laisser l'accompagner dans ses tournées : elle craignait d'être, devant elle, ainsi interpellée. L'appelait-on ainsi quand elle paraissait dans les hameaux ou le surnom circulait-il seulement à son insu ? Si on l'appelait ainsi, Marie en était-elle blessée ou l'acceptait-elle comme, aux jours des fiançailles, du mariage, elle avait accepté les inconvenances d'Hector Durieu ? Adeline revoyait la couverture aussi : toujours soigneusement pliée dans la caisse du « Planteur de Caïffa ». Pour ne pas « manquer des occasions », avait dit Alphonse. Elle avait beau s'en défendre : elle imaginait ces occasions, faites de l'image de sa mère s'abandonnant sur le bord d'un chemin. Avec le premier venu.

Les jours suivants, elle vécut comme un automate, quittant son logis pour aller à l'école, quittant l'école pour rentrer chez elle où elle mangeait une pomme, trois cuillerées de soupe sans cesse réchauffée, trempée d'un pain sans cesse plus dur.

Le samedi, le dimanche, Alphonse n'était pas venu. Adeline se disait que s'il ne revenait plus jamais elle en serait heureuse. Oui, mais alors son enfant serait un enfant sans père... Comme elle l'avait été. Revivant, la gorge étranglée par l'émotion, les jours et les hivers, les soirs de printemps coulés dans les bras maternels, elle se disait aujourd'hui que, si elle avait eu un père, il aurait empêché Marie de recevoir sur ses épaules ce nom qu'Alphonse avait jeté avec tellement de mépris. La vision de sa mère revenait, jambes offertes sous la robe de cadis relevée, mêlée au souvenir de la chaude étreinte devant le viaduc du Viaur. C'est cela, ce sont ces faiblesses au hasard des chemins qui l'attendaient si son mari ne revenait pas. Elle ne le voulait pas. Elle ne pourrait pas. Elle n'avait qu'un devoir : mettre au monde son fils. Après...

On frappa à la porte.

Une vieille femme était là. Elle n'eut pas besoin de se présenter. Elle demanda :

— Voulez-vous me recevoir ? Je suis...

— Je sais.

Il est vrai qu'Adeline savait. Non qu'il y eût entre Angèle et Élie une ressemblance physique mais il y avait, si l'on peut dire, entre ces deux physiques une ressemblance morale. Faite, pour l'essentiel, d'un apparent désir de bien faire, de bien dire, de bien penser.

La grand-mère était porteuse d'un message : « Je ne veux pas vous gêner en me présentant devant vous. Mais sachez que si vous m'appelez, j'arrive. En toute sincérité. Votre ami : Élie. »

Angèle la laissa lire. Elle ne demanda pas s'il y avait une réponse. Adeline la fit asseoir. La vieille dame avait une vieille voix. Douce et pure. Comme son visage, ses mains, ses gestes harmonieux :

— Dans ses lettres, mon petit-fils m'a souvent parlé de vous. Il vous a en haute estime. J'ai voulu vous connaître.

Adeline ne parlait pas.

La vieille dame secoua la tête :

— La vie vous a fait des misères, je crois.

Adeline était sur ses gardes. Elle se demandait si Élie, qui se déclarait son ami, n'avait pas été indiscret.

— La vie nous fait toujours des misères... Surtout à nous, les femmes, poursuivait la grand-mère comme pour rassurer.

Elle eut un sourire, un soupir :

— Ah ! Dieu ne nous aime guère !

Le nom de Dieu fit tressaillir Adeline. C'est peut-être ce que voulait l'aïeule :

— Il ne nous épargne pas les chagrins... Mais il sait lui-même les apaiser... en nous envoyant les plus grandes joies... N'est-ce pas votre avis ?

Pour ne pas répondre, Adeline murmura :

— Je pensais que vous ne croyiez pas en Dieu.

Angèle ne voulait pas donner son sentiment sur ce point. Elle insista :

— Vos peines ne sont-elles pas équilibrées par les plus grandes joies ?

Adeline était muette.

Le sourire d'Angèle s'élargit :

— Vous êtes maîtresse d'école et vous allez être maman.

Adeline était troublée. Apaisée et tourmentée. Dans la bouche de la vieille dame, les mots « maîtresse d'école » et « maman » contenaient tout le bonheur du monde. Elle connaissait ces bonheurs, l'un si fortement espéré lorsqu'elle avait été admise à l'École normale, lorsque, avec application, elle en suivait les cours ; l'autre caressé avec toute la force de son adolescence lorsque, profitant du jour du marché pour venir chez M. Cazes acheter « ses épiceries », une paysanne, un instant, lui confiait la garde de son fils. Adeline s'accusait d'avoir oublié que ces bonheurs attendus étaient les siens aujourd'hui. Au ton d'Angèle, on entendait que du bonheur d'être maîtresse d'école elle eût été comblée, que le bonheur d'être maman lui avait donné des joies toujours présentes dans son cœur. Adeline l'invita à revenir la voir.

Le soir, lorsqu'elle se retrouva dans son appartement, elle se demanda pourquoi elle avait agi ainsi. Elle voulait être seule.

Le lendemain, en arrivant, Angèle déposa sur la table deux petits chaussons de laine bleue :

— Je les ai tricotés cet après-midi. Dans deux jours, je vous en apporterai d'autres. Ils seront roses. Comme ça, garçon ou fille, bébé verra qu'il est attendu !

Cela provoqua chez Adeline toutes sortes de sentiments. Il n'est pas possible de voir deux petits chaussons sans imaginer deux pieds minuscules, la peau de soie de deux jambes qui s'agitent, deux cuisses dodues, un ventre rond au nombril trop grand, un sourire gazouillant qui semble dire : « Je vis. » Chez Adeline, cet attendrissement fut combattu par le reproche de n'avoir pas commencé la layette. Longtemps elle n'y avait pas pensé. Lorsqu'elle y pensait, elle remettait au lendemain le premier coup d'aiguille. Et même l'achat d'une pelote de laine, d'un linge qui deviendrait lange.

Angèle parlait de ses petits-fils, d'Élie trop vite orphelin auquel elle avait servi de mère. Adeline aimait l'entendre mais elle se demandait si la grand-mère ne sélectionnait pas ses sujets : pourquoi Élie écolier studieux, Élie bon fils, Élie au cœur tendre qui, à coup sûr, « rendra une femme heureuse » ?

Dès qu'elle se retrouvait seule, Adeline se promettait de se garantir contre ces confidences, leurs entraînements. Dès qu'Angèle parlait, elle oubliait sa résolution, ses défenses étouffées par tout ce que l'aïeule avait à lui apprendre :

— Voyez-vous, mon enfant, il n'y a pas, il n'y a jamais eu, il n'y aura jamais de barrière entre ceux qui croient en Dieu et ceux qui n'y croient pas.

Adeline ouvrait des yeux ronds. L'aïeule était sûre d'elle :

— En revanche, il y a une barrière immense et dangereuse entre ceux qui n'acceptent pas que certains croient en Dieu et ceux qui n'acceptent pas que certains n'y croient pas. C'est derrière la bannière de ceux-là qu'il ne faut pas marcher en rang !

Adeline était fascinée.

— C'est comme les guerres de religion : il n'y en a jamais eu ! poursuivait la conférencière.

Elle avait des arguments :

— Comment pourrait-on tuer au nom d'une religion alors que cette religion ordonne : « Tu ne tueras point... » ? Non, non, je vous le dis : ce que l'on appelle guerres de religion ce sont les guerres de religieux. Des guerres de maîtres de religion.

Adeline parvenait à faire remarquer que ça n'étaient pas les maîtres de religion qui se faisaient soldats.

— Eh ! non ! répliquait Angèle : ce sont les suiveurs de bannières ! Ils sont toujours prêts à se faire porteurs de fusils !

Devant cette vieille dame douce montrant tant d'énergie, Adeline se sentait toute petite.

Ça n'était pas qu'une énergie de langage. Un midi, à la sortie de la classe, la vieille dame l'attendait. Emmitouflée :

— Venez. La marche nous fera du bien.

— Il fait froid.

— Ne vous inquiétez pas : votre bébé est au chaud !

Il est vrai que l'hiver était venu. Rugueux. Portant des rhumes et des engelures aux enfants. Sifflant nuit et jour entre les hautes maisons du village, dans les cluses de la montagne. Le matin, les gosses arrivaient avec leur chaufferette chargée de braises.

Les deux femmes allaient le long de la rivière qui semblait gagnée par quelque folie. Elle bondissait dans des tourbillons d'écume qui, sous le ciel pâle, paraissait plus blanche. De lourds morceaux de glace plongeaient, reparaissaient, se mêlant à la course échevelée des eaux.

La promenade devint une habitude quotidienne. Adeline était poursuivie par une idée : pour la première fois de sa vie, elle avait une amie. Une personne auprès de laquelle elle recevait des bouffées de confiance. Elle voulait s'en défendre, se répétait que cela ne changeait rien à sa situation. Le soir, elle tricotait. Elle décida d'écrire à sa mère : « Ma chère maman, tu vas être grand-mère. » Cette première phrase lui montra le vide qui s'était créé entre Marie et elle : attend-on le septième mois pour annoncer à sa mère pareille nouvelle ? Et ce silence n'était pas provoqué par la conduite de Marie. Adeline fut assaillie de questions. La plus grave : elle, si prompte à condamner sa mère, avait-elle, envers elle, agi en chrétienne ? Cela redoubla son désir de confession. Cela lui montra sa solitude : comment gagner le village voisin ? Si Alphonse revenait, pour rien au monde elle ne lui demanderait de la conduire. Il n'était pas question non plus de risquer le scandale en se faisant conduire par Élie. Bien heureux que, l'autre soir, les cris d'Alphonse n'aient été entendus de personne ! Elle eut envie d'écrire longuement. De tout expliquer. Mais les confidences ne sont pas plus faciles à faire au papier qu'à un être de chair. Surtout quand, sur le papier, doit les découvrir une femme dont on voudrait qu'elle fût encore « Ma chère petite maman adorée » alors que, en une lourde obsession, une voix vous répète qu'elle est Marie-Couverture.

Adeline pensa à Angèle. Elle la voyait seule capable de la comprendre, de l'aider. L'affirmation de la grand-mère sur les barrières inexistantes entre croyants et incroyants n'était-il pas une invite à la confidence ?

Elles marchaient en se donnant le bras.

— C'est un temps de neige, dit la vieille dame qui, de sa jeunesse creusoise, avait conservé des aptitudes à humer l'air du temps, à lire dans le ciel, à prévoir le lendemain en observant les nuages du jour.

La cascade avait un bruit de locomotive exaspérée.

— L'eau doit être glacée, dit encore Angèle.

Adeline n'osait pas entamer son récit. Pour se donner du courage, elle demanda :

— Alors, vous... vous n'avez jamais suivi de bannières ?

À sa grande surprise, la vieille femme éclata de rire :

— Moi ? J'ai porté le drapeau tricolore dans les rues de Paris !

Elle baissa la voix. Comme pour se justifier :

— Mais... Ça n'était pas pour faire tuer... C'était pour délivrer mon homme enfermé à Mazas[1].

Adeline s'interrogeait : pour son homme ou pour son Dieu, aurait-elle su porter le drapeau ?

Faire parler Angèle lui permettait de retarder le moment de sa confession :

— Depuis toujours donc, vous êtes républicaine...

La vieille femme répondit que, attachée à la République, elle veillait surtout à être attachée à ses principes :

— Cela me permettra de les défendre si, d'aventure, la République venait à les trahir !

À nouveau, elle éclata de rire. Adeline était attendrie, écrasée, en admiration devant cette grand-mère qui, ayant lutté toute sa vie pour les siens, était, à son âge, prête à

1. Cf. Georges Coulonges : *Les Boulets rouges de la Commune.* Éd. Robert Laffont.

mener la lutte contre eux si elle les voyait s'écarter du droit chemin.

Là-bas, la cloche sonnait.

Les deux femmes hâtèrent le pas.

Adeline pénétra dans sa classe en se disant qu'elle n'avait pas parlé.

Les élèves entrèrent à sa suite, montrant un air inhabituel. Les visages heureux guettaient chez la maîtresse d'école une réaction. Adeline s'interrogeait sur ce petit mystère lorsqu'elle découvrit sur son bureau quatre branches de houx encadrant une feuille blanche : « Vous êtes gentille et nous vous souhaitons un joyeux Noël. » Il n'y avait pas une faute. Adeline avait envie de pleurer. Elle avait oublié qu'on était le 24. Elle aurait voulu qu'Angèle fût là.

Elle décida de changer le programme de l'après-midi. Elle écrivit au tableau une pensée de Jean-Jacques Rousseau : « Le meilleur plaisir est celui qu'on fait aux autres. » Elle remercia les élèves du plaisir qu'elles lui faisaient, dit avoir vu sur leur visage le plaisir qu'elles avaient à le lui faire. De là, elle glissa habilement au Père Noël, grand dispensateur des plaisirs enfantins « qu'il passait toute l'année à préparer ». Cette affirmation amena, sur les lèvres des « grandes », quelques sourires complices. Pour poursuivre dans la gaieté, Adeline ouvrit son Erckmann-Chatrian, présentant aux fillettes enthousiasmées les acrobaties du chien Scipio qui, pour plaire aux soldats, se mettait au garde-à-vous, obéissait au commandement du « Portez, armes ! » et à celui du « En avant, marche ! », qui le faisait défiler, « ses longues oreilles sur ses épaules et sa queue en trompette, au son des pan, pan, des rantanplanplan des tambours ». Les gosses étaient en joie. Plus encore lorsque, sautant pour honorer la République, sautant encore pour fêter le général Hoche, Scipio refusait la moindre cabriole au moment où on lui demandait de sauter pour le roi de Prusse ! Les élèves applaudirent le conte. Certaines parlèrent de l'orange, de la poignée de noix qu'elles espéraient trouver au coin de la cheminée. D'autres, plus fortunées, comptaient sur quelque chocolat, deux pièces de bronze, un petit jésus en sucre candi qu'elles n'oseraient pas manger. Toutes se promettaient en arrivant chez elles de laver leurs sabots. Toutes, en sortant de la classe, se précipitèrent dans les bras d'Adeline :

— Au revoir, maîtresse !

— Bonne fête à vous.

— Merci pour la lecture.

Adeline se retrouva seule dans la classe.

Seule dans son appartement.

C'est cela la Noël : la joie pour les gens heureux. L'abîme dans lequel s'enfoncent les êtres de solitude.

L'appartement paraissait plus humide, plus froid que jamais.

Adeline se dit qu'Alphonse peut-être allait venir. En partant après sa classe, il pouvait être là vers les huit heures. Elle ne voulait pas le voir, elle ne voulait pas de cette fête-là. Qui n'en serait pas une. Avec les mots qu'il faudrait dire pour effacer les mots. Les gestes à faire. À subir peut-être. Elle ferma sa porte à clé.

Personne ne vint.

Le petit feu ne chauffait pas la pièce.

Dans l'air glacé, Adeline étouffait.

Vers neuf heures, elle se dit que, pour la première fois de sa vie, elle allait manquer la messe de minuit. Cela ne lui parut pas possible. Pas possible non plus de se montrer devant l'épicière, le maire, tous les ricaneurs que la bonté de Noël ne pouvait pas toucher.

Sur sa veste de laine, elle ajusta son châle ; sur son châle, elle plaça sa longue cape noire. Elle enfonça son chapeau plus bas que ses oreilles et se lança sur le long chemin menant au village voisin. Avant la messe, le prêtre peut-être recevrait les confessions.

Elle ne s'était pas trompée. Dans la petite église, des pénitents et surtout des pénitentes attendaient leur tour, entrant dès qu'une place était libre, sortant la tête basse, recueillis, avant d'aller, devant le petit autel du Sacré-Cœur, mériter pleinement leur absolution. Comme les autres, parmi les autres, Adeline attendit, répétant ce qu'elle avait à dire, se préparant, en fermant les yeux, à se débarrasser du poids dont elle devait se décharger. Bientôt, il n'y eut plus personne autour d'elle. Le prêtre sortit du confessionnal. Il fut surpris de la voir, lui fit signe d'entrer. Elle le suivit.

— Au nom du Père, du Fils, du Saint-Esprit...

Le petit banc des genoux se trouvant face à la paroi pleine, Adeline ne regardait pas ce confesseur. Pressé par l'heure, il demanda à la pécheresse de reconnaître ses fautes.

La pécheresse ne répondit pas.

Le prêtre voulut l'aider. Sans résultat.

Il prit un langage plus rude :

— Ayant offensé Dieu hier, voulez-vous l'offenser plus encore aujourd'hui ?... Dans sa maison ?

Adeline était paralysée. Elle savait qu'elle ne dirait pas un mot. Que cette boîte où elle était enfermée était un tombeau.

Le prêtre sortit, furieux. À grands pas, il se dirigea vers la sacristie.

Lorsque Adeline parvint à vaincre sa torpeur, les gens arrivaient, essuyant sur leurs capes et leurs manteaux la marque des premiers flocons de neige. Adeline ne voyait personne. Elle s'installa près d'un ancien retable, ses yeux pour longtemps fixés sur la crèche où, réchauffé par l'âne et le bœuf, dormait l'Enfant Jésus. Elle pensait à son enfant. Elle le voyait. Venant au monde sans Rois mages pour le saluer mais étant lui-même roi puisqu'il était son fils. Un coup de sonnette de l'enfant de chœur la tirait de son rêve, un *Venez, Divin Messie* lancé dans un chant suppliant par les choristes groupés autour de l'orgue. Le prêtre adjurait le Dieu tout-puissant de donner « à son fils unique selon la chair le pouvoir de sauver toutes les âmes de la servitude du péché ». À ces mots, sans plus suivre l'office, Adeline dit un acte de contrition. Elle le répéta une fois, deux fois ; elle le répétait pour la dixième fois lorsque sous la nef et, semblait-il, sous la voûte du ciel, éclata le chant triomphant :

Il est né, le divin enfant,
Jouez hautbois, résonnez musettes,
Il est né, le divin enfant,
Chantons tous son avènement.

Ah ! Oui ! Les fidèles le chantaient tous, cet avènement tant attendu ! Tous sauf Adeline qui, depuis si longtemps ne pouvant plus parler, en cette nuit de Noël ne savait plus chanter.

La cérémonie terminée, tous les paroissiens passèrent près d'elle, s'agenouillant un court instant devant la crèche, glissant une pièce de bronze ou d'argent dans le dos de l'âne qui, de sa tête lourde, remerciait le paroissien de sa générosité. Les enfants en étaient émerveillés. Ils demandaient une autre pièce. Les parents devaient les pousser vers la sortie.

L'église fut vide.

Un jeune prêtre regardait cette paroissienne qui ne s'en allait pas. Il vint vers elle. Alors Adeline partit précipitamment.

Le silence de la neige qui tombe l'impressionna. Il lui semblait que des flocons si lourds, si nombreux, devraient accompagner leur chute d'un bruit infernal.

Elle s'enfonça dans ce silence ; sous sa cape, son capuchon.

En quelques heures, le chemin était devenu blanc, les pentes de la montagne aussi et la forêt de buis qui s'y accrochait.

Sur le plateau, les genévriers figuraient autant d'arbres de Noël. Là, sans aucun massif pour la protéger, Adeline reçut la bourrasque en plein visage, dans les yeux. Elle pleurait. La neige s'insinuait dans son cou. Un instant, la poussée du vent fut si violente qu'elle crut ne plus pouvoir avancer. Elle s'imagina tombant sur le sol glacé, perdus elle et son enfant sous le poids de toutes les tourmentes.

Mais non ! Elle parvint chez elle où l'humidité de la maison lui parut acceptable : les murs la protégeaient des tornades. Elle fit chauffer un bol de lait dans lequel elle trempa une tartine de pain. Drôle de réveillon ! Il la réchauffa. Elle se coucha et s'endormit aussitôt, son sommeil peu à peu pénétré par une nouvelle tempête, faite de branches tordues, de mains maigres qui voulaient lui prendre son fils. Elle se battait pour le protéger, donnant des coups de poing à la neige qui tombait devant elle et jamais n'était vaincue. Elle s'éveilla en sursaut, en sueur, angoissée. La cloche annonçait la première messe. Adeline souffrait. Elle avait envie de crier. Elle suppliait le ciel de la délivrer du mal qui déchirait ses flancs. L'idée qu'elle allait perdre son bébé la poursuivait maintenant qu'elle était éveillée. De ses deux mains crispées, elle appuyait sur son ventre, se donnant l'illusion stupide de maintenir l'enfant en elle ; se persuadant que, en l'empêchant de naître, elle l'empêchait de mourir. Le ventre se révolta, se tendit, fut vainqueur : Adeline se sentit inondée. Elle pensa que l'enfant était né. Elle n'osait plus bouger. Au bout d'un long temps, elle tâta ses cuisses, comprit qu'elle avait perdu les eaux. Elle souffrait toujours et n'avait pas la force de se lever. Elle pleurait.

— Adeline, ma petite amie, je viens vous souhaiter un joyeux Noël ! J'ai voulu être la première.

Elle reconnut la voix, se traîna jusqu'à la porte.

Lorsque Angèle la vit dans cet état, elle en fut effrayée. Vite, elle masqua son émotion. Avec décision, elle chercha un drap sec dans l'armoire ; elle ne le déplia pas, le plaça sur le drap mouillé, fit coucher Adeline qui, secouée par de vives douleurs, disait qu'elle allait mourir. Pour ne pas entendre ça, pour ne pas permettre à Adeline de le répéter, la vieille femme racontait n'importe quoi. Elle s'absenta une minute, revint :

— J'ai envoyé Élie chercher la sage-femme. Ne vous plaignez pas. Votre maladie est la plus belle du monde.

Elle tapait dans les mains de la malade, la soutenait, voulait lui faire prendre patience.

Élie revint assez vite. Angèle le rejoignit dans la cuisine. À leur chuchotement, Adeline comprit qu'il y avait un ennui. La voix de l'aïeule n'en revenait pas :

— Ce n'est pas possible ?

— Je t'assure, confirmait Élie : elle a dit qu'elle ne se déplaçait pas pour un sorcier.

Adeline n'eut pas besoin d'en entendre davantage. Depuis longtemps elle connaissait cette croyance : les enfants qui naissent un 24 décembre sont des Jésus ; ceux qui naissent le 25 seront sorciers. Elle eut peur, se sentit plus abandonnée que jamais, allant dans la vie avec un enfant que les gens se montreraient du doigt. À son approche, ils traceraient des signes de croix, feraient bouillir des clous lorsqu'ils l'auraient rencontré ; ou, s'ils devaient s'approcher de lui, ils auraient soin, pour se prémunir, de mettre leurs vêtements à l'envers. Elle-même serait traitée de sorcière.

— La sage-femme va arriver, se borna à dire Angèle.

Adeline comprit qu'elle savait mentir, que tout le monde mentait. Elle voulut demander qu'on aille chercher le docteur. Elle avait beau le trouver un peu trop catégorique, elle aurait, en cette minute, aimé le voir paraître. Elle n'eut pas le temps d'exprimer son souhait : les douleurs étaient de plus en plus vives, de plus en plus fréquentes. La vieille femme entreprit de l'aider, répétant les gestes que jadis on avait faits pour elle, prononçant les encouragements et les consolations entendus dans sa ferme creusoise.

— Je le vois ! Poussez ! cria-t-elle à un moment avec un accent de triomphe.

Les souffrances durèrent encore un trop long temps. À

midi une douleur plus vive fit comprendre à Adeline qu'elle était la dernière.

La mémé recueillit le bébé. Elle le regarda et bien vite l'emporta à la cuisine. Sans un mot.

Le docteur arrivait, conduit par Élie.

Il y eut un grand silence. L'enfant ne pleurait pas, ne criait pas et c'était comme si personne n'osait revenir dans la chambre où Adeline ne pleurait pas non plus. Elle ne voyait rien. Elle ne demandait rien.

Le docteur se décida. Il s'approcha du lit. La voix bourrue :

— Alors, citoyenne, ce n'est pas cette fois que vous nous ferez un petit républicain ?

Paupières closes, cuisses brûlantes, sanglots retenus sur la menace d'avoir enfanté un sorcier, Adeline, sur l'instant, ne comprit pas le sens de la phrase. Avec une douceur qui avançait masquée, le médecin dit que les jeunes couples ont toute la vie « pour se rattraper ». Il lui tenait la main, faisant semblant de prendre son pouls alors qu'il essayait de lui donner quelque réconfort. Adeline le regarda puis, allongée sur le dos, elle regarda le plafond. Une poutre était plus grosse que les autres. Un tronc de chêne en vérité, à peine élagué. C'est cela qu'Adeline contempla jusqu'à la nuit.

Lorsque, au petit matin, Alphonse s'était réveillé sur le parquet, il avait commencé par se demander où il était. Le comprenant, il s'était demandé comment il avait pu arriver là. Peu à peu, actes et paroles lui étaient revenus en mémoire. Il avait eu honte. Il était parti dans le matin froid, sans trop savoir où il allait. Il lui semblait que M. Seignobos, M. Passerat le poursuivaient, criant à ses oreilles qu'il était la honte de l'école publique. Il pédalait de plus en plus vite, entraîné par l'imperceptible pente de la vallée, rencontrant des curistes emmitouflés dans leur pelisse, d'autres qui, enfoncés dans leur manteau de fourrure, ressemblaient à des ours. Pataudς.

Il s'était arrêté en pleine campagne, trouvant un abri

sous l'auvent d'une maison de vigne aux murs de galets, aux pierres d'angle les plus rouges qu'il ait jamais vues.

Longtemps, il était resté là. Furieux contre lui et surtout contre Élie. Il y avait sous le hangar un brabant menacé de rouille. Alphonse se disait que si Élie paraissait, il poserait sa gorge sur la lame du brabant ; avec son pied, de toutes ses forces il appuierait sur sa tête. Le sang jaillirait du cou pour se perdre dans la terre. Il frissonnait. Se révoltait. Contre son crime ? Non ! Contre lui, son peu de confiance, son peu d'amour. Adeline ne l'avait pas trahi, il en était sûr. Il avait envie de rebrousser chemin, de se jeter à genoux, de demander pardon. Un clocher sonnait midi.

Il s'arrêta dans une auberge, mangea, but. Sa colère le reprit. Contre Élie, Adeline, contre l'Église et sa cohorte de cléricaux qui mettent leur missel en avant et leur générosité sous le prie-Dieu.

Il ne se confia pas à M. Passerat mais peut-être, sans le savoir, orienta-t-il la conversation vers les doutes qui l'assaillaient puisque, alors qu'ils surveillaient la récréation, le directeur s'exclama :

— Bien sûr que ce sont les évêques qui fabriquent les anticléricaux ! Comment en serait-il autrement ? On n'est *anti* que par réaction ! La gabegie des états-majors forme les antimilitaristes et les abus des colons nous conduiront à l'anticolonialisme... comme les abus des rois et des empereurs nous ont conduits à la République !

Il était heureux de sa trouvaille dont, comme toujours, avec le plus grand sérieux, il tirait la leçon :

— La République n'est pas à l'abri des erreurs. Veillons à ce qu'elle reste elle-même.

Le lendemain, Alphonse commençait sa première leçon lorsque M. Passerat entra dans sa classe :

— La République sera ce que nous la ferons. Par notre exemple et par nos choix. Contrairement au fidèle et au soldat, au fellah et au serf, nous avons le droit de vote.

Il s'en fut, tournant dans sa tête des idées auxquelles il avait pensé toute la nuit.

Comme les fillettes chez Adeline, les garçons ne pensaient qu'à la venue du Père Noël, aux cadeaux colorés qui à l'avance leur faisaient les yeux vifs : un fifre, un couteau siffleur, l'orange dont ils mangeraient une moitié au jour de la fête, conservant l'autre moitié dans un linge humide, une branchette de dattes, le Polichinelle dont on découpe les membres sur une feuille de carton avant de les réunir par des pivots de cuivre, de les actionner par des fils remontant des mains et des pieds pour se grouper au-dessus du chapeau pointu, turlututu.

Le 24 au soir, la classe terminée, Alphonse prit sa bicyclette, salué par de petites mains :

— Au revoir, maître !

— Bon voyage !

— Vous reviendrez après les vacances ?

Des « bien renseignés » causaient entre eux :

— Il va voir sa femme.

— C'est normal.

— Je sais qu'il va être papa.

— C'est le Père Noël peut-être qui va leur porter un bébé.

Les vallées laissent croire que leurs routes sont plates. Le cycliste remontant le cours des eaux vérifie l'utopie de cette assertion. Alphonse pédalait dans la nuit, ne voyant pas le chemin, les pierres qui le faisaient sauter, les nids-de-poule dans lesquels plongeaient ses roues. Il tomba durement. Crut qu'il avait cassé sa fourche. Il eut de la peine à se relever. Son pantalon était déchiré. Sa joue s'était fendue sur un caillou tranchant.

Il voulut poursuivre. La pédale de droite était voilée. Elle couinait à chaque tour. Lorsque la neige commença à tomber, Alphonse se sentit envahi par le désespoir : menacé par l'obligation d'arrêter, il se disait que s'il arrêtait, demain la route recouverte de neige l'empêcherait de repartir.

Une lumière l'appela. Une auberge enfumée dans laquelle quatre hommes jouaient aux dominos. Le voyant entrer ensanglanté, ses vêtements boueux délabrés aux poignets, aux coudes, aux genoux, ils eurent une petite peur. Alphonse les rassura. Il but avec eux.

Au matin, la route était blanche mais il n'y avait pas de verglas. Alphonse roula, marcha, roula encore. Il arriva au village comme les gens sortaient de la grand-messe. Ils regardaient son étrange tenue. Il se dirigea vers le lavoir, le bugadier comme on dit par ici, où il fit un peu de toilette. Se jugeant présentable, il se demanda comment aborder Adeline. Toutes les phrases que, depuis des heures, des jours, il se répétait, lui semblaient vouées à l'échec. Prêt à implorer son pardon, il se disait, à la seconde suivante, qu'il n'avait pas à s'abaisser ainsi. Si Adeline était coupable, de quoi aurait-il l'air ? Si elle ne l'était pas... elle l'était tout de même un peu : elle était partie avec Élie sur la charrette. Était-ce la place d'une femme mariée ? D'une institutrice ? Oui, mais l'accueillir à la fenêtre comme il l'avait fait était-il digne d'un instituteur ? Il entra au café Malzieu, se promettant de ne boire qu'un verre. Lorsqu'il fut servi, il en paya deux. Il avala le second d'une seule lampée et sortit.

Les mots tournaient dans sa tête comme il tournait autour de la maison. Il s'accusa de faiblesse, se mit en colère contre lui, revint chez Malzieu, fit cul sec et sans hésiter reprit le chemin de l'ancien moulin.

Il y avait des voix derrière la porte. Il frappa. Fut accueilli par une vieille femme qu'il ne connaissait pas.

— C'est ma grand-mère, dit Élie.

Alphonse ressentit un choc :

— Déjà installé ! fit-il, sarcastique.

— Écoute...

Il n'était pas disposé à écouter :

— Toute la famille, quoi !... Chez moi !

Élie voulait parler. Il ne lui en laissa pas le temps. Il se rua sur lui. Allait frapper. Élie n'eut qu'un mot :

— Ton fils est mort.

Ce qui se passa alors est difficile à décrire : ce fut comme si Alphonse, comme si ce garçon fort, habitué des bagarres, avait reçu un formidable coup au menton : il partit en arrière, chancela, dut se retenir à la table. Sa blessure au visage complétait l'illusion du boxeur déchu. Le sang semblait l'avoir quitté. Comme si maintenant un coup l'atteignait dans le ventre, il se courba. Il ne parlait pas. Quelque chose vint dans sa gorge. L'obstrua. Un cri ou une plainte. Ou un sanglot. Dans tous les cas une douleur :

— Mon petit... Je l'aimais déjà.

Élie voulut faire un pas vers lui. Il l'arrêta avec une accusation inattendue, désespérée :

— C'est toi qui l'as tué !

Sans qu'on pût le prévoir, il fonça vers la chambre mais, et cela était encore moins prévisible, lorsqu'il arriva à la porte, il sembla qu'une force encore l'affrontait ; il s'arrêta, pivota et, montrant des yeux un peu fous, il s'élança dans le couloir en répétant :

— C'est toi qui l'as tué !

Angèle n'avait pas bougé.

Élie en trois bonds fut dehors :

— Alphonse ! Ne t'en va pas ! Adeline a besoin de toi.

L'autre ne pouvait plus entendre : déjà, il pédalait le long de la rivière.

Un grand silence tomba sur la maison.

Lorsque Élie, abattu, commença à parler, Angèle murmura :

— Je ne veux rien savoir.

Elle alla vers ce qui lui semblait être une priorité.

Adeline n'avait pas bougé. On pouvait se demander si elle avait entendu.

D'un doigt, la vieille femme arrangea les cheveux de la malade :

— Tout va aller maintenant... Tout va marcher comme il faut.

Revenue dans la cuisine, elle voulut préparer un petit repas. Élie refusa. Il avait l'impression de n'être pas à sa place. Étranger à cet appartement, à cette famille dans lesquels il n'aurait jamais dû s'introduire.

Angèle mangea seule. Adeline but une tisane. Elle n'avait pas la fièvre mais elle ne disait pas un mot. Ses yeux immobiles semblaient suivre, au-delà du plafond, cet ange qui n'avait fait que passer.

Angèle la veilla un peu puis, plaçant deux chaises devant un fauteuil, elle voulut s'allonger.

Des poings tapèrent les volets. Des voix mi-narquoises, mi-apeurées se firent entendre :

— La sorcière ! La sorcière !

La sorcière a tué

le petit sorcier !

La vieille femme eut l'impression que son sang s'épaississait d'un coup. Qu'il s'immobilisait dans tout son corps et surtout dans sa poitrine dont il arrêtait les battements. Il en est ainsi chez tous ceux qui, œuvrant depuis toujours pour la fraternité du monde, découvrent un jour que ce monde ne les suivait pas, qu'il ne s'humanisera jamais. Ceux qui marchaient avec eux au service de la cause leur avaient masqué la vérité : ils les avaient pris pour le mouvement du monde ; ils étaient l'exception du monde immobile, jamais lassé de son inertie.

Les voix répétaient :

— La sorcière ! La sorcière !

La sorcière a tué

le petit sorcier !

Angèle se leva. Adeline dit à voix basse :

— Laissez ! Cela n'a pas d'importance.

Que la malade ait entendu ces infamies aiguillonna la grand-mère. Elle entrouvrit les volets :

— Partez ! Vous devriez avoir honte.

Un caillou faillit l'atteindre. Il frappa le bois à hauteur de ses yeux.

Angèle changea de ton. Raisonnable :

— Partez ! Il y a une malade !

Les voix s'éloignèrent. Méchantes. Vaguement apeurées :

— Les sorcières ne sont pas malades.

— Ce sont elles qui donnent les maladies !

Angèle s'allongea, pensant à sa jeunesse creusoise, à la sorcière qui avait diagnostiqué que Florentin — le père d'Élie — était malade de la rate. Elle l'avait conduit chez le forgeron, seul capable de le guérir de ses convulsions avec son marteau frappant l'enclume, près de la tête de l'enfant. Elle se revoyait chez l'autre sorcière, l'Alphonsine, qui lui avait garanti le retour de son mari par absorption de tisanes à boire dans le plus grand secret[1]. Comme elles étaient loin, ces croyances creusoises ! « À Paris, j'ai souffert mais j'ai appris ! », pensait Angèle. Elle se disait que la souffrance est, à coup sûr, une bonne maîtresse d'école.

Elle s'assoupit.

Le lendemain, le docteur passa. « En ami », dit-il :

— Car vous n'avez plus besoin de médecin, citoyenne !

Son visage un peu crispé démentait cet optimisme. Il ordonna quelques bolées de vin sucré :

— Du bon, si possible.

Il annonça qu'il reviendrait. « Pour le plaisir de constater les progrès de la guérison. »

Il était déjà dans le couloir. Il revint :

— Quand on vous appelle « Mon frère » ou « Camarade », vous n'êtes pas sûr de la sincérité. La République a cet avantage, elle dit : « Citoyen ! » Tout le monde est citoyen : la République n'est pas menteuse !

Il était content de lui. Partait. Se ravisait encore. Cette fois il revenait dans la chambre, s'adressait à Adeline :

— Remarquez que... citoyenne, vous le serez surtout quand vous aurez le droit de vote. Cela va venir. Faites bien l'école. La République a besoin de vous.

1. Cf. Georges Coulonges : *Les Sabots d'Angèle*. Éd. Robert Laffont.

Angèle l'entendit entonner *Le Chant du départ* dans le chemin où il allait à grands pas.

Élie, lui, n'entrait pas dans la chambre. Il pensait que seul Alphonse en avait le droit. Il déplorait son absence. Il refusait son accusation : « C'est toi qui l'as tué ! » mais il s'interrogeait sur son voyage avec Adeline dans la voiture du boulanger. Même pour convaincre des parents d'élèves, n'avait-il pas été un peu léger de se montrer ainsi avec elle aux yeux de tous ? Il venait d'apprendre que l'épicière appelait Adeline « la femme aux deux hommes ». Il décida de faire quelque chose.

Après avoir envahi les prés, le causse, les chemins de crêtes et de vallées, la neige ne tombait plus.

Un après-midi, il chaussa ses gros souliers conservés de l'armée et partit de son pas de fantassin.

Un kilomètre à pied,
Ça use, ça use...
Un kilomètre à pied,
Ça use les souliers.

Ça n'est pas un kilomètre qu'il avait à parcourir, mais cinquante. Il ne pensait pas les couvrir d'une seule traite. Non à cause de l'effort que cela lui demanderait mais parce que, de crainte de trouver Alphonse noyant son chagrin dans quelques libations, il préférait se présenter à lui dans la matinée.

Il en fut ainsi. Il marcha tard dans la nuit, se leva avant le jour. Il était dix heures lorsqu'il arriva devant la pimpante mairie, l'école neuve au toit blanc, à la cour paisible ne montrant pas une trace de pas, comme endormie sous la neige.

Alphonse, en le voyant, eut un petit recul.

Élie lui dit simplement :

— Je suis ton ami.

C'était peut-être les mots dont Alphonse avait besoin. Il ne tendit pas ses bras : il se jeta dans ceux d'Élie.

Ainsi liés l'un à l'autre, les deux jeunes hommes ressentirent la même émotion. Elle continua et même s'amplifia lorsque Élie fit ce qu'il était venu faire ; lorsqu'il dit ce qu'il était venu dire. Tirant de son sac son képi d'officier de l'armée française, il le déposa sur la table, près d'un rouleau de papier qu'il n'eut pas besoin d'ouvrir : Alphonse avait le même en sa possession, parchemin reçu lors de la distribution des prix, à sa sortie de l'École normale. Élie leva la main :

— Alphonse, sur ces objets que je considère comme dépositaires de mon bonheur, je te jure que ta femme est la plus fidèle des épouses, que jamais elle n'a eu pour moi un geste, un regard indignes d'elle, indignes de toi :

Il répéta :

— Je te le jure.

Puis il ajouta :

— C'est, de plus, une bonne institutrice dont la foi en sa mission a la force de sa foi en Dieu.

Alphonse pleurait. Des larmes véritables que, au bout d'un long temps, il mêla à des souvenirs de son père dont il répéta le mauvais exemple, les mauvais entraînements. Il en dit la jalousie aussi, se révoltant contre les reproches adressés par Hector Durieu à sa femme alors qu'il ne se gênait pas pour, comme on dit, donner lui-même « des coups de canif dans le contrat ».

Élie le laissait parler. Il savait que chaque mot lui était un soulagement. Ils déjeunèrent sobrement, allèrent se promener, pédalant et se portant à tour de rôle sur le cadre, parlant de l'École normale, de leurs jeux, de la concierge qui pour une petite pièce se faisait ravaudeuse. Élie rappelait le quatrain fameux qu'avait composé Alphonse à l'intention de la pipelette :

Gente dame Chaussette,
Le marché est honnête :
Mes bas gardent leurs trous,
Moi, je garde mes sous !

Ils riaient, passèrent une soirée sage, les bouteilles prestement rangées par Élie dès la fin du repas.

Il dit :

— L'an prochain, tu seras en poste avec ta femme. Cela t'aidera. Cela vous aidera tous les deux.

— Je sais. Mais pour l'instant je ne sais pas ce que je dois faire.

— Demain nous partirons pour...

— Je ne peux pas.

C'était vrai : le lendemain avaient lieu les obsèques de cette grand-mère à laquelle le prêtre avait menacé de ne pas donner l'extrême-onction si son petit-fils ne quittait pas l'école laïque. Certes la menace avait porté ses fruits, mais M. Passerat avait décrété que les enseignants de la République devaient montrer leur goût de la tolérance en assistant à la sépulture.

Alphonse se leva. Il trouva, pliée dans un livre, une page de cahier d'écolier. Il la tendit à son camarade :

— C'est la lettre que j'avais adressée à la normalienne inconnue, Adeline Bézian.

— Comment est-elle en ta possession ?

— Je l'ai trouvée... dans le cahier d'Adeline.

Élie lut les phrases avec une grande émotion. Une impression étrange s'empara de lui : les mots étaient trop sincères pour qu'il s'agisse d'un canular. Il était sûr que, comme lui, dès le premier jour, Alphonse avait été amoureux d'Adeline.

Il regarda où Alphonse rangeait le pli et le lendemain, pendant que son ami assistait à la cérémonie funèbre, il le lut, le relut...

Alphonse rentra, absolument hilare.

— C'est cet enterrement qui t'a rendu si gai ?

— Absolument.

En fait, sa belle humeur avait été provoquée par un événement lugubre dont, à son habitude, il avait perçu le bon côté.

Au moment de l'offrande, il était parti vers la sainte table l'un des derniers, marchant derrière un rustaud qui, sans doute peu habitué aux pratiques religieuses, était passé devant la croix que lui tendait le prêtre sans l'embrasser. Le prêtre outré avait apostrophé l'assemblée, proclamant que l'offense qui venait d'être faite à Notre-Seigneur retomberait sur le défunt et sur tous les membres de sa famille ici présents. Cela, certes, n'avait pas troublé le défunt mais les parents et les amis montraient le plus grand désarroi.

— Et c'est cela qui te fait rire ? demanda Élie.

— Oh ! non !

Ce qui le mettait en joie c'est que, l'offrande n'ayant pas cours dans la pratique protestante, M. Passerat était resté à sa place et lorsque le prêtre avait lancé son anathème, il l'avait pris pour lui :

— Il est sorti de l'église, traitant le curé de fou et même d'imbécile !

— Tu l'as détrompé, j'espère ?

Le rire d'Alphonse redoublait :

— Ah ! non, par exemple ! Les farces sont trop difficiles à monter ! Quand elles s'organisent toutes seules, je ne vais pas les démolir !

Élie pensa que son ami allait mieux.

Mais le lendemain, à nouveau, il se trouva une raison de ne pas partir. Élie se rendit compte que cette raison n'était que prétexte. Alphonse redoutait de revoir Adeline. Il lui demandait de rester près de lui. Élie regrettait de ne pas passer ces quelques jours de vacances près d'Angèle mais il comprit que sa présence ici rassurerait Alphonse en faisant taire sa jalousie.

Il partit le 31. L'année finissait sous un soleil qui faisait fondre les routes et pleurer les toits. Élie marchait en bon soldat, se disant que le causse désertique, la vallée bordée de collines rudes sur lesquelles se dressait parfois la silhouette d'un château ne ressemblaient guère à cette plaine girondine où marchait le 57e R.I. sortant de Bordeaux entre les jardins maraîchers de Bruges et d'Eysines avant d'aborder, à Blanquefort, les premières vignes médocaines, de revenir par Saint-Médard entouré de pâtures vertes et de forêts de pins. Élie se disait surtout qu'il avait disculpé Adeline aux yeux de son mari. Il allait maintenant excuser Alphonse auprès de sa femme. Dans quelques jours ils seraient dans les bras l'un de l'autre. L'an prochain, ils seraient en poste ensemble. L'incident s'effacerait sous la marque du temps, du bonheur retrouvé, de mises au monde réussies.

Il arriva vers midi, offrant à Angèle une branche de gui cueillie sur un vieux pommier. La grand-mère dit un « merci » suivi de mille vœux mais elle se détacha vite de ces effusions, indiquant de la tête un coin de la pièce. Adeline était là, assise, prostrée. À elle aussi, Élie tendit une branche de gui. Il la tint longtemps devant elle. Quand elle sembla s'en apercevoir, elle la prit entre deux doigts et l'on vit sa bouche se tordre sur ce qui voulait être un sourire.

La grand-mère chuchota :

— Elle ne se remet pas. Tout la replonge dans ses pensées.

Elle montrait, entre les mains d'Adeline, un papier froissé :

— C'est une lettre de sa mère. Tu peux la lire.

Élie n'osait pas cette indiscrétion.

La grand-mère lui mit la missive sous les yeux.

Voyant qu'il la lisait, Adeline se mit à pleurer.

Ma petite fille chérie,

Ta lettre m'a causé le plus grand des bonheurs. Je t'ai eue dans des circonstances difficiles et pourtant je peux te le dire aujourd'hui : aucune joie n'est pour une femme aussi grande que la joie d'avoir un enfant. Maintenant, je dois te dire une chose : tu te souviens peut-être que je t'avais parlé d'un triporteur avec lequel je pensais un jour remplacer ma vieille caisse du « Planteur de Caïffa ». J'avais fait pour cela quelques économies. Eh bien !

lorsque tu m'as appris la bonne nouvelle, j'ai, comme on dit, changé mon fusil d'épaule. Figure-toi que M. Costes, place des Augustins, vend une bicyclette de femme avec un panier pour son enfant. Je l'ai achetée en me disant qu'avec ça tu pourras promener ton petit et surtout que tu pourras venir me voir plus facilement. Ma petite fille chérie, préviens-moi dès que mon petit-fils ou ma petite-fille sera arrivé. Je viendrai sur ta bicyclette. Je te la laisserai après t'avoir aidée et, pour le retour, je me débrouillerai. Il me tarde que tu voies la bicyclette et que je voie le bébé. Ta maman qui t'aime :

Marie Bézian.

Élie ne savait pas quoi dire. Il aurait voulu embrasser Adeline mais cela ne lui semblait pas possible. Il avait trouvé les mots pour redonner confiance à Alphonse. Ici il n'en trouvait aucun. Ceux que, sur le chemin, il avait préparés lui semblaient devoir sonner faux.

Il partit chez le docteur qui, une fois encore, n'était pas là. Sa femme promit qu'il passerait dans la soirée.

Élie ne revint pas chez Adeline. Il était inquiet, déçu. Les choses ne se passaient pas comme il l'avait espéré.

Le docteur arriva dans la nuit, alors qu'Angèle ne l'attendait plus et même qu'elle maudissait ces hommes qui ne tiennent pas leurs promesses. L'état de la malade le surprit. Le physique seul n'était pas en cause :

— Elle a eu un choc ?

L'aïeule montra la lettre de Marie.

Le docteur restait perplexe.

Angèle dit :

— Il y en a eu une autre.

Cette autre lettre, elle ne l'avait pas lue, ne l'avait pas montrée à Élie. Dès que, la veille, elle l'avait reçue, Adeline l'avait gardée sur elle. Maintenant, elle était cachée sous son traversin. Avec habileté, sans trop de scrupules, l'homme de l'art réussit à la saisir. C'était un mot bref, tracé d'une déplorable écriture, truffé de fautes :

Mes parent,

Je n'ai pas eu le tant de vous aimé et je brûle maintenant avec les danés sans batême a cause d'être né dan l'école san Dieu. Vous brulerai vous aussi et crain la colère divine qui vous fera me rejoindre chez Lucifer.

Le docteur pinça les lèvres mais il ne fit pas de commentaire. Il réussit à remettre la lettre à sa place, ce qui réveilla Adeline.

— À la bonne heure ! Ça va mieux ! fit-il en admirant avec un art consommé de comédien le pauvre visage de la malade.

Celle-ci parvint à murmurer :

— Il le faut bien. Demain... l'école reprend.

Angèle s'insurgea :

— Vous ne pensez pas faire la classe dans cet état !

— Je le dois.

— Vous ne devez rien du tout !

Le docteur s'interposa :

— Laissez, ma bonne dame. Si la citoyenne veut accomplir son devoir, nous ne devons pas la contrarier.

Il chuchota :

— C'est une bonne chose de vouloir surmonter sa maladie.

Pour l'y aider, il lui fit une piqûre.

Elle était à peine terminée que les volets se mirent à trembler :

— La sorcière ! La sorcière !

La sorcière a tué

le petit sorcier !

— Qu'est-ce que c'est que ça ? demanda le docteur.

Angèle expliqua que le charivari avait lieu tous les soirs, ou presque. En un tour de main il rangea ses instruments.

— Ce sont des jeunes, ils ne sont peut-être pas méchants, dit la vieille femme.

— Méchants ou pas, je vais leur botter les fesses.

Il fermait sa trousse, s'en allait.

— Ne leur faites pas trop de mal, dit encore Angèle de sa voix indulgente.

— Ce n'est pas pour leur faire du mal que je vais leur botter les fesses : c'est pour me faire du bien !

Déjà il était dehors où, lancées d'une voix sans réplique, ses invectives étaient suivies de pas affolés, fuyant dans tous les sens.

Au matin, Angèle vit partir Adeline à regret.

Les élèves la virent arriver avec un petit effroi. Elle s'en rendit compte, se rendit compte aussi qu'elle ne pourrait pas faire la classe. Non à cause de sa faiblesse, mais parce que les fillettes joyeusement lui souhaitaient une bonne année, qu'elle était incapable de répondre à leur gaieté et même à leurs vœux. Elle écrivit au tableau la « morale » du jour, comprenant comme elle l'écrivait que seules quelques grandes seraient aptes à en saisir le sens, l'écrivant quand même avec l'impression irraisonnée et angoissante qu'elle adressait à ces enfants un message profond, dont elle aurait voulu qu'il devînt ligne de conduite de leur existence entière : « Écrivez les injures sur le sable et les bienfaits sur le marbre. » De petites mains se levèrent :

— Maîtresse, qu'est-ce que ça veut dire ?

— C'est quoi, le marbre, madame ?

Adeline remit les explications à plus tard. Elle donna des problèmes d'arithmétique à résoudre, ce qui, les gosses y travaillant, lui permettait de ne pas parler.

Un peu avant midi, passant entre les rangs pour ramasser les ardoises et les cahiers, elle eut envie de dire à la petite Pechmaury : « Tu étais mal réveillée, ce matin, Marinette : tu as mis ta veste à l'envers ! » Mais, comme elle allait prononcer la phrase, elle s'aperçut que les sœurs Réglisse portaient, elles aussi, leur robe, leur tablier toutes coutures dehors.

Adeline ferma les yeux. Elle s'adossa au mur : elle était une sorcière dont ses élèves même voulaient se protéger.

Elle rentra chez elle, se coucha.

Lorsqu'elle entendit la petite cloche de la rentrée, Angèle se rendit à l'école :

— Adeline s'est endormie. Je ne veux pas la réveiller. Elle est trop fatiguée.

— Tu as bien fait, dit Élie.

Les filles jouaient dans leur cour. Il pensa les y laisser mais, au regard de la grand-mère visitant les murs, le tableau, la carte, tous les objets de la classe, il comprit qu'elle considérait l'école comme le véritable palais de la République.

Il dit :

— Tu veux les garder ?

Angèle n'attendait que cela.

Les élèves entrèrent une à une, se poussant du coude, impressionnées en découvrant cette maîtresse inconnue, insolite.

Élie partit rejoindre ses propres élèves dont, bientôt, sans explications, il confia la surveillance à M. Seignobos.

Il courut jusqu'à l'ancien moulin à eau.

Adeline dormait.

Pour la première fois, il entra dans sa chambre.

Cela réveilla la malade.

Elle ne bougeait pas.

Elle ne parut même pas jeter un regard sur la porte.

Comme sans le voir, comme si elle savait qui entrait, comme si elle savait qui, obligatoirement, à cette seconde devait être là, elle murmura :

— Élie Chabrol.

Il s'approcha du lit. Pas trop. Intimidé. Pudique. Il finit par dire :

— Je viens vous dire que bientôt vous serez heureuse.

Elle conservait ses yeux fermés. Sur ses lèvres, courut un sourire :

— Je suis heureuse.

Il avait dans l'idée d'obtenir le pardon d'Alphonse. Il ne voulait pas se laisser détourner des phrases que, depuis deux jours, il se répétait :

— Les hommes sont maladroits. Même quand ils aiment de la façon la plus sincère, ils n'osent pas, ils ne savent pas le faire entendre.

Adeline ne bougeait toujours pas mais son sourire s'accentua. Il était comme la beauté revenant sur un visage perdu.

Élie, encouragé, devint grave. Il dit :

— Je suis venu pour effacer tous les malentendus... Pour vous parler d'un garçon qui vous aime vraiment... Il vous aime depuis le jour où, dans le jardin public de Rodez, votre regard rencontra le sien.

Sous ses paupières closes, Adeline voyait ce regard, ce jour, le normalien enlevant son canotier en libérant ses boucles brunes. Elle avait pensé : « On dirait qu'il salue la musique. » Sa phrase lui revenait en mémoire. On pouvait croire qu'elle voulait la dire. En vérité, ce qu'elle aurait voulu dire, c'était : « Moi aussi, depuis cette seconde j'aime ce garçon-là », mais elle savait bien que, pour cela ou pour autre chose, elle était condamnée au silence.

De sa petite main, elle fit un geste, traçant une invite qu'Élie n'osait comprendre.

Bientôt, il n'y eut plus de doute : elle lui demandait de venir à ses côtés. Tout près.

Il s'avança. S'agenouilla. Placé, lui le sans-Dieu, dans la position de la prière, il voyait devant ses lèvres l'oreille d'Adeline. Son cou frêle plongeait sous la chemise de nuit...

Il fit ce que, revenant de chez Alphonse, il avait prévu de faire. Se remémorant chaque mot de la lettre d'un normalien à une normalienne, lentement il dit le texte appris voilà quelques jours dans l'appartement de son ami :

— « Chère mademoiselle,

« J'ose vous appeler ainsi car si vous ne me connaissez pas, je peux vous l'avouer : chère, vous me l'êtes déjà.

« Juillet était beau, la musique jouait, la foule était dense et multicolore : j'ai vu deux yeux verts. Vos compagnes et vous portiez même uniforme : il n'eut pour moi, il n'a pour moi depuis ce jour qu'un visage. Le vôtre. »

Sur ce visage qui était maintenant près du sien, Élie voyait le sang revenir, porteur d'un bonheur rose qui s'infiltrait sous les pommettes, le front, dans la gorge qui se gonflait et semblait prête à ronronner. Il se disait que sa démarche réussissait, qu'il en était heureux et que cette réussite sonnait le glas de ses espérances les plus fortes. Aussi y avait-il dans sa voix une émotion de plus en plus vraie, chagrine et sensuelle, écrasante :

— « Chère mademoiselle, les vacances arrivent. Voulez-vous que nous en profitions pour nous rencontrer ? Fixez ce rendez-vous à l'heure, au lieu qui vous conviennent : j'y serai, ce lieu fût-il au bout du monde, cette heure fût-elle hors de tous les cadrans. »

En silence, les lèvres d'Adeline avaient dit les mots de la lettre. Elle aussi les savait par cœur.

Manquait la signature. Elle la donna à mi-voix :

— Élie Chabrol.

Elle revoyait autant ce nom sur le papier que le normalien aux boucles brunes qui, c'est vrai, portait ce nom-là.

Élie était troublé.

Il y avait un post-scriptum. Il le dit :

— « Vous viendrez car vous serez ma femme. »

— Je le suis, dit Adeline.

Elle lui serrait la main. On voyait, de ses paupières baissées, s'échapper deux grosses larmes.

À ce contact, Élie gêné sentit, lui aussi, que le bonheur l'envahissait. Mêlé à une angoisse qu'il voulut chasser en chassant la méprise :

— Vous serez ensemble.

— Nous sommes ensemble, répondit Adeline en le serrant plus fort.

— Institutrice... Instituteur... Vous vous soutiendrez dans votre beau métier.

Elle approuvait. Vivant son rêve :

— Nous bâtirons ensemble la fête des écoles.

Élie aussi ferma les yeux. Il eut de la peine à prononcer la phrase qu'il croyait porteuse du plus grand réconfort :

— Vous aurez un enfant. Il vivra, vous donnant tous les enchantements.

— Nous aurons un enfant. Il portera votre nom : Élie Chabrol.

Élie était vaincu. Sa gorge était sèche. Il ne parla plus. Ses lèvres tout près des lèvres d'Adeline, il se rendit compte qu'il allait l'embrasser. Il avait le vertige. Il voyait le sein s'évadant de la chemise de nuit. Il retint sa caresse, se leva d'un coup. Il balbutia quelques excuses, dit qu'il était l'heure de la sortie de classe. Il disparut.

Elle ne chercha pas à le retenir, n'y pensa pas : elle était dans un autre monde. Un univers jadis imaginé. Où le bonheur existe.

Elle se leva. Fragile. Automate.

Lentement, elle se vêtit de sa robe de mariée. Piqué dans ses cheveux, son voile blanc tombait devant son visage blanc.

Elle jeta sur ses épaules sa cape noire.

Le brouillard avait envahi la vallée. La nuit semblait venue, noyant la montagne et les mauvais jours.

Adeline marchait le long de la rivière. Elle entendit, dans son dos, la cloche de l'école. Loin de penser qu'elle annonçait la fin de la classe, elle se dit que la fête allait commencer. Les enfants diraient des poèmes. Ils mimeraient *Le Crapaud,* joueraient *L'Affaire du bon Dieu.* Borgnette annonçait un poème de Jean Aicard : *Bâtissons des écoles neuves.*

La cascade chantait dans la brume. Adeline descendit du pont. Elle s'approcha. L'eau était glacée. Les nuages, les ténèbres isolaient le site de tous les regards. Elle laissa glisser sa cape, entra dans l'eau. Elle en ressortit en tremblant. Elle avait peur du froid et de la cataracte qui allait l'écraser, la broyer comme l'avait broyée l'existence. Elle s'avança à nouveau. L'avalanche faillit la culbuter. Elle ne le voulait pas. S'agrippant aux aspérités du roc, elle murmura : « Debout. » Elle résista, se maintint sous le flot qui semblait envahir tous ses membres, circuler dans ses veines avec de gros bouillonnements. Elle grelottait mais lorsqu'elle comprit qu'elle ne tomberait pas, un grand bonheur la pénétra. Sa robe trempée, trop lourde, gelée, la paralysait ; et la volonté de rester ainsi. Purifiée. Retrouvée. Oubliant les prêtres mauvais et les hommes vulgaires, Marie-Couverture et Alphonse enivré, les leçons déformées par les partisans, les accusations de sorcellerie, les alliés qui vous font peur... Dans sa vie, il n'y avait plus que l'amour. Elle le répétait sans cesse : « Je l'aime... Il m'aime... L'amour existe, je le savais. » Elle le répétait tellement qu'elle se sentit libérée, se rendant compte qu'elle pouvait parler. Elle cria. Elle chantait, accompagnée par l'eau qui cascadait sur elle, devant elle, dans sa tête, tout son corps où soudain, la glace qui pénétrait son sang parut s'adoucir, fondre. Une chaleur l'engourdit. Les gouttes jaillissant en ricochets devinrent des soleils ; un torrent l'emportait, lumineux. Elle s'accrocha plus fort à la paroi glissante et, ivre de bonheur, triomphante, elle lança des mots qu'elle n'avait jamais prononcés :

— Je vous aime.

Nul n'aurait pu savoir si elle s'adressait à Élie Chabrol ou à Dieu que déjà elle voyait, son auréole faite de perles claires, sa barbe constellée d'étoiles d'or, d'argent, de fleurs multicolores brillant dans l'éclat d'un vitrail.

Au matin, des enfants arrivèrent à l'école en courant.

Ils avaient vu une vierge blanche à la grotte de la cascade.

11

Ce vitrail d'où la lumière tombe sur la tristesse d'un cercueil, Adeline n'y aurait pas droit.

« L'Église ne bénit pas ceux qui se donnent la mort », avait dit le prêtre.

Alphonse avait insisté. Pâle.

Le prêtre était inébranlable : « Dieu nous confie notre existence dont nous sommes les dépositaires. Lui seul a le droit de nous l'enlever. À l'heure de son choix. »

Élie avait vu les mâchoires de son ami se serrer. Il avait craint une violence. Le prêtre peut-être aurait été heureux de la provoquer. Il demandait pourquoi des gens chassant Dieu de l'école avaient soudain besoin de lui, pourquoi des paroissiens qu'il n'avait jamais vus à la sainte communion, même pas dans le confessionnal, redoutaient maintenant de partir sans bénédiction :

— Quand on combat l'Église pendant sa vie, on n'a pas la bassesse de l'appeler au moment de sa mort.

Alphonse avait hurlé ; non seulement l'école ne combattait pas l'Église mais elle en était le meilleur défenseur :

— C'est parce que nous enseignons la tolérance que vous pouvez enseigner la religion. C'est parce que la République garantit la liberté de culte que vous pouvez pratiquer le vôtre.

Le prêtre criait aussi fort que lui :

— Dieu n'a jamais parlé de liberté ! Il est Dieu et nous devons tous le servir.

— Vous ne voulez pas servir Dieu. Vous voulez imposer le vôtre ! répliquait Alphonse déchaîné : on ne peut pas servir Dieu en violant les consciences. Seul l'amour peut conduire à lui et, dans votre âme, vous n'en avez aucun. Je le vois aujourd'hui.

Élie avait dû le retenir. Il l'avait entraîné, comprenant qu'il n'y aurait rien à faire.

Parvenant à la maison, Alphonse s'était dégagé. Il s'était enfui. C'était il y a deux jours. On ne l'avait plus revu.

Maintenant, quelques personnes attendaient devant l'ancien moulin. Des parents d'élèves pour la plupart et puis, bien sûr, le cordonnier Robert qui, très ému, portait le cercueil avec cinq hommes.

Ils partirent ainsi, encadrés par les enfants des écoles marchant sur deux colonnes, les filles à gauche, les garçons à droite. Ils tenaient dans leur main une branchette de buis, de houx.

Marie pleurait. La bicyclette neuve était appuyée à la maison. Avec son panier porte-bébé qui ne servirait pas. Angèle la soutenait de toute la force de ses vieux membres, de son éternelle énergie.

Rencontrant le cortège, des gens se signaient. On ne savait pas si le geste exprimait leur foi ou s'il disait leur peur devant ces obsèques civiles qui pouvaient leur porter malheur. Certains rentraient précipitamment chez eux, où, d'un doigt, ils levaient le rideau de la fenêtre pour mieux voir qui participait à l'impiété.

En arrivant au cimetière, Élie regarda à droite, à gauche, espérant toujours voir arriver Alphonse. Il était très mal à l'aise, angoissé, se disant qu'il occupait la place de son ami et que, peut-être, c'est ce qu'Adeline aurait voulu.

Le trou était prêt, creusé par deux hommes qui, à l'approche du corps, enlevèrent leur chapeau.

Les porteurs déposèrent le cercueil.

Comprenant qu'une jeune femme allait partir sans une croix, un chant, sans un mot, l'assemblée fut parcourue par un frisson. Des larmes roulaient sur le visage des fillettes dont le cœur disait : « Adieu, maîtresse. »

Marie fut prise d'un violent sanglot.

Élie posa ses deux mains sur les épaules de Nana.

Borgnette s'avança d'un pas et, avec la voix assurée qu'elle aurait eu six mois plus tard sur l'estrade de la fête, elle dit le poème de Jean Aicard :

Au bord des mers, le long des fleuves,
Dans la vallée et sur les monts,
Bâtissons des écoles neuves
Pour les petits que nous aimons.

Alors, la Muse de l'Histoire
Vit surgir, d'un coup, par milliers,
Tout blancs sur le vieux territoire
Des palais pour les écoliers.

Les livres prirent la parole
Quand les maçons furent partis,
Et l'on vit courir vers l'école
Tout le peuple des tout-petits.

Dans la bise de janvier, les vers du futur académicien semblèrent s'envoler vers le printemps.

Dans la nuit, l'âne Timbale arrêta sa charrette devant le cimetière.

— Nous arrivons trop tard, murmura Alphonse contrarié par cet essieu qu'il avait fallu faire réparer en chemin.

— Mais non, répondit l'abbé, Dieu nous attend. Il est, avec les hommes, d'une si grande patience...

Ils pénétrèrent dans le cimetière, leur visage marqué par le voyage et le chagrin. Alphonse portait la croix et l'abbé l'aspersoir, le goupillon.

Tout, autour d'eux, était silence.

Il en était de même dans les maisons où beaucoup, ce soir, s'interrogeaient. Sur ce qu'ils avaient vu ou sur ce qu'ils avaient fui.

Soudain, chacun tendit l'oreille.

Un bruit insolite, qui n'était pas le vent, pénétrait dans les logis. Harmonieux. Troublant comme le jamais vu, le jamais entendu.

Redoutant une punition du ciel mais en trouvant l'annonce bien douce, des hommes curieux, des femmes craintives ouvrirent leurs volets.

Ils n'en pouvaient pas douter : du cimetière montait un chant, une plainte, une prière.

Sur la tombe d'Adeline, l'abbé Camarède jouait du violon.

Pouvait-on en 1900, en AVEYRON,
être une catholique fervente et une
jeune normalienne désireuse de
mener à bien sa tâche d'institutrice
laïque ?

Je dédie les déchirements d'ADELINE
à cette lectrice qui m'écrit : "Monsieur,
vous vouliez faire un roman d'amour :
vous avez écrit un hymne à la Tolérance.
Merci madame.

FICHE D'IDENTITÉ

Né le 4 avril 1923 à Lacanau (Gironde) d'un père petit cheminot et d'une mère sans profession, Georges Coulonges rêve, sur les bancs de l'école communale, de devenir écrivain, mais la guerre fait de lui un « homme des bois » ; jusqu'en 1944 il travaille dans la forêt, partageant ses loisirs entre la création d'un « groupe artistique » et celle, plus dangereuse, d'un groupe de Résistance.

À la libération, il devient placier en timbres publicitaires, démarcheur en assurance vie, standardiste, libraire et même représentant en ligots (!). Bref, il exerce « tous les métiers des gens sans métier » avant de devenir comédien et de porter au succès pièces de boulevard et vaudevilles antiques.

Ces pièces, d'autres, Georges Coulonges les joue également au micro de Radio-Bordeaux où il est devenu producteur d'émissions de variétés et où il crée un personnage de receveur de tramway (il y a encore des tramways !). Désormais, chaque semaine il écrit une nouvelle aventure pour ce personnage truculent qu'il interprète lui-même.

C'est cette gloire locale mais réelle que Georges Coulonges quitte fin 1956 pour « monter » à Paris : il veut devenir parolier. Il a raison : créée par Patachou en avril 1957, sa première chanson *La Musique* est reprise par toute la France. D'autres succès suivront, qu'interpréteront de nombreux artistes, d'Annie Cordy à Nana Mouskouri ou Jean Ferrat.

Puis Georges Coulonges, réalisant son rêve d'enfant, devient écrivain. Après un essai, *La Commune en chantant*, puis, *La Chanson en son temps*, étude que l'on peut dire sociologique de la chanson (de Béranger au juke-box), il publie en 1964, son premier roman, *Le Général et son train* (grand prix de l'humour).

Après *La Lune papa* (prix Alphonse-Daudet), son

(*Photo Presses de la Cité*)

III

deuxième roman, il présente sa première pièce *Le Week-End des patriotes* au festival d'Avignon et attire l'attention de Jean-Louis Barrault. Pour sa compagnie, il crée *Zadig* d'après l'œuvre de Voltaire, puis *Les Strauss.*

Écrire pour la télévision, c'est ce qu'il va faire désormais. À la fin des années soixante, *La Lune papa* est adapté au petit écran, puis ce sera une adaptation de *La Rôtisserie de la reine Pédauque* d'Anatole France. Georges Coulonges se consacre alors à l'écriture de ses propres téléfilms. Il en écrira une dizaine (*L'Âne et la rose, La Plume, Sylvaine,* etc.) et *Pause café,* l'un des plus grands succès réalisés auprès des téléspectateurs, succès confirmé avec *Joëlle Mazart,* et *La Terre et le moulin.* En 1985, Coulonges revient au roman avec *Les Sabots de Paris.* Puis, s'appuyant sur sa connaissance du XIXe siècle, il se lance dans l'écriture d'une grande épopée romanesque *Les Chemins de nos pères* qui, de livre en livre, retracera la vie du petit peuple de France : maçons de la Creuse, nourrices morvandelles, colporteurs pyrénéens... Ce sera : en 1991, *Les Sabots d'Angèle* ; en 1992, *La Liberté sur la montagne* ; en 1993, *Les Boulets rouges de la Commune.*

Le cinquième volet, *La Fête des écoles* paraîtra en librairie en avril-mai 1994.

À la même époque, Georges Coulonges publiera son cinquième roman pour la jeunesse : *Ma grand-mère est formidable.* L'un d'entre eux : *Une grand-mère en chocolat,* appartient aux « 100 livres » sélectionnés par l'Éducation nationale.

Attentif aux problèmes contemporains, Georges Coulonges a publié en septembre 1993 *Les Terres gelées :* un jeune agriculteur du Sud-Ouest s'interroge sur un monde qui lui demande de « geler » ses terres alors que, ici et là dans le monde, des enfants meurent de faim.

Georges Coulonges a reçu le grand prix de littérature de la ville de Bordeaux en 1993.

POURQUOI J'AI ÉCRIT « LA FÊTE DES ÉCOLES »
par Georges Coulonges

Parce que, enfant, je rêvais d'être instituteur et que la vie brisa mon rêve,

Parce que mes instituteurs étaient ces maîtres compétents et dévoués qui surent, se faisant respecter, faire respecter l'école,

Parce que ces maîtres me donnèrent, pour le moins, une morale dont j'aimerais que notre époque fût encore la dépositaire,

Parce que, devenu adulte et avant de savoir que je serais écrivain, je me suis intéressé à l'histoire de l'enseignement auquel je n'avais pas pu accéder,

Parce que, dès lors, j'appris combien de débats, de combats, de prisons et de barricades durent subir nos aïeux pour bâtir cette école si justement dite « école pour tous »,

Parce que je compris alors tout ce que, en faisant asseoir sur les mêmes bancs, le catholique et le protestant, le juif et le libre penseur, la République — après une période de remous, d'excès où les torts ne furent pas tous du même côté — avait apporté à l'unité de la nation,

Parce que l'heure me semblait venue de rappeler certains principes républicains sur lesquels s'établirent la paix scolaire,

Oui, pour toutes ces raisons, j'ai voulu écrire un simple roman : *La Fête des écoles.*

Parce que ma mère était une catholique fervente qui, si elle prenait un plaisir naïf à chanter les louanges de son Dieu, n'oubliait jamais de pratiquer les devoirs qu'il lui imposait,

Parce que son dévouement, maintes fois constaté, me donna pour toujours le goût de respecter les croyances et, plus encore, les sincérités,

Pour ces raisons j'ai voulu que le personnage central de mon roman fût une chrétienne aussi authentique dans sa foi religieuse que dans son désir de servir l'école laïque dont elle avait compris la nécessité. Ainsi naquit Adeline Bézian, normalienne à Rodez aux environs de 1900, déchirée par les luttes qui, autour d'elle, contre elle, sont menées par ceux qu'elle aime.

Parce que les religions écrivent en tête de leurs commandements « Tu ne tueras point », je suis heureux d'avoir fait dire à l'un de mes personnages : « Il n'y a pas de guerres de religion, il n'y a que des guerres de religieux. »

J'aurais pu ajouter : « De mauvais religieux. »

J'espère que les temps qui viennent ne permettront pas leurs méfaits, leurs crimes, et que, contre eux, triompheront toujours ceux qui, telle Adeline Bézian, ont pour ambition d'organiser... « la fête des écoles ».

Georges Coulonges à la rencontre d'une classe

(Photo Louis Monier)

VII

« LA FÊTE DES ÉCOLES » ET LA CRITIQUE

UNE ÉCRITURE SAVOUREUSE

« Au-delà de la querelle de l'enseignement, et à travers elle, Georges Coulonges brosse un tableau sans complaisance des mœurs de l'époque qui étouffaient la vie, celle des femmes notamment, dans un carcan de préjugés. Il le fait à travers une écriture simple, savoureuse, imagée, où l'émotion est souvent présente. »

Famille Magazine

UN ROMAN TRÈS FORT

« Ce roman très fort, au cœur de la guerre scolaire qui est encore aujourd'hui d'actualité, nous touche par sa sincérité et parce qu'il recèle quelques savoureuses pépites... Georges Coulonges a le goût des personnages. Il sait disséquer avec bonheur les émotions les plus profondes en allant à l'essentiel, en frappant juste. Avec ce sens inné du mot précis. »

Midi libre

UNE HÉROÏNE BOULEVERSANTE

« Sur fond de sectarisme, de bêtise et de cruauté — d'humanité ordinaire, en somme —, Georges Coulonges fait mieux que raconter une existence broyée : discrètement, sans jamais le souligner, c'est la sainteté anonyme qu'il met en scène sous les traits bouleversants de son héroïne. »

Laurence Vidal, *le Figaro*

UN RÉCIT ÉMOUVANT

« Georges Coulonges raconte la désillusion d'une jeune femme pleine d'espoirs dans un siècle où ceux-ci ne sont pas encore permis aux femmes. C'est un récit émouvant, mais aussi le tableau très réaliste d'une époque de mutation profonde de cette société provinciale que Coulonges sait parfaitement restituer dans ses romans. »

Sud-Ouest

(Photo Presses de la Cité)

IX

Aubin Imprimeur

LIGUGÉ, POITIERS

Achevé d'imprimer en mai 1995
pour le compte de France Loisirs
123, bd de Grenelle, 75015 Paris
N° d'édition 25247 / N° d'impression L 48907
Dépôt légal, mai 1995
Imprimé en France